진
리

체이스 렌 지음
서상복 옮김

철학의
문을 여는
열쇠

진
리

연암서가

옮긴이 서상복

서강대학교 철학과를 졸업하고, 동 대학원에서 「W. Sellars의 통관 철학: 과학
세계와 도덕 세계의 융합」으로 박사 학위를 받았다. 서강대학교에서 인식론,
윤리학, 서양철학사 등을 가르쳤다. 현재 철학개론, 논리와 비판적 사고 등을
강의하면서 의미 이론과 진리 이론에 관해 연구하고 있다. 『러셀 서양철학사』,
『내가 나를 치유한다』, 『예일대 지성사 강의』, 『부모와 자식 어른과 아이 길동
무로 살아가기』, 『왜 세상이 잘못 돌아가나』, 『현대 언어철학』, 『정신분석의 새
로운 길』 등을 우리말로 옮겼다.

진리
철학의 문을 여는 열쇠

2024년 7월 20일 초판 1쇄 인쇄
2024년 7월 25일 초판 1쇄 발행

지은이 | 체이스 렌
옮긴이 | 서상복
펴낸이 | 권오상
펴낸곳 | 연암서가

등 록 | 2007년 10월 8일(제396-2007-00107호)
주 소 | 경기도 고양시 일산서구 호수로 896, 402-1101
전 화 | 031-907-3010
팩 스 | 031-912-3012
이메일 | yeonamseoga@naver.com
ISBN 979-11-6087-125-8 93180
값 20,000원

1992년의 약속대로,

론 메들린과 고인이 된 로버트 C. 워커에게 바친다.

For Ron Medlin and the late Robert C. Walker,

as promised in 1992.

차례

서문과 감사의 글

Preface and Acknowledgements

이 책의 목표는 진리 형이상학에 관한 철학 논쟁을 알기 쉽게 개관하는 것이다. 세 가지 쟁점에 집중한다. 첫째 쟁점이 가장 중요하고 진리의 본성을 밝히는 문제다. 주장이 참이라는 것은 무엇을 의미하고, 참된 주장들을 참이게 만드는 공통된 무엇이든 있는가? 둘째 쟁점은 객관성 문제다. 마음이나 정신과 독립적으로 참된 주장은 있는가? 또는 진리는 언제나 사람들이 믿거나 알 수 있는 것에 의존하는가? 셋째 쟁점은 진리의 가치에 대한 문제다. 믿음들은 어떻게 거짓보다 참이 되는 편이 더 좋거나 나은 것인가?

나는 이 책을 처음부터 끝까지 논리학과 철학에 대해 3~4학년 대학생 정도의 배경지식만 갖추어도 이해할 수 있게 쓰려고 했다. 그래서 (예컨대 "이 문장은 거짓이다" 같은 문장으로 제기되는) 의미론적 역설에 관한 전문적 쟁점과 고전 논리학의 대안 논리에 속한 세부 형식을 대부분 다루지 않았다. 필요한 경우 이와 같은 쟁점은 비형식적으로 논의하고 전문 지식이 필요한 여러 세부 사항을 생략한다. 알렉시스 버지스와 존 버지스의 『진리』(2011)는 의미론적 역설과 철학적 논리학의 다른 여러 쟁점이 어떻게 이 책에서 논의하는 진리에 관한 형이상학적 문제와 연결되는지 알고 싶은 독자들에게 추천할 만한 탁월한 저술이다.

이 책의 심장부에 해당하는 4~7장은 진리 인식 이론, 진리 대응 이론, 진리 수축 이론, 진리 다원론자의 이론을 개관한다. 각 이론에 중요한 유리한 점과 불리한 점뿐 아니라 이론을 자극한 동기가 무엇인지도 설명한다. 마지막 8장은 찬성 측과 반대 측의 입장을 대조하는 접근법을 제쳐두고, 수축론의 접근법이 경합을 벌이는 주요한 두 이론, 대응 이론과 다원론보다 우월하다는 주장을 지지한다. 나의 희망은 앞 장들에 이미 포함된 논쟁을 8장에서 진전시켜서 다음 단계로 넘어갈 방법을 학생들에게 슬쩍 보여주는 것이다.

이 책을 쓰라고 격려해 준 마이클 린치와 줄곧 도와준 편집자 에마 허친슨에게 감사한다. 여러 사람과 벌인 풍성한 토론으로 아주 많은 점이 개선되었다. 특히 마이클 호턴과 제러미 켈리의 상세한 논평과 비판은 값을 매길 수 없을 만큼 유익했다. 폴러티 출판사의 두 익명 독자도 논평을 통해 더 나아지도록 도왔다.

2013년 앨라배마대학교의 진리 이론을 다룬 토론식 수업에 참석한 학생들의 좋은 반응이 이 책을 최종 수정할 때 결정적 역할을 했다. 마리사 에이브럼스, 미첼 딕스트러, 트레버 갠트, 매들린 하그로브, 트렌트 무어, 패트릭 노턴, 매튜 오브라이언, 새뮤얼 랜킨, 마이클

레이건, 헌터 로드리게스, 티파니 심스를 포함해 여러 학생에게 정말 고맙다. 이 책의 원고를 준비할 때 연구 조교로 수고한 미첼 딕스트러와 매튜 오브라이언에게도 고마운 마음을 전한다.

일러두기

1. 각주는 모두 옮긴이가 달았다.
2. 〔 〕의 내용은 옮긴이가 추가한 것이다.

1
진리는 무엇인가?

What is Truth?

북반구의 여름보다 북반구의 겨울에 지구가 태양에 더 가깝다는 것은 참이다.[1] 히말라야산맥이 애팔래치아산맥보다 더 오래전에 형성되었다는 것은 참이 아니다.[2] 둘의 차이는 무엇인가? 어떤 것이 참이라거나 참이 아니라는 것은 무엇을 의미하는가? 간결하게 진리는

---

[1] 천문학에서 지구가 태양에서 가장 먼 때를 원일점(aphelian), 태양과 가장 가까운 때를 근일점(perilian)이라고 부른다. 원일점과 근일점이 생기는 것은 행성들이 태양을 중심으로 타원궤도를 그리며 공전하기 때문이다. 근일점에 이른 때 1월에 지구~태양 거리가 1억 4,750만km이지만, 원일점에 이른 때 7월에는 500만km가 더 멀어진 1억 5,260만km다. 북반구에서 1월은 겨울이고, 7월은 여름이다.

[2] 히말라야산맥은 세계에서 가장 높은 산맥으로 해발 7,300m 이상 고봉이 30여 개다. 정상은 만년설로 덮여 있고, 이를 신성시하는 사람들이 산맥을 '히말라야'(산스크리트로 'hima'는 '눈', ālaya는 '보금자리' 또는 '집'이라는 뜻)라고 불렀다. 히말라야산맥을 직접적으로 형성한 주요 조산운동은 신생대 에오세(약 3,800만 년 전)에 일어났다. 반면에 애팔래치아산맥은 북아메리카의 거대 산계 가운데 하나로서 서부의 로키산맥과 대비되는 동부의 산맥으로서 고생대 말기의 페름기(약 2억 5,000만 년 전)에 거대한 습곡 작용이 일어나면서 형성되었다.

무엇인가? 이 책은 철학자들이 방금 말한 질문에 답하려고 시도한 몇 가지 방식에 관해 다룬다.

흔히 그렇듯, 질문에 답을 하려면 먼저 질문이 무엇을 의미하는지 명료하게 밝혀야 한다. 진리가 무엇인지 설명하려고 나아가는 도중에 많은 사람이 공통으로 빠지는 몇 가지 혼란이 있다. 이 장의 목적은 저런 혼란을 깨끗이 정리하고 책의 나머지 논의를 위한 무대를 꾸미는 것이다.

1.1   진리와 그 진리

"진리는 무엇인가?"라는 질문을 어떤 사람은 아주 깊고 포착하기 어려운 철학적 질문으로 여긴다. 다른 사람은 답할 수 없는 질문일 뿐이라고 생각하는 것 같다. 이들은 진리가 무엇인지를 아는 것이 알아야 할 것을 모두 안다거나 우주의 궁극 비밀, 세계의 혼란스럽고 신비하고 경이롭고 놀랍고 이상하고 알쏭달쏭한 것을 전부 알게 된다는 뜻으로 여기는 듯하다. 그렇다면 진리의 본성에 대한 지식은 신들과 예언자들에게 가능할지 몰라도 우리처럼 평범한 사람들에게는 닿지 못할 신비한 지혜의 일종인 것처럼 보인다.

진리에 흥미를 보이는 철학자들에게 다행스럽게도 방금 말한 견해는 잘못 생각한 결과다. 이와 같은 잘못된 견해는 두 가지 다른 혼동에서 갈라져 나온다. 하나는 진리를 우주나 현실 전체와 혼동하는 것이다. 그러나 진리는 우주 전체에 대한 것이 아니다. 진리는 병아리가 달걀에서 부화한다는 주장은 갖지만, 양서류가 털이 있다는 주장은 갖지 못하는 어떤 속성이다. 진리의 본성을 설명함은 우주 전체가 아니라 저런 주장이 갖는 속성의 본성을 설명한다는 뜻이다.

"진리는 무엇인가?"라는 질문이 신비한 통찰을 요구하는 것처럼 보이게 만드는 둘째 혼동은 이 질문에 대한 답을 찾는 일이 가장 중요하고 기본적인 것을 모두 알게 된다는 의미로 여기는 발상이다. 이 발상은 "진리는 무엇인가?"라는 질문을 "그 진리는 무엇인가?"라는 비슷한 질문과 혼동하게 만들 수도 있다.[3]

일상적으로 만약 그 진리(the truth)를 알고자 원한다면, 여러분은 특별한 어떤 것에 관한 진리를 알고자 원한다. 여러분은 연인이 충실한지, 또는 기차가 언제 출발하는지, 또는 새로운 복지 정책이 경제에 어떤 영향을 미칠지를 알고 싶어 한다. 여러분이 벌써 어떤 철학적 주제에 관해 묻는 것이 아닌 한, "그 진리는 무엇인가?"라는 질문은 으레 철학적인 것이 아니다.

그렇지만 때때로 어떤 사람은 그 진리는 무엇인지 물으며 대단히 일반적인 것을 의미할지도 모른다. 이때 그 진리가 무엇이냐고 묻는 당사자는 만물의 진리를 알려고 한다. 다시 말해 알아야 할 것을 전부 인식하거나 만물을 설명하는 깊은 원리를 알고자 원한다. 이것은

---

3   "진리는 무엇인가?"라는 질문은 "What is truth?"를 번역한 것이고 "그 진리는 무엇인가?"라는 질문은 "What is the truth?"를 번역한 것이다. 후자에서 '그 진리'는 일상적으로 쓰는 '진실'과 바꿔 쓸 수 있는 말이다.

가능한 일이 아니다. 인간은 만물을 전부 알 수 없고, 자연의 가장 기본적인 법칙은 별도로 치더라도, 만물을 전부 절대적으로 설명할 심원한 원리는 아마 없을 것이다. 따라서 가장 일반적으로 해석한 "그 진리는 무엇인가?"라는 질문에 답하는 것은 불가능하다고 해도 된다. "진리는 무엇인가?"라는 질문은 답하기 매우 어렵지만, 알아야 할 것을 모두 우리에게 말해 주거나 이해해야 할 것을 모두 우리가 이해할 수 있게 만들 필요가 없다. 필요한 것은 "2+2=4"와 "캐나다는 멕시코의 북쪽에 있다"라는 두 주장이 공통으로 갖지만, "프랑스는 섬이다"라는 주장은 갖지 못한 일정한 속성을 설명하는 것뿐이다.

　"진리는 무엇인가?"라는 질문은 소크라테스[4]가 캐물어서 유명해진 "X는 무엇인가?"라는 질문과 같은 종류에 속한다. 예를 들어 『에우티프론』에서 소크라테스는 "경건은 무엇인가?"라고 묻고, 단지 경건한 행위의 목록이라는 답을 받아들이지 않는다. 경건한 행위의 예들이 아니라 행동이나 행위를 경건하거나 불경하게 만든 것이 무엇인지를 설명하고자 원한다. 소크라테스는 경건의 본성이 무엇인지

4　　소크라테스(Socrates; Σωκράτης, 기원전 470~399)는 아테네 출신 고대 그리스 철학자로, 서양철학의 창시자, 윤리 사상 전통을 세운 최초 도덕 철학자로 인정받는다. 광장에서 시민들과 철학적 대화를 즐겼으나 자신의 사상을 문서로 남기지 않았다. 고대 저술가들, 특히 두 제자, 플라톤과 크세노폰이 소크라테스의 가르침을 담은 대화편을 썼다. 대화편에서 소크라테스는 대화 상대자와 함께 질의응답법으로 주제를 검토한다. 당시 아테네의 정치 상황에 휘말려 기원전 399년 불경하고 젊은이를 타락시킨다는 죄목으로 고발당했고 재판에서 사형 선고를 받았다. 탈옥을 도우려는 지인들의 제안을 거부하고 감옥에서 최후를 맞았다. 이후 철학적 신념과 아테네 도시 국가의 민주주의 법을 지키려고 의연하게 죽음을 선택한 위대한 철학자로 추앙받았다.

알고 싶어 한다. 마찬가지로 진리는 무엇이냐고 물을 때, 우리는 참된 주장의 예들을 모은 목록에 흥미를 느끼지 않는다. 우리는 (진리의 본성에 관한 진리와 별개로) 어떤 주제에 관한 진리와 우주 전체에 대한 설명을 위해 묻지 않는다. 어떤 주장이 참이거나 거짓이 된다는 것이 무슨 뜻인지를 우리는 알고자 원한다. 좋은 대답은 참된 주장을 참이 되게 만들고 거짓된 주장을 거짓이 되게 만드는 것이 무엇인지를 설명함으로써 진리의 본성에 관해 말해 줄 것이다.

아리스토텔레스[5]는 『형이상학』에서 다음과 같이 말한다. "없는 것을 있다고 말하거나 있는 것을 없다고 말하는 것은 거짓이지만, 있는 것을 있다고 말하고 없는 것을 없다고 말하는 것은 참이다(To say of what is not that it is, or of what is that it is not, is false, while to say of what is that is, and of what is not that it is not, is true)." 이것은 "진리는 무엇인가?"라는 질문의 완료형 답이 아닐지 몰라도 출발점이다. 특히 아리스토텔레스의 말은 문제를 명료하게 드러내도록 돕는다. 우리는 '참 또는 진짜'라는 형용사를 여러 다른 방식으로 사용하고, 진짜 친구와 가짜 친구에 대해 말한다. 목수는 알맞게 정렬된 기

---

5   아리스토텔레스(Aristoteles, 기원전 384~322)는 고대 그리스의 마지막 위대한 철학자로 플라톤에게 배웠고, 리케이움 학원과 페리파토스학파의 창시자다. 자연학, 생물학, 동물학, 형이상학, 논리학, 윤리학, 미학, 시학, 연극, 음악, 수사학, 심리학, 언어학, 경제학, 정치학, 기상학, 지리학, 정부론을 포함한 여러 주제로 저술을 남겼다. 그는 선대와 당대의 다양한 철학을 종합한 체계를 세웠으며, 지성 활동에 필요한 어휘 목록뿐만 아니라 탐구할 문제와 탐구 방법을 후대에 물려주었다. 그의 철학은 서양의 거의 모든 학문 분야에 영향을 미쳤으며, 현대 철학의 논의에 계속 등장한다.

둥을 '딱 맞다'라고 기술할 수도 있다. 진짜 다이아몬드는 모조품보다 값어치가 있다. 엘비스 코스텔로는 「나의 목표는 진짜」라는 음반을 출시했고, 제목은 뜻이 없는 것이 아니다. 여기서 진리 개념은 아리스토텔레스가 논의한 것과 가족 유사성[6] 관계가 있을지도 모르지만, 아리스토텔레스는 분명히 다른 어떤 것에 관심을 두었다. 아리스토텔레스는 사물의 존재 방식을 옳게 이해함, 곧 정확성이라는 뜻의 진리 개념에 관심을 가졌다. 진리가 무엇이냐는 질문은 어떤 것의 정확성이나 사물의 존재 방식을 옳게 이해함이 무엇이냐고 묻는 것이다.

1.2 진리 담지자

진리가 무엇인지에 관해 더 말하기 전에 좀 생각해 봐야 할 질문이 있다. 어떤 종류에 속한 것들이 아리스토텔레스가 사물의 존재 방

---

6 '가족 유사성(family resemblance)'은 루트비히 비트겐슈타인(Ludwig Wittgenstein, 1889~1951)이 후기 철학에서 본질주의를 거부하면서 도입한 용어다. 『철학적 탐구』의 66~67절에서 보드게임, 카드놀이, 공놀이, 격투 시합 따위에서 공통된 하나를 볼 수 없을 테지만, 여러 놀이에서 서로 겹치고 교차하는 닮은 점들의 복잡한 그물을 본다. 이와 같은 유사성은 '가족 유사성'으로 특징을 나타낼 수 있는데, 왜냐하면 몸집, 용모, 눈 빛깔, 걸음 걸이, 기질 따위처럼 한 가족의 구성원들 사이에 존재하는 다양한 유사성이 그렇게 겹치고 교차하기 때문이다. 여러 놀이는 하나의 가족을 이루고 있다. '놀이'에 대한 설명은 모든 일반 명사와 보편 개념으로 확장할 수 있다. 일반 명사의 의미는 플라톤식 이상이나 아리스토텔레스식 형상, 본질을 지칭하는 것이 아니라 다양한 맥락에서 일반 명사가 사용되면서 겹치고 교차하는 가족 유사성으로 파악할 수 있다.

식에 관해 옳거나 그르다고 말하는 뜻의 참이거나 거짓이 될 수 있는가? 문장, 명제, 발언, 진술, 믿음, 이론을 포함해 여러 후보가 있다.[7] 이것들은 모두 '진리 담지자들(truth bearers)'이고, 참이거나 거짓이 될 수 있다. 진리 담지자는 모두 우편함이나 대리석 같은 사물과 대조를 이룬다. 우편함이나 대리석 같은 사물은 적합한 뜻에서(in the relevant sense)의 참이거나 거짓이 될 수 없다.

어떤 진리 담지자는 다른 것보다 더 기본적일 수도 있다. 발언(utterances)과 문장(sentences)을 예로 들어보자. 문장은 일정한 문법 규칙을 만족하는 낱말들의 배열이다. 발언은 어떤 사람이 문장을 사용함으로써 일어나는 사건이다. 예를 들어 잭이 "2001년 10월 1일, 지역 시간 오후 7시 구즈 힐의 우물에 물이 있다"라고 말할 수도 있고, 질도 "2001년 10월 1일, 지역 시간 오후 7시 구즈 힐의 우물에 물이 있다"라고 말할 수도 있다. 저것들은 같은 문장의 두 발언들이다. 만약 우리가 문장의 참과 거짓에 대한 설명을 이미 했다면, 이를 사용해 발언의 참과 거짓을 설명하기 위해 다음과 같이 말해도 된다. 참 문장의 발언은 참이고 거짓 문장의 발언은 거짓이며, 저것이 전부다. 이런 설명은 문장을 발언보다 더 기본적인 진리 담지자로 여긴다.

---

7   문장(sentence), 명제(proposition), 발언(utterance), 진술(statement), 믿음(belief), 이론(theory) 따위는 모두 진리 담지자의 후보일 수 있다. 어느 후보를 진리 담지자로 채택하느냐는 철학자들의 관점이나 시각, 배경지식이나 고유한 철학 목표에 따라 결정되며, 철학 논쟁의 영원한 주제이기도 하다.

철학자들은 가장 기본적인 진리 담지자가 무엇인지에 관해 의견이 일치하지 않는다. 몇몇 철학자들은 문장이 가장 기본적인 진리 담지자라고 생각한다. 일단 문장이 참이 됨이 무슨 뜻인지 이해하면, 다른 어떤 진리 담지자든 참이 됨이 무슨 뜻인지 설명할 위치에 서게 될 것이다. 다른 철학자들은 명제를 가장 기본적인 진리 담지자로 여긴다.

철학자들이 사용하는 용어로서 명제는 어떤 종류의 추상체 (abstract object)다. 일반 관념으로서 명제는 여러분이 각자 무언가를 말할 때 말한 것이자 무언가를 믿을 때 믿는 것이다. 만약 질이 영어로 "London is pretty(런던 이즈 프리티)"라고 말하고 자크는 프랑스어로 "Londres est jolie(롱드르 에 졸리)"라고 말한다면, 어떤 점에서 그들은 같은 것을 말했다는 뜻이다. 만약 너와 내가 둘 다 물이 젖어있다고 믿는다면, 어떤 점에서 우리는 같은 것을 믿는다는 뜻이다. 만약 너는 나에게 식료품 저장실에 감자가 있다고 말하고 내가 너를 믿는다면, 어떤 점에서 내가 믿는 것은 네가 말했던 것이라는 뜻이다. 명제를 믿는 철학자들은 어떤 사람이 무언가를 믿거나 말하기 위해, 당사자가 믿거나 말한 어떤 것이 있어야 한다고 생각한다. 그것이 바로 명제다. 명제가 기본 진리 담지자라고 생각하는 사람들은 다른 진리 담지자들이 참 (또는 거짓) 명제와 관계를 맺음으로써 참인 (또는 거짓인) 것이 된다고 생각한다. 예컨대 믿음은 믿는 어떤 것이 참 명제일 때 참이 되고, 발언은 말한 어떤 것이 참 명제일 때 참이 된다.

기본 진리 담지자에 관한 철학 논쟁은 매우 복잡해질 수 있다. 문장과 명제는 주요 후보다. 문장을 기본 진리 담지자로 여기는 철학자들은 명제를 믿는 것이 형이상학적 사치라고 생각하는 경우가 흔하다. 그들은 수, 속성, 명제를 비롯한 어떤 추상체도 믿지 않아서 그렇게 생각했을지도 모른다. 혹은 명제를 믿는 사람들이 동일성/정체성 조건이라고 일컫는 것, 다시 말해 두 문장이 같은 명제를 표현하기 위해 갖추어야 할 점과 두 문장이 다른 명제를 표현하기 위해 갖추어야 할 점을 명료하고 바르게 설명할 수 없었기 때문에 그렇게 생각했을 수도 있다. 명제가 기본 진리 담지자라고 생각하는 철학자들은 문장을 비롯한 다른 진리 담지자들이 고유한 **기본** 진리 담지자로서 역할을 하려면 요구되는 특징을 지닐 수 있는지에 대해 자주 의혹을 던진다. 때때로 그들은 명제라는 발상에 기댄 정신철학이나 심리철학과 언어철학의 작업이 너무도 결실이 풍부하고 성공을 거두어서 폐기할 수 없다고 주장한다.

이 책은 기본 진리 담지자에 관한 논쟁을 대부분 그냥 지나칠 것이다. 한쪽 편을 드는 대신에, 나는 무엇을 의미하든지 기본 진리 담지자를 지칭하기 위해 '주장(claim)'이라는 중립적 용어를 사용하겠다. 그렇지만 몇몇 이론가들은 분명히 문장이나 머릿속의 명제를 기본 진리 담지자로 지목한다. 이런 선택이 차이를 낳을 때 주목해 다룰 것이다.

1.3 참임과 참으로 여김

기본적으로 진리는 정말 많지 않다고 생각하는 사람들도 있다. 어쩌면 아무것도 참이 아닐지도 모른다. 예를 들어 그들은 우리가 정말 지구와 태양의 상대적 위치, DNA의 분자 구조[8], 장미전쟁으로 일어난 사건, 또는 다른 아주 많은 진리에 관해 주장할 수 없다고 말하기도 한다. 우리는 저 주장들을 참이라고 말할 수 없다. 그것들에 대해 우리는 확신할 수 없고, 추리가 이어지려면 주장을 참이라고 말하기전에, 우리는 무언가에 대해 확신해야 하기 때문이다. 어떤 사람들은 심지어 이와 같은 사유 방침을 더 멀리 밀고 나갈 수도 있다. 그들은 언제까지나 의심할 여지가 있다고 지적할지도 모른다. 우리는 어떤 것도 100% 확신할 수 없다. 그리고 참된 무엇이든 100% 확실해야 하므로, 실은 어떤 참 주장도 없다. 개연성이 더 높거나 낮은 주장이 있을 따름이다.

다른 사람들은 훨씬 많이 허용하는 견해를 받아들인다. 그들은 다른 어떤 사람이 믿는 것이 속속들이 참이 아니라고 말하는 것이 어떻든 부적당하다는 발상을 마음에 새긴다. 이 견해에 근거하면 누가 믿는 것이든 다 참이다. 첫째 견해는 뭐든지 참임을 부정하고, 둘째

---

8   DNA(Deoxyribo Nucleic Acid, 디옥시리보 핵산)는 뉴클레오타이드의 중합체인 두 개의 긴 가닥이 서로 꼬여있는 이중나선 구조의 고분자화합물이다. DNA는 4종류의 뉴클레오타이드가 중합 과정을 통해 연결된 가닥들로 이루어져 있고, 자가 복제하며 유전정보를 통해 유전자 발현이 일어난다.

견해는 어떤 이가 믿는 한에서 전부 다 참이라고 허용한다.

두 견해는 여러 면에서 잘못 생각한 결과다. 두 견해는 2장에서 논의할 더 세련되고 그럴듯한 견해와 사촌처럼 닮은 점이 있다. 그러나 여기서 멈춰 두 견해가 공통으로 저지른 실수를 충분히 지적할 만한 가치가 있다. 두 견해는 다 **참임**(being true)과 **참으로 여김**(being treated as true)이 같다고 주장한다. 첫째 견해에 따르면 우리는 뭐든지 참으로 여길 권한이 거의 없거나 전혀 없고, 그래서 아무것도 참이 아니다. 둘째 견해에 따르면 우리는 어떤 사람이 믿는 것을 **참이 아님** (untrue)이라고 여길 권한이 거의 없거나 전혀 없고, 그래서 누군가 믿는 것은 무엇이든 참이다.

물론 참임과 참으로 여김의 차이는 범죄자임과 범죄자로 여김의 차이만큼 크다. 아주 오랫동안 지구가 납작한 팬케이크보다 공처럼 둥근 모양과 더 비슷하다고 사람들은 확신하지 않았다. 그렇게 확신하지 않던 시기에도 지구는 납작한 팬케이크보다 공처럼 둥근 모양과 더 비슷했다. 다시 말해 지구가 납작한 팬케이크보다 공처럼 둥근 모양과 더 비슷했다는 것은 참이었다. 또 냉장고에 다른 맥주가 있다고 얼마나 깊이 진지하게 믿든, 나의 믿음은 냉장고에 다른 맥주가 있음을 참이게 만들지 못한다.

참임과 참으로 여김의 차이에서 끌어낼 수 있는 방법론과 관련된 주요 논점은 두 가지다. 첫째, 우리는 나비의 표본을 아주 많이 모으고 유사점과 차이점을 검토함으로써 나비를 연구하는 방식으로 진리 탐구를 희망할 수 없다. 그렇게 조금 나아갈 수 있을지 몰라도, 아주 멀리 나아갈 수 없다. 왜냐하면 우리는 진리의 표본들이 진리를 보여주는 진정한 항목임을 보장할 수 없기 때문이다. 나는 어떤 것이 참이라고 생각했지만, 잘못 생각했을 수 있다. 그렇다면 진리 탐구를 위해, 우리는 더욱 철학적으로 나아갈 필요가 있다. 진리는 무엇인지에 대한 더 그럴듯한 설명을 살펴보고, 어떤 진리 이론을 설명하고 싶어 하는지를 명료하게 밝힐 필요가 있다. 다음으로 우리의 작업에 필요한 이론을 찾으리라는 희망을 품고 실험하듯 주의 깊게 단정하지 않고서 나아가야 한다.

둘째, 참임이 참으로 여김이 아니라는 발상은 진리 이론들을 평가하기 위한 중요한 철학 도구를 예시하도록 사용할 수 있다. 분명히 바른 예시로서 다음 두 주장을 떠올려도 좋겠다.

(1) 만약 냉장고에 다른 맥주가 있다면, 냉장고에 다른 맥주가 있다는 것은 참이다. (If there is another beer in the refrigerator, then it is true that there is another beer in the refrigerator.)

(2) 만약 지구가 납작한 팬케이크보다 공처럼 둥근 모양과 더 비슷하다면, 지구가 납작한 팬케이크보다 공처럼 둥근 모양과 더 비슷하다는 것은 참이다. (If the earth is shaped more like a sphere than a pancake, then it is true that the earth is shaped more like a sphere than a pancake.)

사실상 '만약 ＿ 라면, ＿ 이라는 것은 참이다(If ＿ , then it is true

that __)'라는 양식의 거의 모든 사례는 두 빈칸에 같은 진술을 채워 넣을 때 올바르다. 그렇지만 만약 진리가 확실성과 같다면, '만약 ___ 라면, ___ 이라는 것은 확실하다'라는 양식의 같은 사례들도 마찬가지로 올바를 것이다. 그러나 다음과 같은 예시는 올바르지 않다.

(3) 만약 냉장고에 다른 맥주가 있다면, 냉장고에 다른 맥주가 있다는 것은 확실하다. (If there is another beer in the refrigerator, then it is certain that there is another beer in the refrigerator.)

(4) 만약 지구가 납작한 팬케이크보다 공처럼 둥근 모양과 더 비슷하다면, 지구가 납작한 팬케이크보다 공처럼 둥근 모양과 더 비슷하다는 것은 확실하다. (If the earth is shaped more like a sphere than a pancake, then it is certain that the earth is shaped more like a sphere than a pancake.)

참을 포함한 유사한 주장들이 참일지라도, 두 주장 (3)과 (4)는 쉽게 거짓이 될 수 있다.

'만약 __ 이라는 것이 참이라면, ___ (If it is true that __ , then __)' 라는 다른 양식도 (물론 우리가 같은 진술을 빈칸에 채워 넣는다고 가정하면) 대응 사례는 거의 언제나 올바르다. 두 예는 다음과 같다.

(5) 만약 냉장고에 다른 맥주가 있다는 것이 참이라면, 냉장고에

다른 맥주가 있다. (If it is true that there is another beer in the refrigerator, then there is another beer in the refrigerator.)

(6) 만약 지구가 납작한 팬케이크보다 공처럼 둥근 모양과 더 비슷하다는 것이 참이라면, 지구가 납작한 팬케이크보다 공처럼 둥근 모양과 더 비슷하다. (If it is true that the earth is shaped more like a pancake than a sphere, then the earth is shaped more like a pancake than a sphere.)

그리고 진리가 믿게 됨과 같다면, '만약 __ 이라고 믿게 된다면, __ (If it is believed that __ , then __).'라는 양식의 대응 사례는 마찬가지로 올바른 것이어야 할 것이다.

(7) 만약 냉장고에 다른 맥주가 있다고 믿게 된다면, 냉장고에 다른 맥주가 있다. (If it is believed that there is another beer in the refrigerator, then there is another beer in the refrigerator.)

(8) 만약 지구가 납작한 팬케이크보다 공처럼 둥근 모양과 더 비슷하다고 믿게 된다면, 지구는 납작한 팬케이크보다 공처럼 둥근 모양과 더 비슷하다. (If it is believed that the earth is shaped more like a pancake than a sphere, then the earth is shaped more like a pancake than a sphere.)

하지만 두 주장은 명백히 그르다.

'만약 __ 라면, __ 이라는 것은 참이다'라는 양식과 '만약 __ 이라는 것이 참이라면, __'라는 양식, 그리고 이와 같은 종류의 양식들이 20세기 초반부터 진리에 관해 철학적으로 사고할 때 아주 중요했다. 수학자이자 철학자인 알프레드 타르스키[9]가 진리 이해에 미친 가장 영향력 있는 공헌은 모든 진리 이론이 지녀야 할 요건(requirement)을 제안한 것이다. 적절한 진리 이론은 다음과 같은 양식의 모든 사례를 함축해야 한다.

(9) 만약 s라면 그리고 오로지 그런 경우에만 S라는 문장은 참이다.[10] (S is true if and only if s.)

위에서 'S(대문자 에스)'는 문장의 이름이고 's(소문자 에스)'는 문장을 적절한 진리 이론의 언어로 번역한 문장으로 교체된다. 예를 들어 영어에 대해 진리 이론을 명확한 공식으로 나타낸다고 가정하자. 이때 적절한 진리 이론을 영어 문장에 적용한다고 가정한다. (이는 타르스키가 제안한 다른 요건을 어길 테지만, 우리의 예에 대해서는 아주 좋다.) 또 어떤 문장을 인용 부호 안에 넣음으로써 문장의 이름을 만들 수 있

---

9 알프레드 타르스키(Alfred Tarski, 1901~1983)는 폴란드계 미국 논리학자이자 수학자로 수리 논리학과 집합론, 분석철학의 발전에 공헌했다.

10 일반적으로 타르스키의 T-문장은 "'S' is true if and only if s"로 표기한다. 쌍조건문을 구성하는 연결사의 왼쪽 항에 'S'는 문장의 이름이고, 오른쪽 항은 인용 부호를 없앤 문장 s다. 's'를 'p'로 표기하기도 한다. "만약 s라면 그리고 오로지 그런 경우에만 'S'라는 문장은 참이다"라고 번역하면, 오른쪽 항과 왼쪽 항이 바뀐다.

다고 가정하자. 그러면 타르스키의 요건을 가정할 경우, 우리의 진리 이론은 다음과 같은 것을 함축하는 경우에만 적절할 수 있다.

(10) 만약 냉장고에 다른 맥주가 있다면, 그리고 오로지 그런 경우에만, '냉장고에 다른 맥주가 있다'라는 문장은 참이다. ('There is another beer in the refrigerator' is true if, and only if, there is another beer in the refrigerator.)

(11) 만약 지구가 납작한 팬케이크보다 공처럼 둥근 모양과 더 비슷하다면, 그리고 오로지 그런 경우에만, '지구는 납작한 팬케이크보다 공처럼 둥근 모양과 더 비슷하다'라는 문장은 참이다. ('The earth is shaped more like a pancake than a sphere' is true if, and only if, the earth is shaped more like a pancake than a sphere.)

(12) 눈이 희다면, 그리고 오로지 그런 경우에만, '눈은 희다'라는 문장은 참이다. ('Snow is white' is true if, and only if, snow is white.)

(13) 풀이 푸르다면, 그리고 오로지 그런 경우에만, '풀이 푸르다'라는 문장은 참이다. ('Grass is green' is true if, and only if, grass is green.)

그밖에 비슷한 다른 예를 얼마든지 만들 수 있다.

'T-쌍조건문'은 타르스키가 제안한 '만약 s라면, 그리고 오로지 그런 경우에만, S라는 문장은 참이다'라는 양식이나 '만약 ___ 라면, 그리고 오로지 그런 경우에만, ___ 이라는 것은 참이다'라는 형식의 주장에 같은 방식으로 두 빈칸을 채워 넣은 사례. '만약 이 문장이 거짓이라면, 그리고 오로지 그런 경우에만, 이 문장이 거짓이라는 것은 참이다(It is true that this sentence is false if, and only if, this sentence is false)'와 같은 몇몇 문제를 일으키는 역설적 사례가 있더라도, 거의 모든 T-쌍조건문은 분명히 참이다. 좋은 진리 이론은 최소한 T-쌍조건문과 양립해야 한다. 어떤 진리 이론을 평가할 다음과 같은 원리를 채택하고 이를 동치 원리(Equivalence Principle)라고 부르겠다.

> 어떤 종류의 역설을 포함하는 사례를 제외하면, T-쌍조건문들은 참이다. 용인 가능한 진리 이론은 저런 사실을 수용하거나 설명해야 한다. (Except for those that involve paradoxes of some sort, T-biconditionals are true. An acceptable theory of truth must accommodate or explain that fact.)

이 책은 때때로 '동치 도식(Equivalence Schema)'을 참조할 것이다. 동치 도식은 T-쌍조건문, '만약 ___ 라면, 그리고 오로지 그런 경우에만, ___ 이라는 것은 참이다'나 '만약 s라면, 그리고 오로지 그런 경우에만, S라는 문장은 참이다'에 꼭 맞는 양식이다.

1.4 앞으로 다룰 내용

다음에 이어질 두 장은 "진리는 무엇인가?"라는 질문과 밀접한 두 가지 문제를 살펴본다. 하나는 객관성 문제다. 객관적으로, 곧 마음과 독립적으로 참이 되는 주장은 있는가? 또는 진리는 어떤 방식으로 우리가 생각하거나 생각할 수 있는 것에 의존하는가? 다른 하나는 진리의 가치와 관련된 문제다. 어떤 뜻에서 참된 믿음이나 주장은 거짓된 믿음이나 주장보다 '더 좋거나 나은(better)' 것인가? 좋은 진리 이론은 동치 원리를 만족할 뿐만 아니라 객관성을 잘 이해하고 진리의 가치도 설명하겠다. 4장부터 7장까지 다룰 진리의 본성을 설명하는 다양한 접근 방식은 객관성과 가치에 관해 서로 다른 확언을 하는데, 다양한 접근 방식을 평가하는 한 방법은 저런 확언이 무엇인지 살펴보는 것이다.

+ 더 읽을거리

플라톤의 몇 가지 대화편은 어떤 것의 본성을 설명하는 일과 예들의 목록을 작성하는 일의 차이를 다룬다. 이 가운데 『에우티프론』, 『메논』, 『국가』가 포함되고, 진리와 지식의 관계를 다룬 흥미로운 논의도 아주 많이 담겨 있다.

아리스토텔레스의 진리관은 몇몇 저작, 특히 『형이상학』과 『분석론 후서』에 흩어져 있다. 『형이상학』의 4권 8장에서 아리스토텔레스는 아무것도 참이 아니라는 견해와 모두 다 참이라는 견해에 반대하는 논증을 펼치며 두 견해가 자멸에 이른다는 근거를 제시한다. 만약 아무것도 참이 아니라면, 아무것도 참이 아니라는 학설도 참이 아니다. 그리고 만약 모두 다 참이라면, 모두 다 참이 아니라는 학설도 참이다.

볼프강 퀴네(Wolfgang Künne)의 『진리 개념』(2003)은 5장에서 다룬 기본 진리 담지자를 비롯해 넓은 범위에 걸친 쟁점을 탁월하게 논의한다. 최신 명제 개념은 고틀로프 프레게의 중요한 논문 「사유」(1956)에 뿌리를 두고 있다. 윌러드 콰인[11]의 고전적 저작 『말과 대상』(1960)의 2장은 어떤 사람의 발언이 의미하는 것이 으레 결정된 사실(a determinate fact of the matter)이 아니라고 논증하는데, 이는 두 사람이 같은 것을 말했는지 또는 같은 명제를 표현했는지를 다룰 때 결정된 사실이 없음을 함축할 것이다. 하트리 필드(Hartry Field, 1946~)의 논문 두 편 「마음 표상」과 「의미 수축 이론과 내용」은 믿음과 진리를 이해할 때 명제를 없앨 수 있다는 주장을 펼친다. 두 논문은 하트리 필드의 논문을 엮은 『진리와 사실의 부재』(2001)에 실려 있다.

---

11   윌러드 콰인(Willard Van Orman Quine, 1908~2000)은 분석적 전통에 속한 미국 철학자이자 논리학자로 20세기에 가장 영향력 있는 철학자다. 철학은 개념 분석이 아니라 과학의 연속이라는 견해를 지지했고, 인식론의 자연화를 주창했다. 콰인이 제안한 인식론의 자연화 논제를 비롯해 존재론적 상대성 논제, 의미 전체론, 번역 불확정성 논제는 21세기에도 활발히 논의되는 쟁점이다.

타르스키의 「의미론적 진리 개념과 의미론의 토대」(1944)는 좋은 진리 이론이 T-쌍조건문을 함축해야 하고, 진리와 ("이 문장은 거짓이다"라는 문장으로 제기된 역설 같은) 진리의 역설들에 관한 미래에 이어질 논리적 작업에 절대적으로 중요한 ' _ 는 참이다(_ is true)'라는 표현의 논리를 다루고 있다.

2
객관성

Objectivity

사람들은 무엇이든 '객관적으로' 참이냐는 질문에 흥미를 느껴서 이따금 진리에 관해 궁금해한다. 진리는 사람들이 또는 옳게 생각하는 사람들이 믿는 것에 의존하는가? 혹은 누구든지 생각하는 것과 무관하게 참이 되는 주장은 있는가? '객관적' 진리의 한 발상은 주장의 참이나 거짓이 누가 믿는 것에 의존하지 않는다는 생각이다.

둘째 묶음의 질문도 객관성이라는 제목 아래 분류한다. 진리와 지식의 관계에 관한 질문이다. 우리는 때때로 어떤 주장이 참인지 거짓인지 말할 수 있고, 때때로 어떤 식이든 아는 것은 불가능하다. 만약 어떤 주장이 참인지 거짓인지 **말할** 방도가 없다면, 그것은 참이나 거짓일 수 있는가? '객관적' 진리의 한 발상은 주장의 참이 우리가 그것을 알 수 있느냐에 의존하지 않는다는 생각이다. 참이지만 인식 불가능한 주장들이 존재할 수 있다. 그렇지만 몇몇 철학자들에 따르면 인식 불가능한 진리라는 생각은 무의미하다. 그들의 견해에 근거해 만약 어떤 것이 사실인지 아는 것이 불가능하다면, 어느 쪽이든 사실의 문제는 아예 없다. 따라서 이 부류의 철학자들은 가능한 인식의 한계가 진리의 한계이고, 저런 뜻으로 현실의 한계라고 생각한다.

2장은 객관성을 두고 벌어지는 삼자 논쟁에 관심을 둔다. 첫째 후보는 **실재론**(realism)이고, 주장의 참이 누가 믿는다거나 심지어 인식할 가능성에 의존하지 않는 주장들이 조금이라도 있다는 견해다. 둘째 후보는 **상대주의**(relativism)이고, 어떤 주장이든 진리는 언제나 그것을 믿는 사람에게 의존한다는 뜻에서 의견의 문제라는 견해다. 셋째 후보는 **반실재론**(anti-realism)이고, 어떤 주장을 참이 되게 만드는 것의 한 부분은 우리가 그것을 알 수 있다는 사실이고, 그래서 우리가 참이거나 거짓이라고 알 수 없는 주장은 참이거나 거짓일 수 없다는 견해다. 세 견해는 각각 세계의 존재 방식에 대해 서로 다른 그림을 제시하고, 제각기 유리한 점과 불리한 점이 있다. 이번 장에서 각각 논의하고, 온건한 실재론이 가장 그럴듯하다는 결론을 도출한다.

2.1 세 가지 현실상

실재론, 반실재론, 상대주의는 세계와 마음의 관계에 대해 서로 다른 견해를 제시한다. 실재론자들은 '저기 밖에' 세계가 있고, 사실들이 누가 그것들에 관해 생각하는 것과 무관하게 존재한다는 상식적 견해를 받아들인다. 아무도 믿지 않을지라도 참이거나, 모든 사람이 믿더라도 거짓일 주장들이 조금이라도 있다. 더욱이 우리는 정신이나 마음에 의존하지 않는, 곧 정신과 독립적인 세계(mind-independent world)에 관한 어떤 지식을 획득할 수 있을지도 모른다. 일상적으로 주장은 참이기 때문에 알 수 있게 되는 것이지, 알 수 있어서 참이 되는 것이 아니다. 어떤 주장을 참이 되게 만드는 것은 이를 인식할 가능성과 어떤 관계도 맺을 필요가 없다. 실재론자들은 현실의 부분들이 정신과 독립적인지에 관해 서로 의견이 일치하지 않지만, **어떤 것**(something)이 정신과 독립적이라는 점에 동의한다.

천체 물리학자들은 약 620억 광년 이상 떨어진 우주의 부분들이 너무 먼 곳에 있어서 거기서 나온 어떤 정보도 우리에게 도달한 적이 없다고 말한다(고트 외, 「우주의 지도」(2005)). 지구에서 정확히 630억 광년 떨어진 홀수 물 분자가 있다는 (우리가 인식할 가능성이 없는) 주장을 살펴보자. 어떤 실재론자는 저 주장을 누가 믿는지 믿지 않는지와 관계없이, 또 우리가 어떻게도 인식할 방도가 없는 사실임에도, 저 주장이 참이거나 거짓이라고 말할 듯하다. 아주 멀리 630억 광년 떨어진 홀수 물 분자는 있거나 그런 물 분자는 없다.

상대주의자들은 세계를 이야기처럼 만들어진 것으로 생각한다. 진리와 허위, 참과 거짓은 사람들이 믿는 것에 의존한다. 절대적 '왼쪽' 같은 것은 없고 **어떤 것**의 왼쪽에 있을 뿐이듯, 절대적 진리 같은 것은 없고 **어떤 사람**(someone)에 대한 진리가 있을 뿐이다. 탁자는 창문의 왼쪽에 있으면서 난로의 왼쪽에 있지 않았을 수도 있고, 주장은 한 사람에 대해 참이 되면서 다른 사람에 대해 거짓이 되었을 수도 있다. 믿음이 바로 저 차이를 만드는 것이다. 상대주의자의 견해에 근거하면, 주장을 어떤 사람에 대해 참이 되게 만든 것은 이를 믿는다는 점이고, 주장을 어떤 사람에 대해 거짓에 되게 만든 것은 이를 믿지 않는다는 점이다.

질이 어떤 농담을 말했다고 가정하자. 아마도 어떤 사람은 재미있다고 생각하지만, 다른 사람은 그렇지 않다고 생각할 것이다. 농담은 재미있다고 생각한 사람들에게 재미있지만, 재미없다고 생각하는 사람들에게 재미없다고 여기는 것은 대단히 솔깃하다. 그것이 전부라고 생각함도 솔깃한 일이다. 농담이 '정말' 재미있는지 또는 재미없는지에 관해 바탕에 놓인 사실은 없다. 왜냐하면 어떤 것이 **재미있음**이 의미하는 일부는 사람들이 이를 재미있다고 **생각한** 것이기 때문이다. 상대주의자들은 모든 주장이 질의 농담이 재미있다는 주장과 비슷하다고 생각한다. 재미에 관한 진리뿐만 아니라 **모든** 진리는 사람들이 믿는 것에 의존하고, 그것은 언제나 **어떤 사람**의 진리다. 어떤 사람이 믿는 것은 당사자에게 참이고, 어떤 사람이 믿지 않는 것은 당사자에게 거짓이다. 어떤 사람이 아무 의견도 갖지 않을 경우, 참도 없고 거짓도 없다.

반실재론자들은 진리나 참이 믿음에 의존한다고 생각하지 않고, 모든 진리가 어떤 사람의 진리라고 생각하지도 않는다. 그런데 반실재론자들은 진리가 다른 방식으로 마음에 의존한다고 생각한다. 반실재론자들에 따르면 만약 주장이 참임을 **찾아내거나 아는** 것이 가능하지 않다면, 주장은 참일 수 없다. 마찬가지로 만약 주장이 거짓임을 찾아내거나 아는 것이 가능하지 않다면, 주장은 거짓일 수 없다. 만약 어떤 주장이 참이라는 것을 알 방도가 없다면, 저 주장은 참일 리가 없다고, 다시 말해 거짓이거나 또는 참값을 아예 갖지도 못한다고 반실재론자들은 생각한다. 반실재론자의 견해에 근거하면 진리 개념과 인식 가능성 개념은 단단히 묶여 있다. 왜냐하면 한 주장의 참이 의미하는 일부는 그 주장의 참을 찾아낼 방도가 있다는 것이기 때문이다. 이것은 진리를 마음에 의존하게 만드는데, 가능한 인식의 한계가 현실의 한계이기도 하기 때문이다. 만약 지구에서 정확히 630억 광년 떨어진 홀수 물 분자가 있는지 찾아낼 방도가 없다면, 이에 관한 중요한 사실도 없다. 짝수 물 분자가 있다는 것은 참도 아니고 거짓도 아니며, 홀수 물 분자가 있다는 것은 참도 아니고 거짓도 아니다. 오히려 그 문제는 현실에 틈이나 공백을 나타낸다(Instead, the question represents a gap in reality).

따라서 실재론자, 상대주의자, 반실재론자의 삼자 논쟁에서 다루어야 할 큰 문제는 두 가지다. 첫째, 무엇이든 누가 믿는 것과 무관하게 참인가? 그렇다면, 상대주의는 올바르지 않다. 둘째, 원리상 누구든지 알 방도가 없을지라도, 참인 무엇이든 있는가? 그렇다면, 반실재론은 올바르지 않다.

2.2 실재론

실재론자의 현실상은 우리 경험의 중요한 두 측면에 따라 그려진
다. 첫째, 우리는 때때로 참이 아니었던 것을 실수로 믿었음을 알게
된다. 둘째, 우리는 때때로 앞서 알아채지 못했던 진리를 발견한다.
방금 말한 경험을 통해 우리는 사물이 현실적으로 있는 방식과 우연
히 믿는 것을 구별한다. 저렇게 구별하는 자연스러운 방식은 세계를
'저기 밖에' 우리와 독립적으로 있다고 생각하는 것이다. 세계는 우
리가 생각한 것과 심지어 우리가 믿거나 알았을 수 있는 것과 무관하
게 존재하는 대상들이나 사실들의 집합체다.

예를 들어 지구가 납작한 팬케이크보다 공처럼 둥근 모양과 더 비
슷하다는 주장을 살펴보자. 사람들은 예전에 저 주장을 믿지 않았으
나 나중에 실수였다는 점, 자신들이 생각했던 대로 사물이 존재하지
않았다는 점을 발견했다. 그러나 만약 아무도 지구의 모양을 알 방도
가 없었다면 어떨까? 만약 우주에 지능을 갖춘 어떤 생명체도 없었
다면 어떨까? 그렇더라도 우리는 여전히 지구가 납작한 팬케이크보
다 공처럼 둥근 모양이었으리라고 생각하는 경향이 있다. 지구의 모
양은 우리가 우연히 믿는 것이나 혹은 인식이 가능한 것에 따라 달
라지지 않는 정확히 그런 종류의 사물로 여겨진다.

실재론이 아주 큰 호소력을 갖는 한 가지 이유는 설명력이다. 실
재론은 믿음이 왜 잘못된 것일 수 있는지 설명한다. 예를 들어 지구
의 모양에 관한 어떤 믿음이 잘못된 것일 수 있는 까닭은 지구의 모

양이 사람이 생각한 것에 의존하지 않기 때문이다. 실재론은 우리가 새로운 어떤 것을 발견할 때 무슨 일이 생기는지 이해할 방법도 제공한다. 우리가 아직 알지 못했던 사실들이 저기 밖에 우리와 독립적으로 있다. 발견들은 우리가 그것들을 인식할 방도를 찾을 때 우연히 일어난다.

그런데 실재론은 저것보다 한 걸음 더 나아간다. 우리의 믿음에 의존하지 않는 참 주장들이 있을 뿐만 아니라 우리가 알았을 가능성에 의존하지 않는 참 주장들도 있다고 실재론자는 말한다. 우리는 왜 이와 같은 사실들이 있다고 생각해야 하는가?

한 가지 이유는 우리가 세계에 관해 이미 아는 것을 응용한다. 예를 들어 지구가 둥글다는 것을 참이 되게 만든 것은 지능을 갖춘 생명체와 관계없이 지구 자체에 관한 어떤 일로 나타난다. 결국 지구가 둥글다는 것은 인식할 지능을 갖춘 존재들이 나오기 오래전부터 참이었고, 지능을 갖춘 존재들이 실존한 적이 없었더라도 참이었을 것이다. 이때 우리가 세계에 관해 아는 것을 고려하면, 알려질 가능성을 요구하지 않으면서 진리인 어떤 주장이 있는 것 같다.

다른 이유는 우리가 진리나 허위를 알 수 없는 어떤 주장들이 있다는 사실과 관련된다. 마지막 공룡은 죽기 10분 전에 이가 하나 **빠졌다**는 주장을 살펴보자. 우리가 저 주장이 참이거나 거짓인지 찾아낼 방도는 없다. 그렇지만 공룡이 죽기 10분 전에 이가 하나 **빠졌거나 빠지지 않았다**고 가정하는 것은 자연스럽다. 그때 어느 쪽이든 참이면서 아는 것이 불가능한 무엇이 있다.

실재론자의 세계 개념은 상식적으로 호소력을 갖는 것처럼 보일지 몰라도, 몇 가지 난점에 직면한다. 실재론에 제기된 한 가지 반론은, 객관적으로 참인 어떤 주장들이든 있다면, 저런 주장들이 참인지 거짓인지 알 수 없으리라는 것이다. 이 반론에 따르면 실재론은 정신과 독립적인 세계에 대한 지식을 불가능하게 만든다. 이렇게 지식은 불가능하다는 견해를 '회의론'이라고 부르며, 실재론에 회의론의 문제를 제기한다.

왜 실재론이 회의론을 반드시 함의한다고 생각하는가?[1] 우리의 모든 지식이 다른 어떤 원천이 아니라 사물이 우리에게 보이는 방식에서 파생한다고 생각하기 때문이다. '사물이 보이는 방식(how things seem)'은 우리의 지각 경험을 포함하고, 이른바 '지성적 외양(intellectual seemings)'을 포함한다고 해도 좋다. 여기서 지성적 외양은 여러분이 어떤 주장에 관해 생각하고 여러분에게 감각 경험과 무관하게 참이거나 거짓으로 떠오를 때 발생한다. 예를 들어 살인은 그르다는 주장과 1 더하기 1은 11이라는 주장에 관해 생각해 보라. 전자는 개연적으로 여러분에게 **참인 것처럼 보이고**, 후자는 개연적으로 여러분에게 **거짓인 것처럼 보인다**. 지성적 외양은 바로 저런 것이다.

하지만 실재론을 가정할 경우, 세계의 **존재** 방식은 어떻게 세계가

---

1   '반드시 함의함(entailment)' 또는 '반드시 함의한다(entail)'라는 용어는 철학에서 독특한 의미로 사용한다. 논리학에서 타당한 연역 논증을 정의할 때 전제들이 모두 참이라고 가정하면 결론은 반드시 참이 된다고 말한다. 전제들의 참은 결론의 참을 필연적으로 포함함은 논리적으로 반드시 함의함을 의미한다. 이런 뜻으로 실재론은 회의론을 반드시 함의한다. 만약 실재론이 참이라면, 지식 회의론도 필연적으로 참이라는 것이다.

존재하는 것처럼 보이는 방식과 근본적으로 다를 수 있는가? 이와 연계된 고전적 예는 르네 데카르트[2]의 『성찰』(1641)에 나오는 우리를 속이는 악마 사유 실험이다. 물리 세계가 실존하지 않을지라도, 악마 는 우리에게 물리 세계가 실존하는 것처럼 보이도록 모두 배열했다 고 가정하자. 그러면 우리가 악마의 희생자일 가능성을 우리는 배제 할 방도가 없다. 저 경우 외부 세계에 관한 우리의 모든 믿음은 거짓 일 터다. 우리에게 탁자와 의자가 있고, 공룡이 예전에 있었고, 움직 이는 물체는 계속 움직이는 경향이 있고, 심지어 무한히 많은 소수 (prime numbers)가 있는 것처럼 보여도, 저런 모든 현상(appearances) 은 악마의 기만에서 기인한다. 어떤 주장이든 참이 되지 않으면서 그 렇게 보였을 수 있다.

실재론에 제기된 반론에 따르면, 만약 사물이 존재하는 방식이 보 이는 방식과 독립적이라면, 악마 같은 속임은 가능하다. 우리는 이 속임을 제거할 방도가 없다. 그리고 이를 제거할 방도가 없으므로, 외부 세계가 실존하는지, 혹은 전부 환상인지도 알 수 없다. 이 가능 성을 배제하지 못하는 한에서, 우리는 외부 세계에 관해 아무것도 현 실적으로 알 수 없고, 그래서 반론이 제기되며 실재론은 회의론을 반

---

2   르네 데카르트(René Descartes, 1596~1650)는 수학자이자 자연 철학자이자 독창적 인 형이상학자였다. 현대까지 이어진 근대적 자연관, 수학과 물리학의 역학 법칙이 지배하는 기계적 자연관을 제시했다. 형이상학자로서 신의 실존함을 지지한 논증을 펼침으로써 물질 의 본질은 연장이고, 정신의 본질은 사유임을 보여주었다. 이른바 방법적 회의를 통해 "나는 생각한다. 그러므로 존재한다"라는 철학의 제일 원리, 근본 진리를 직관하고 철학의 토대로 삼아 연역적으로 지식 체계를 세웠다.

드시 함의한다.

실재론자들은 회의론의 문제에 몇 가지 방식으로 응답했다. 데카르트에 따르면 우리는 신이 실존함을 알 수 있고, 사물이 보이는 방식은 사물이 정신과 독립적으로 존재하는 방식의 신뢰/신빙할 만한 지침이라는 점을 보증한다. 결국 신은 완벽하게 선하고, 이와 같은 신은 우리가 사물이 보이는 방식에 따라 극단적으로 잘못된 길로 접어들지 않도록 할 것이다. 하지만 데카르트의 해결책은 만족스럽지 않다. 신의 실존함은 실재론자들이 정신과 독립적이라고 생각한 것과 같고, 신이 실존하는 것처럼 보임은 신이 현실적으로 실존한다는 보증이 아니다. 악마는 신이 실존하지 않았을지라도 신이 실존했던 것처럼 보이게 만들었을 수 있다.

역사적으로 중요한 다른 응답은 단순하게 회의론을 받아들이는 것이다. 데이비드 흄[3]은 『인간 본성론』(1939)과 『인간 오성에 관한 탐구』(1748/1777)에서 우리의 모든 지식은 단지 사물이 우리에게 보이는 방식에 대한 정교화일 뿐이라고 주장했다. 흄의 견해에 근거하면 우리는 현상을 넘어서 무언가를 알 방도가 없고, 사물이 우리에게 보이는 방식을 넘어선 무언가가 있다거나 없다는 믿음을 정당화할 방

---

3   데이비드 흄(David Hume, 1711~1776)은 스코틀랜드 출신의 영국 역사가이자 수필가로 당대에 이름을 날렸으며, 경험론자이자 회의론자로 자처한 근대 철학자다. 회의론과 무신론이 담긴 그의 저술은 비난의 대상이 되었지만, 그의 인식론과 도덕과 종교, 정치에 대한 견해는 이미 현대적이라고 평할 만했다. 현대 철학자들은 흄을 철학적 자연주의의 철저한 옹호자이자 해설자, 현대 인지 과학의 선구자, 현대 도덕 철학의 정서주의를 비롯한 몇 가지 유형에 영감을 주었다고 인정한다.

법도 없다. 우리는 정신과 독립적인 세계가 있다고 믿을 수밖에 없지만, 그와 같은 믿음을 지지할 합리적 근거는 없다.

이마누엘 칸트[4]는 『순수이성비판』(1781)과 『모든 미래 형이상학 서설』(1783)에서 흄과 조금 다른 방식으로 접근한다. 칸트의 논증에 따르면 정신과 독립적인 현실(mind-independent reality)이 없다면 경험은 불가능하며, 정신과 독립적인 현실에 대한 진리는 사물이 누군가에게 보이는 방식에 의존하지 않는다. 하지만 칸트는 또한 정신과 독립적인 세계가 실존한다는 우리의 지식과 별도로 정신과 독립적인 세계에 대한 어떤 상세한 지식도 가질 수 없다고 생각했다. 칸트의 견해에 근거하면 두 세계가 있다. 하나는 현실적이고 알 수 없는 '사물 자체'의 세계이고, 다른 하나는 현상의 세계다. 우리의 지식은 현상계에 국한된다.

현대 철학자들은 다른 접근 방식을 받아들이는 경향이 있다. 그들은 회의론의 문제가 두 가지 핵심 선제[5]를 요구한다고 지적한다. 첫째, 사물이 존재하는 방식은 사물이 보이는 방식에 의존하지 않는다

---

4   이마누엘 칸트(Immanuel Kant, 1724~1804)는 근대와 현대 철학의 중심에 자리한다. 초기 근대 경험론과 합리론을 비판적으로 종합했고, 19~20세기 철학에 지대한 영향을 미쳤다. 형이상학과 인식론, 윤리학, 정치철학, 미학을 비롯한 다른 여러 분야에서 오늘까지 계속 영향을 미치고 있다.

5   논증에서 근거로 사용되는 '전제(premise)'라는 용어와 구별해야 하므로 'presupposition'을 '선제(先提)'로 옮겼다. '선제'는 사전에 등록되지 않은 용어로 '미리 또는 앞서 가정함'이나 '미리 또는 앞서 가정한 것'을 뜻하며 철학적 맥락에서 독특한 의미로 사용된다. 선제를 충족하지 않으면 특정 주장이나 견해는 참이 될 수 없지만, 선제를 충족하지 않는다고 해서 거짓이 되는 것은 아니다.

는 선제를 요구한다. 둘째, 지식은 모든 오류 가능성을 배제할 필요가 있다는 선제를 요구한다. 현대 철학자들은 전형적으로 둘째 선제가 잘못되었다고 생각한다. 무언가를 안다는 것은 참이라고 판단할 충분히 좋은 증거를 요구하지만, 데카르트의 악마에게 속는 희생자가 되는 것 같은 불가사의한 가능성을 배제하지 않으면서도 충분히 좋은 증거일 수 있다. 그러면 방금 말한 지식관을 받아들이는 실재론자는, 정신과 독립적인 세계에 관한 우리의 믿음이 참이라고 절대적으로 보증하지는 못하지만, 우리의 증거가 어쨌든 지식을 위해 충분히 좋은 것이라고 동의할 수 있다.

2.3 상대주의

상대주의자들에 따르면 사람들이 믿는 것을 떠나서 세계가 현실적으로 존재하는 방식 같은 것은 없다. 진리나 참은 사람들과 그들의 믿음에 상대적이고, 한 사람에 대해 참인 것이 다른 사람에 대해 참이 아니었을 수도 있다. 상대주의의 종류는 다양하다. **주관주의** (subjectivism)에 따르면 진리는 개인에 상대적이다. 어떤 사람에게 참이라는 것은 당사자가 믿는 것이고, 거짓이라는 것은 당사자가 믿지 않는 것이다. 우리가 단순히 '합의 상대주의(consensus relativism)'라고 부르는 상대주의의 다른 갖가지 형태는 진리가 사람들의 집단에 상대적이라고 주장한다. 사람들로 구성된 집단이 믿는 것은 그 집단에 대해 참이 되고, 믿지 않는 것은 그 집단에 대해 거짓이 된다. 그렇더라도 합의 상대주의의 대다수 형태에 근거하면 진리는 단지 임의의 집단에 상대적이지 않다. 오히려 특정 집단만 중요하다. 예를 들어 어떤 합의 상대주의는 진리가 문화, 인종, 종교, 계급/계층, 성별, 정치권력 집단, 또는 이것들의 어떤 조합에 상대적이라고 생각한다.

우리는 1장에서 이미 진리나 참이 왜 믿음과 같은 것일 수 없는지 보았다. 믿게 되는 모든 것이 참은 아니고, 참인 모든 것을 누군가가 실제로 믿게 되지는 않는다. 이것이 상대주의에도 말썽을 일으킨다.

주관주의는 몇 가지 이유로 그럴듯하지 않다. 가장 중요한 이유는 이렇다. 만약 주관주의가 올바르다면, 아무도 무엇이든 잘못을 저지르거나 틀리지 않게 될 것이다. 만약 어떤 주장이 어떤 사람에게 참이 된다고 여김이 당사자가 주장을 믿는 것일 뿐이라면, 당사자가 믿는 것은 뭐든지 자신에게 참이 된다. 어떤 사람은 틀리거나 그를 수 없다. 그러나 사람들은 항상 일에 관해 실수하거나 틀린다. 사람들은 은행 계좌에 돈이 얼마나 있는지, 회의가 몇 시로 예정되어 있는지, 517 곱하기 3이 1531인지에 관해, 그리고 다른 많은 것에 관해 실수하거나 틀린다. 우리는 일들을 믿음으로써 참이게 만들 수 없다. 이것은 단지 한 사람이 다른 어떤 사람이 믿지 않는 것을 믿음의 문제가 아니다. 오히려 우리가 믿었던 어떤 일들이 결국 참이 아니라는 것을 자주 알게 되는 경험은 인간이 공통으로 겪는 중요한 부분이다. 주관주의를 가정하면 저런 경험은 불가능할 것이다.

언뜻 합의 상대주의는 저 문제를 피하는 것처럼 보일 수도 있다.

한 집단이 믿지 않는 어떤 것을 개인이 믿고, 심지어 개인이 자신이 속한 집단과 의견이 일치하지 않는 것도 가능하다. 만약 집단이 믿는 것은 무엇이든 집단에 상대적이라면, 집단과 의견이 일치하지 않는 사람은 누구라도 집단에 상대적으로 실수하거나 틀린다. 그래서 합의 상대주의를 가정한다면, 진리와 허위가 사람들로 구성된 집단이 믿는 것에 의존한다고 하더라도 개인은 잘못된 믿음을 가질 수 있다.

하지만 합의 상대주의는 주관주의와 같은, 논조가 바뀐 형태의 문제에 직면한다. 개인의 믿음이 주어진 집단에 상대적으로 잘못될 수 있더라도, 합의 상대주의는 **집단**(groups)이 거짓 믿음을 가질 여지를 남기지 않는다. 예를 들어 진리가 문화에 상대적이라고 치자. 그러면 만약 어떤 문화 공동체에서 사람들이 지구는 평평하다고 믿는다면, 해당 문화에 대해 지구가 평평함은 참이다. 여기서 말한 문화는 지구의 모양에 관해 실수할 수 없고, 저것은 해당 문화 공동체가 지구의 모양에 관해 실수를 저질렀음을 **발견하는** 것이 불가능함을 의미한다. 어떤 다른 문화 공동체가 지구는 둥글다고 믿는다고 가정하자. 그러면 한 집단에 대해 지구는 평평하고 다른 집단에 대해 지구는 둥글다는 점이 쉽게 드러나고, 저것이 전부다. 합의 상대주의에 근거하면 다른 집단이 지구에 관해 생각한 것을 떠나서 더 깊은 중요한 사실은 없다.

상대주의에 제기된 다른 문제들은 상대주의를 표현하는 견해가 적어도 두 방식으로 자기를 해치거나 스스로 무너진다는(self-undermining) 사실에서 생겨난다. 하나는 플라톤[6]과 아리스토텔레스가 각각 고대 상대주의자로 알려진 프로타고라스[7]의 견해 제기했던 반론에서 갈라져 나온다. 프로타고라스는 "인간이 만물의 척도고, 존재하는 사물에 대해 존재하는 것의, 존재하지 않는 사물에 대해 존재하지 않는 것의 척도"라고 말한 인물로 알려졌다.

반론은 다음과 같다. 상대주의의 부정을 '절대주의(absolutism)'라고 부르자. 절대주의에 따르면 진리가 누구의 믿음에 의존하지 않는 주장들이 조금이라도 있다. 실재론은 절대주의의 한 종류다. 이제 논증을 위해 상대주의가 참이라고 가정해 보자. 상대주의는 오로지 상대주의자에게 참이거나, 누가 상대주의에 관해 믿는 것과 무관하게 참이다. 만약 상대주의가 그것에 관해 누가 믿는 것과 무관하게 참이 된다면, 누가 믿는 것에 참이 의존하지 않는 주장들은 조금이라도 있다. 그때 절대주의가 결국 참이 되고, 상대주의는 거짓이 된다. 다른 한편 만약 상대주의가 오로지 상대주의자에게 참이 된다면, 상대주의는 상대주의자에게 참이고 절대주의는 절대주의자에게 참이다. 이 논증은 때때로 '식탁 뒤엎기'를 뜻하는 그리스어 낱말에서 파생

---

6   플라톤(Πλάτων; Platon, 기원전 428/427~348/347)은 고대 그리스 철학자, 소크라테스의 제자이자 아리스토텔레스의 스승이다. 서양철학의 수학적 신비주의와 혼합된 주지주의 전통을 세웠고, 수려한 문체로 쓰인 여러 대화편에 형이상학과 인식론, 윤리학, 정치학 관련 사상이 담겨 있다.

7   프로타고라스(Πρωταγόρας; Protagoras, 기원전 490/485~415년/410년)는 연설문 작성이나 변론술 같은 실용적 지식을 가르친 전문 교사로 소피스트라고 불렸다. 절대 객관적 진리를 추구한 소크라테스와 반대로 진리는 인간과 관습에 따라 달라진다는 상대주의 전통을 세웠다.

한 '역전(peritrope)' 논증이라고 부른다.[8] 상대주의의 가정이 어떻게 상대주의에 불리한 논증으로 사용될 수 있는지 보여주기 때문이다.

상대주의에 제기된 흥미롭고 미묘한 다른 반응이 있다. 만약 상대주의가 참이라면, 누구든지 믿었던 것에 관한 어떤 사실들도 없었을 것이라는 생각이다. 그래서 아무것도 한 사람에게 (또는 한 집단에 대해) 참이거나 거짓이 될 수조차 없다. 작동 방식은 이렇다. 밥은 냉장고에 우유가 있다고 믿는다고 앨리스가 믿는다고 가정하자. 또 밥은 냉장고에 우유가 있다고 믿지 않는다고 밥이 믿는다고 가정하자. 따라서 밥이 냉장고에 우유가 있다고 믿는다는 것은 앨리스에게 참이다. 그러나 밥이 냉장고에 우유가 있다고 믿는다는 것이 밥에게 거짓이다. 그래서 냉장고에 우유가 있다는 것은 밥에게 참이거나 거짓인가? 상대주의를 가정하면 올바른 단 하나의 답은 없다. 만약 밥과 앨리스가 밥에게 참인 것에 대해 의견이 일치하지 않는다면, 앨리스에 대해 밥에게 참인 것은 밥에 대해 밥에게 참인 것과 다르고, 그냥 있는 그대로 밥에게 참인 것은 아무것도 없지 않은가!

위에서 제기한 반론은 주관주의에 특별히 의존하지 않는다. 우리는 앨리스와 밥이라는 이름을 집단의 이름으로 바꿀 수 있고, 그러면 같은 문제가 생길 것이다. 상대주의에 제기되는 이와 같은 문제는 세계화가 진행된 현재 세상에 특히 중요할 수도 있다.

8　프로타고라스의 진리 상대론에 반대하는 소크라테스의 논증으로 플라톤의 대화편 『테아이테토스』 169-171e에 제시되어 있다.

이제 까다롭지만 적용해 보자. 이슬람교도는 이슬람교도가 아닌 누구든 죽이라는 신의 명령에 따른다고 믿는다고, 미국의 과격파는 믿고 있다. 거의 모든 이슬람교도는 그것이 이슬람교의 교리가 아니라고 믿는다. 그들은 이런 명령이 신에게서 나온 것임을 믿지 **않는다**고 생각한다. 그러나 상대주의를 가정하면 미국의 과격파는 틀리거나 그를 수 없다. **이슬람교도**가 자신들의 종교가 가르치는 것에 관해 미국의 과격파와 의견의 불일치가 있더라도, 미국의 과격파는 이슬람교도가 믿는 것에 관해 틀리거나 그를 수 없다. 이슬람교도가 이슬람교를 믿지 않는 사람들을 죽이라는 신의 명령에 따른다고 믿는 것은 미국의 과격파에 대해 참이 되고, 이슬람교도가 이슬람교를 믿지 않는 사람들을 죽이라는 신의 명령에 따른다고 믿는 것은 이슬람교도에 대해 거짓이 된다.

이와 같은 사례는 상대주의가 그냥 하찮은 형이상학적 착오가 아니라 잠재적으로 엄청난 실수임을 보여준다. 이슬람교도가 이슬람교를 믿지 않는 사람들을 죽이리는 신의 명령을 따른다고 생각한다고 믿고 있는 미국의 과격파는, 이슬람교도가 이슬람사원을 지을 권리를 부정하는 행동부터 이슬람교도의 신체를 공격하고 심지어 그들을 고문하거나 죽이는 행동에 이르기까지 이슬람교도에게 저지른 다양하고 끔찍한 짓을 정당화하기 위해 이와 같은 상대주의적 관념을 이용한다. 방금 말한 학대에 반대할 가장 중요한 한 가지 수단은 이슬람교도가 사실상 믿는 것에 대한 **거짓/틀린** 견해에서 동기를 얻는다고 지적하는 것이다. 불행히도 상대주의는 저것을 불가능하게 만든다. 상대주의를 가정할 경우, 이슬람교도가 믿는다고 생각한 것이 뭐든, 미국의 과격파가 이슬람교도가 믿는다고 생각한 것은 무엇이든 믿는다는 것이 미국의 과격파에 대해 참이다.

상대주의적 견해에 심각한 문제들이 주어지면, 우선 누구든지 왜 상대주의에 매력을 느끼는지 궁금해질 수도 있다. 흔히 사람들은 과잉 일반화의 오류(the error of overgeneralizing)에 빠져서 상대주의를 받아들인다. 진리가 사람들이 믿는 것에 상대적일 수도 있는 문제가 얼마간 존재한다. 예를 들어 농담이 재미있다는 것이 참이거나 거짓이냐는 문제는 사람들이 농담을 우습게 생각하느냐에 달렸다고 해도 좋다. 아마도 우스움에 관해 어떤 중요한 절대적 사실은 없을 것이다. 농담이 재미있다고 생각한 사람들에게 농담이 재미있다는 것은 참이다. 농담이 재미있다고 생각하지 않는 사람들에게 농담이 재미있다는 것은 거짓이다. 그렇더라도 어떤 주장의 진리가 상대적인 것처럼 보이기 때문에, **모든** 주장의 진리가 상대적이라고 생각하는 것은 실수다.

상대주의를 지지하는 다른 사유 방침은 다음과 같은 논증으로 정리할 수 있다.

⑴ 참인 것과 네가 우연히 믿는 것이나 너의 특정 관점에서 참인 듯한 것 사이에 차이를 말할 방도는 없다. (There is no way to tell the difference between what is true and what you happen to believe or what seems true from your particular perspective.)

(2) 만약 참인 것과 네가 우연히 믿는 것이나 너의 관점에서 참인 듯한 것 사이에 차이를 말할 방도가 없다면, 참인 것과 네가 우연히 믿는 것이나 너의 특정 관점에서 참인 듯한 것 사이에 아무 차이도 없다. (If there is no way to tell the difference between what is true and what you happen to believe or what seems true from your particular perspective, then there *is* no difference between what is true and what you happen to believe or what seems true from your particular perspective.)

(3) 그리고 만약 이와 같은 차이가 없다면, 진리는 사람들이 믿는 것에 상대적이다. (And If there is no such difference, truth is relative to what people believe.)

(4) 그러므로 진리는 사람들이 믿는 것에 상대적이다. (Therefore, truth is relative to what people believe.)

(1)~(4) 논증은 형식적으로 타당하지만, 전제 (1)과 (2)에 중대한 문제가 있다. 첫째 전제는 애매하다. 이 전제는 다음과 같은 두 가지 가운데 어느 것을 의미했을 수 있다.

(1a) 만약 네가 어떤 것을 믿거나 그것이 너의 관점에서 참인 듯하다면, 네가 믿는 것과 참인 것 사이에 차이를 말할 방도는 전혀 없다. (If you believe something or it seems true from your perspective, there is no way to *ever* tell the difference between what you believe and what is true.)

(1b) 만약 한 주어진 순간에 네가 어떤 것을 믿거나 그것이 너의 관점에서 참인 듯하다면, 저 순간에 네가 믿는 것과 참인 것 사이에 차이를 말할 방도는 없다. (If you believe something or it seems true from your perspective at a given moment, there is no way *at that moment* to tell the difference between what you believe and what is true.)

해석 (1a)에 근거하면 전제 (1)은 분명히 거짓이다. 우리가 이전에 믿었던 것이 앞서 참인 듯했어도, 참이 아니었던 경우를 우리는 자주 발견한다. 이는 참인 것과 우리가 우연히 참이라고 믿거나 이전에 참인 듯 보였던 것 사이에 차이를 말할 수 있으며 말함을 의미한다. 마찬가지로 미래에 우리는 지금 우리가 믿는 어떤 것이 참이 아님을 발견할지도 모른다. 저것도 역시 우리가 믿는 것과 참인 것의 차이를 적어도 약간이나마 마침내 말할 수 있음을 뜻한다.

그래서 만약 위에 제시한 논증에 조금이라도 희망이 있다면, 우리는 첫째 전제가 (1b)를 의미한 것으로 봐야 한다. 그러면 논증을 타당하게 만들기 위해 둘째 전제는 다음과 같은 것을 의미해야 한다.

(2b) 만약 주어진 어느 순간이든 참인 것과 저 순간에 네가 우연히 믿는 것이나 너의 관점에서 참인 듯한 것 사이에 차이를 말할 방도가 없다면, 저 순간에 참인 것과 저 순간에 네가 우

연히 믿는 것이나 너의 관점에서 참인 듯한 것 사이에 차이를 말할 방도는 없다. (If there is no way to tell, at any given moment, the difference between what is true at that moment and what you happen to believe or what seems true from your perspective at that moment, then there *is* no difference between what is true atthat moment and what you happen to believe or what seems true from your particular perspective at that moment.)

그러나 이 전제는 그럴듯하지 않다. 다시 한번 우리가 실수를 저지른 경험을 직접적으로 한다는 점은 결정적으로 중요하다. 우리가 특정 순간에 참인 것과 우연히 믿는 것의 차이를 말할 수 없음을 인정하더라도, 우리는 사물의 존재 방식에 관해 여전히 실수할 수 있다. 아마도 우리 집이 불타고 있음이 참임과 우리 집이 불타고 있음을 내가 거짓으로 믿음의 차이를 저 순간에 말할 방도는 없을 것이다. 그렇더라도 일정한 시간에 집이 불타고 있다는 나의 믿음(believing)과 저 시간에 집이 실제로 불타고 있음(being)은 천양지차가 있다. 그것이 나중에 내가 우리 집이 불타고 있다고 생각했던 시간에 (또는 다른 어느 시간이든) 우리 집이 불타고 있지 않았음을 알아낼 때 그토록 안심하는 이유다.

사람들은 상대주의에 찬성하는 다른 논증도 펼쳤다. 어떤 사람들은 우리가 사물이 현실적으로 존재하는 방식이 아니라, 사물이 우리에게 보이는 방식을 알 뿐이라는 사실로부터 상대주의 찬성론을 펼친다. 하지만 저 전제는 상대주의를 실제로 지지하지 못한다. 오히려 다음과 같이 회의론의 한 형태를 함축할 뿐이다. 만약 사물이 보이는 방식과 떨어져 어떤 존재 방식이 따로 있다면, 우리는 그것에 관해 도무지 알 수 없다. 다른 사람들은 우리가 '그 진리(the truth)'라고 여긴 것은 무엇이든 언제나 어떤 사람이 믿거나 우리에게 믿기를 원한 것이라는 근거로 상대주의 찬성론을 펼친다. 그러나 다시 한번 어떤 사람이 참이라고 생각하지 않는 한, 아무것도 참일 수 없다고 우리가 또한 가정하지 않는다면, 저 전제에서 상대주의가 따라 나오지 않는다. 저것은 선결 문제를 가정하는 오류일 뿐만 아니라 분명히 거짓이다. 만약 어떤 사람이 참이라고 생각하지 않는 한, 아무것도 참이 될 수 없다면, 어떤 미발견 진리도 있을 수 없다. 이전에 믿지 않았던 어떤 것을 참이라고 발견하는 일은 불가능할 테고, 사람들은 벌써 모든 것이 참이라고 믿을 것이다. 상대주의는 실재론의 그럴듯한 대안이 결코 아니다.

2.4 반실재론

우리는 주장이 참인지 거짓인지 자주 말할 수 있다. "냉장고에 우유가 있다"라는 주장이 참인지 거짓인지 알아보기 위해 우리는 냉장고를 들여다보고, "4517이 소수다"라는 주장이 참인지 거짓인지 찾아내려고 계산할 수도 있다. 하지만 우리가 원리상 참값을 계산할 방도가 없는 주장들이 조금이라도 있다. 철학자들은 여기서 말하는 특수한 경우의 어떤 사례에 관해 의견이 일치하지 않을지 몰라도, 그럴싸한 몇 가지 예가 있다.

(5) 폴 지아마티는 대머리다. (Paul Giamatti is bald.)

(6) 지구에서 정확히 630억 광년 떨어진 홀수 물 분자가 있다. (There is an odd number of water molecules exactly 63 billion light years from earth.)

(7) 마지막 공룡은 수요일에 죽었다. (The last dinosaur died on a Wednesday.)

(8) 정수의 집합보다 더 큰 수를 갖지만, 실수의 집합보다 더 작은 수를 갖는 집합은 없다. (There is no set with more members than the set of integers but fewer members than the set of real numbers.)

(5)는 모호한 명사 '대머리'를 포함한다. 폴 지아마니[9]는 확실히 다니엘 래드클리프[10]보다 머리숱이 적지만 빈 디젤[11]보다 머리숱이 많

---

9 폴 지아마티(Paul Giamatt, 1967~)는 미국의 배우이자 영화 제작자다. 다수의 영화와 드라마에 출연했고, 배우에게 주는 상을 여러 개 받았다.

10 다니엘 래드클리프(Daniel Radcliffe, 1989~)는 영국의 배우다. 1997년 처음 출간되어 2007년 7권으로 완간된 영국의 작가 조앤 롤링의 소설 『해리 포터』 연작을 각색한 영화에

다. 그래서 폴 지아마티는 대머리인가, 또는 대머리가 아닌가? 폴 지아마티의 모든 머리카락의 개수와 위치를 완전히 정산하더라도, 우리는 질문의 답을 정할 수 없다. 폴 지아마티는 대머리라는 주장이 참인지 거짓인지 알 방법이 없는 것 같다.

(6)과 (7)은 시간이나 공간적으로 너무 멀어서 아무도 알아낼 수 없는 문제에 관한 예들이다. 우리가 도달한 최선의 과학은 다음과 같이 말한다. 약 630억 광년보다 멀리 떨어진 곳에서 보내는 정보를 얻을 방법이 없는데, 우주는 저것보다 훨씬 크다. 따라서 원리상 우리는 (6)이 참인지 거짓인지 알 방도가 없다. 그리고 마지막 공룡은 너무 오래전에 죽어서 죽은 날짜가 수요일인지, 또는 수요일이 아닌지를 점검하고 마지막 공룡이 죽은 정확한 날짜를 알아내기 위해 우리가 할 수 있는 일이 아무것도 없다.

(8)은 연속체 가설[12]로 알려져 있다. 수학자 쿠르트 괴델[13]은 집합론의 평범한 공리들로 연속체 가설을 증명하거나 반증할 방법이 없음을 보여주었다. 또한 괴델은 모든 수학적 진리를 진술할 만큼 충분

서 주인공 해리 포터 역을 맡아 유명해졌다.

11 빈 디젤(Vin Diesel, 1967~)은 미국의 배우이자 영화 제작자, 감독, 각본가다. 영화 《분노의 질주》 연작에 출연했다.

12 수학의 집합론에서 연속체 가설(Continuum Hypothesis)은 무한 집합의 가능한 크기에 관한 가설로 다음과 같이 진술한다. 실수 집합의 모든 부분 집합은 가산 집합이거나 실수 집합과 크기가 같다. 집합론의 표준적 공리계로 증명할 수도 없고 반증할 수도 없다.

13 쿠르트 괴델(Kurt Gödel, 1906~1978)은 오스트리아 출신으로 미국에 정착한 수학자이자 논리학자다. 불완전성 정리의 증명과 연속체 가설의 상대적 무모순성을 밝힌 업적으로 유명하다.

히 강력한 어느 일관된 수학 체계에도 증명될 수도 없고 반증될 수도 없는 어떤 문장들이 있을 것이라고 입증했다.

실재론자의 진리 개념에 근거하면, 주장이 참인지를 앎(knowing)이 불가능하다는 것은 주장이 참이냐는 문제에 어떤 차이도 내지 않는다. 때때로 주장이 참인지 아는 것은 불가능한데, 문제의 사실이 그냥 없기 때문이다. 아마도 애매모호해서 벌어진 일일 것이다. 폴 지아마티가 대머리라는 주장이 참인지 거짓인지를 우리가 알 수 없는 까닭은 그가 대머리인지에 대한 어떤 사실도 없고, 그런 경우 어떤 진리도 있을 수 없기 때문이다. 그렇지만 실재론에 따르면 우리에게 응답하지 않는 사실들이 조금이라도 있다. 마지막 공룡이 수요일에 죽었다는 것은 참일 수도 있고 거짓일 수도 있지만, 어느 쪽이든 여기서 말한 문제는 원리상 누구든지 아는 것이 가능하냐는 것과 아무 관계도 없다.

반실재론자들은 사실이 우리에게 응답하는 어떤 방식이 있다고 생각한다. 그들은 진리가 옳게 생각하는 사람들이 형성한 믿음의 문제라는 상대주의자들의 주장에 동의하지 않는다. 오히려 어떤 문장이 참인지 거짓인지를 우리가 찾아낼 방도가 없을 때, 문제의 사실도 없다고 생각한다. 그런 문장은 참도 아니고 거짓도 아니다. 이렇든 저렇든 우리가 찾아낼 방도가 없다면, 폴 지아마티가 대머리인지, 지구에서 정확히 630억 광년 떨어진 홀수 물 분자가 있는지, 마지막 공룡이 수요일에 죽었는지, 또는 정수의 집합보다 크면서 실수의 집합보다 작은 집합이 있는지에 대한 문제의 사실도 없다.

실재론은 세계가 저기 밖에 우리와 독립적으로 있다는 직관을 반영하고, 운이 좋다면 우리는 세계를 탐구하고 사물이 존재하는 방식에 대해 어떤 지식을 얻을 수 있다. 반실재론자들은 다른 고려 사항으로 동기를 얻는다. 그들은 진리 개념의 내용을 물으면서 시작한다. "냉장고에 우유가 있다"와 "4517은 소수다"처럼 우리가 진리나 허위를 알았을 수 있는(could) 두 주장을 살펴보자. 냉장고에 우유가 있다는 것이 참이라고 가정하자. 여러분이 가정하는 것은 정확히 무엇인가? 만약 우리가 그 주장이 참이라고 상상한다면, 우리는 예컨대 냉장고로 걸어가서 냉장고의 문을 연 어떤 사람이 비어 있지 않은 우유 용기를 발견할 세계를 상상하고 있다는 것인 듯하다. 용기에서 내용물을 따랐던 어떤 사람은 우유처럼 보이고 우유와 비슷한 맛을 내고 비슷한 냄새가 난다고 찾아낼 것이다. 내용물의 화학 물질 분석은 우유에 대해 기대하는 것과 같은 결과가 나올 터다. 우유 용기와 내용물의 역사 검토는 어떤 이가 마침내 우유 용기가 암소의 젖에서 짜낸 액체로 가득하다는 점을 찾아내도록 이끌 것이다. 그밖에 다른 일이 계속 이어진다. 여러분은 주장이 참이라고 상상할 때, 냉장고에 우유가 있음이 참이 됨을 찾아낼 수 있는 다양한 방식을 상상한다.

이제 4517이 소수라는 주장이 참이라고 가정하자. 소수는 자신과 1로만 균등하게 나눌 수 있는 수다. 4517이 소수라고 가정하는 것은 어떤 이가 1과 4517 사이의 모든 수를 점검한다면, 어떤 수도 4517을 균등하게 나누지 못함을 찾아내리라고 가정하는 것이다. 4517이 소수임은 참이라고 가정함과 4517이 소수임을 증명하는 것이 가능하다고 가정함 사이에 어떤 차이도 없는 듯하다.

우리가 그것의 진리와 허위를 찾아낼 수 없는 어떤 주장을 예로 들어보자. 반실재론자들이 알아보았듯, 그 주장이 참이라고 가정함은 그것이 참임을 찾아낸다면 어떨지 상상함이다. 바로 그 주장이 거짓이라고 가정함은 그것의 부정이 (예컨대 "폴 지아마티는 대머리가 아니다"와 "마지막 공룡은 수요일에 죽지 않았다" 따위의 주장이) 참임을 찾아낸다면 어떨지 상상함이다. 그러나 만약 어떤 주장이 참임을 찾아낼 방도가 없다면, 그 주장이 참이라고 상상하더라도 우리는 어떤 것도 (anything) 상상하고 있지 않다. 연속체 가설을 (집합론의 평범한 공리로부터) 증명하거나 반증할 방도는 없고, 그래서 그 가설이 참이거나 거짓이라고 가정하더라도 내가 가정할 아무것도 없다.

반실재론자들에 따르면 어떤 주장이 참이라고 가정함과 원리상 그 주장이 참임을 찾아내는 것이 가능하다고 가정함 사이에 아무 차이도 없다. 덧붙여 말하면 만약 두 경우에서 우리가 가정하고 있는 것에 아무 차이도 없다면, 어떤 주장의 참임(a claim's being true)과 그 주장이 참임을 찾아내는 것이 가능함 사이에 아무 차이도 없다고 그들은 생각한다. 반실재론자들의 견해에 근거하면 진리 개념이 곧 인식 가능성 개념이고, 그래서 참인 어떤 것이든 원리상 알 수 있다.

우리는 방금 개략적으로 말한 사유 방침을 다음과 같은 논증으로 표현할 수 있다.

(9)   주장이 참이라고 가정하는 것은 주장이 참임을 찾아냄, 다

시 말해 주장을 알게 됨과 관련될 것을 상상하는 것이다. (To suppose that a claim is true is to imagine what would be involved in finding out that it is true, i.e., coming to know it.)

(10) 주장의 참임과 관련된 것은 주장이 참이라고 가정할 때 우리가 상상하는 것이 전부다. (All that is involved in a claim's *being* true is what we imagine when we suppose it *is* true.)

(11) 그러므로 주장이 참이라는 것은 주장이 인식 가능하다는 것이다. (Therefore, for a claim to be true is for it to be knowable.)

물론 만약 참임이 곧 알 수 있음이라면, 어떤 인식 불가능한 진리도 있을 수 없다는 결론이 따라 나온다.

실재론자들은 어떻게 이 논증에 응수할 수 있을까? 그들은 두 전제 가운데 어느 하나를 거부했을지도 모른다. 전제 (9)에 맞서 주장이 참이라고 가정함과 주장이 참이라고 찾아내기를 상상함은 다르다고 주장할 수 있다. 예를 들어 우주에 지능을 갖춘 생명체가 생겨난 적이 없다고 우리는 상상할 수 있다. 그래도 세계의 많은 부분은 거의 지금처럼 존재할 것이다. 찾아낼 아무도 실존하지 않더라도 별과 행성, 수소 원자와 암흑 물질은 있을 법하다. 그리고 지능을 갖춘 생명체가 없는 우주를 상상하고 있으므로, 저런 어떤 것도 **찾아내기** (finding out)를 우리는 상상할 리가 없다. 그래서 저것들이 참이라고 상상함과 그것들이 참이라고 찾아내기를 상상함은 별개의 문제다.

하지만 어떤 반실재론자는, 만약 우리가 우주에 관해 찾아내도록 실존한 적이 없다면, 우주가 어떨지 상상함에 관해 앞뒤가 맞지 않는 점이 있다고 응수할 듯하다. 우주가 어떨지 상상할 때 우리는 무엇을 상상하고 있는가? 우리는 어떻게 세계가 어떨지를, **세계에 대해** 상상하는 누군가를 상상하지 않으면서 상상할 수 있는가?

실재론자들은 논증의 둘째 전제 (10)도 거부했을 수 있다. 그들은 주장의 참임과 관련된 것이, 주장이 참이라고 우리가 상상할 때 상상한 것과 같지 않다고 강하게 내세웠을 수 있다. 우리는 모두 우리가 모르는 것들이 있다고 알아챈다. 저것은 우리가 새로운 것을 학습하고 이전에 잘못 판단한 믿음을 근절하는 과정에서 우리가 배우는 교훈이다. 미지의 진리들은 있으며, 무언가가 미지의 진리라는 것이 무슨 뜻인지를 우리는 명확하게 생각할 수 있다. 이렇게 우리가 찾아내지 못해도, 세계의 어떤 양태들이 그대로 존재한다고 충분히 생각할 수 있다. 공룡은 화석이 처음 발견되었을 때 갑자기 출현하지 않았다. 공룡은 인류가 출현하기 수백만 년 전에 살았고 죽었으며, 우리가 공룡에 관해 찾아내지 못했어도 마찬가지로 존재했을 것이다. 그러나 공룡에 관해 무언가 찾아내지 못했어도 마찬가지로 존재했을 어떤 것들이 있음을 이해하자마자, 우리가 찾아낼 수 없더라도 마찬가지로 존재하는 것들이 있다고 가정하기 쉬울 듯하다. 결국 마지막 공룡이 언젠가 죽었음을 아는데, 공룡이 멸종한 종임을 알기 때문이다. 그러나 만약 마지막 공룡이 언젠가 죽었다면, 그 공룡은 어느 일요일이나 월요일, 화요일이나 수요일, 목요일이나 금요일, 또는 토요일에 죽었다는 것은 분명히 참이다. 일주일의 각 요일에 대해 마지막 공룡이 저 요일에 죽었다는 것이 참도 거짓도 아니면서, 동시에 우리가 어느 요일인지 알 수 없더라도 마지막 공룡이 어떤 요일이나 다른 요일에 죽었다는 것이 참이라고 생각하는 것이 얼마나 말이 안 되느냐고 어떤 실재론자는 지적할 것이다.

따라서 반실재론은 고전 논리학의 조정을 요구할 듯하다. 고전 논리학에서 A이거나 B라는 형식의 진술은 A가 참이거나 B가 참인 경우에만 참이다. 그러나 마지막 공룡의 경우를 예로 들어보자. 우리는 마지막 공룡이 언젠가 죽었음을 알 수 있으며 알고, 그래서 다음 문장 (12)를 알 수 있으며 안다.

(12) 마지막 공룡은 어느 일요일이나 월요일이나, 어느 화요일이나 수요일이나, 어느 목요일이나 금요일이나, 어느 토요일에 죽었다. (Either the last dinosaur died on a Sunday, or a Monday, or a Tuesday, or a Wednesday, or a Thursday, or a Friday, or a Saturday.)

하지만 마지막 공룡이 어느 요일에 죽었는지 알 수 없을지도 모른다. 저것은 다음과 같은 어떤 주장도 알 수 없음을 의미할 테고, 모든 주장이 참도 거짓도 아니라고 어떤 반실재론자는 주장해야 할 수도 있다.

(Su) 마지막 공룡은 어느 일요일에 죽었다. (The last dinosaur died on a Sunday.)

(M) 마지막 공룡은 어느 월요일에 죽었다. (The last dinosaur died on a Monday.)

따위를 통과해 (etc. Through)

(Sa) 마지막 공룡은 어느 토요일에 죽었다. (The last dinosuar died on a Saturday.)

고전 논리학을 가정하면, (12)는 (Su)부터 (Sa) 가운데 하나가 참이 아닌 한, 참일 수 없다. 그러나 (Su)부터 (Sa)가 참이 아니라도, (12)를 알 수 있다. 그래서 어떤 반실재론자는 (Su)부터 (Sa)까지 주장이 각각 참도 거짓도 아닐지라도, (12)가 참이라고 허용하는 논리를 채택할 필요가 있을지도 모른다. 당연히 실재론자들은 반실재론을 포기하는 것이 고전 논리학을 포기하는 것보다 더 낫다고 생각하기 쉽다.

실재론자들과 반실재론자들이 빌이는 많은 논쟁은 한쪽이 다른 쪽의 관점에서 무의미해 보이는 어떤 점을 지적한다. 반실재론자들은 다음과 같이 생각한다. 어느 한 주장이 참임을 찾아낼 방도가 없을지라도, 우리는 그저 주장이 참임에 대한 개념을 가지지 못할 뿐이고, 그래서 어느 알 수 없는 문장이 참이거나 거짓이라고 생각하는 (그러나 우리가 어느 쪽인지 알지 못한다고 여기는) 누구든지 자신을 속이고 있을 뿐이다. 실재론자들은 다음과 같이 생각한다. 반실재론자들이 확언한 종류의 틈이나 공백이 현실에 있다고 가정하는 것은 터무

니없는 소리고, "마지막 공룡이 언젠가 죽었다"와 비슷한 문장이 마지막 공룡이 죽었던 특정 요일이 없더라도 참이었을 수 있다고 가정하는 것은 똑같이 정합적이지 않다.

반실재론의 아주 심각한 문제는 알론조 처치[14]가 발견했고, 프레더릭 피치[15]의 논문에 나와 있다. 처치는 익명으로 피치가 문제에 주의를 기울이게 했고, 그래서 최근 '인식 가능성의 역설(Paradox of Knowability)'이라고 불리게 될 때까지 '피치의 역설'로 알려졌다. 문제는 다음과 같다. 모든 진리가 인식 **가능한**(knowable) 것이라는 주장은 모든 진리가 사실상 **알려진다**는 매우 놀라운 함축을 지닌 듯하다.

인식 가능성의 역설 뒤에 놓인 추리는 따라잡기 조금 힘들 수 있다. 이 추리는 논증을 검토하기 전에 정리할 가치가 있는 두 원리에 의존한다. 첫째 원리는 **지식의 사실성**이며 다음과 같다.

14　알론조 처치(Alonzo Church, 1903~1995)는 미국의 수학자이자 논리학자로 수리 논리학의 발전에 공헌하고, 이론 계산과학의 토대를 놓았다. 람다 계산법, 처치와 튜링 논제로 유명하고, 결정 문제의 해결 불가능성, 프레게와 처치 존재론, 처치-로서 정리(Church-Rosser theorem)를 증명했으며, 언어철학에도 공헌했다. 튜링과 나란히 계산과학의 창시자로 평가받는다.

15　프레더릭 피치(Frederic Fitch, 1908~1987)는 미국의 논리학자로 형식 논리적 증명을 다이어그램으로 배열하기 위한 피치 방식 계산법의 발명자다. 「몇 가지 가치 개념에 대한 논리적 분석(A Logical Analysis of Some Value Concepts)」(1963)에서 처치에서 유래한 '정리 5'를 증명했고, 이 증명은 나중에 인식 가능성의 역설이라는 맥락에서 유명해진다. 일차로 조합 논리를 연구했고, 직관주의와 양상 논리에 크게 공헌했다. 「샛별과 개밥바라기의 문제(The Problem of the Morning Star and the Evening Star)」(1949)에서 지칭 이론을 다루었고, 논리학과 언어의 관계를 다룬 철학에도 상당히 공헌했다.

지식의 사실성: 어떤 주장이든 p에 대해, 만약 p임이 알려진 다면, p다. (*Factivity of Knowledge*: For any claim, p, if it is known that p, then p.)

비형식적으로 말하면, 이 원리의 발상은 그렇게 있지 않은 것을 여러분이 알 수 없다는 것이다. 만약 냉장고에 우유가 없다면, 냉장고에 우유가 있다는 것은 알려질 수 없다. 그리고 만약 누구든지 냉장고에 우유가 있음을 안다면, 냉장고에 우유가 있다.

둘째 원리는 **단일 전제 닫힘**이라고 (저 이름이 우리의 목적을 위해 중요하지 않다는 이유로) 자주 불리며 다음과 같다.

단일 전제 닫힘: 만약 연언 문장 "p 그리고 q"가 알려진다면, p는 알려지고 q가 알려진다. (*Single Premise Closure*: If a conjunction, "p and q", is known, then p is known and q is known.)

예를 들어 만약 잭과 질이 언덕에 올라갔다는 것이 알려진다면, 잭이 언덕에 올라갔다는 것이 알려지고, 질이 언덕에 올라갔다는 것이 알려진다. 만약 눈이 희고 풀이 푸름이 알려진다면, 눈이 희다고 알려지고, 풀이 푸름이 알려진다. 일반적 발상은 두 주장의 연언 문장을 앎은 각 문장을 따로따로 역시 앎도 반드시 함의한다.

그 역설의 뒤에 놓인 숨은 추리는 이렇다. 반실재론을 가정하면,

모든 진리가 알려진다고 보여주기 위해, 우리는 반대 주장이 참일 수 없음을 보여주려고 시도할 것이다. 다시 말해 반실재론은 참이지만 알려지지 않은 주장이 있다는 주장과 일관되지 않는다는 점을 보여주려고 하겠다. p를 참이지만 미지의 주장이라고 해보자. 다시 말해 다음과 같이 가정하자.

(13) 다음 주장은 참이다: p는 참이고 p는 알려지지 않는다. (The following is true: p is true and p is not known.)

이제 반실재론은 참인 무엇이든 알 수 있다는 견해이므로, (13)과 반실재론은 다음 문장 (14)를 함축한다.

(14) 다음은 가능하다: (a) p는 참이고 (b) p는 알려지지 않는다는 것을 어떤 사람은 안다. (The following possible: Someone knows that (a) p is true and (b) p is not known.)

(14)는 본질적으로 만약 어떤 것이 알려지지 않는 진리라면, 그것이 알려지지 않는 진리임을 알 수 있다고 말한다. 문제는 (14)와 단일 전제 닫힘 원리가 다음과 같은 (15)를 반드시 함의하기 때문에 생겨난다.

(15) 다음은 가능하다: 어떤 사람은 p가 참이라는 것을 알고, 어떤

사람은 아무도 p가 참이라는 것을 알지 못한다는 것을 안다. (The following is possible: Someone know that p is true, and someone knows that no one knows that p is true.)

이제 지식의 사실성 원리 덕분에, 만약 누구든지 아무도 p가 참이라는 것을 알지 못한다는 것을 안다면, 아무도 p가 참이라는 것을 알지 못한다. 그래서 (15)는 모순이 가능하다는 것을 반드시 함의한다.

(16) 다음은 가능하다: 어떤 사람은 p가 참이라는 것을 알고, 아무도 p가 참이라는 것을 알지 못한다. (The following is possible: Someone knows that p is true, and no one knows that p is true.)

모순은 가능하지 않고, 그래서 무언가 잘못되었음이 분명하다. 지식의 사실성 원리와 단일 전제 닫힘 원리는 해롭지 않은 것처럼 보인다. 그러면 골칫거리는 반실재론이나 미지의 진리가 있다는 가정에서 생기는 것이 분명하다. 그래서 만약 우리가 반실재론을 용인한다면, 우리는 미지의 진리가 있다는 가정을 거부한다고 확언하는 것처럼 보인다. 모든 참 주장은 인식 **가능할** 뿐만 아니라 **알려진다.**

인식 가능성의 역설은 반실재론을 결정적으로 논박하지 못할 수도 있지만, 반실재론자들이 치러야 할 대가를 돋보이게 한다. 다른 모든 점에서 더할 나위 없이 알맞아 보이지만 참도 아니고 거짓도 아닌 문장들이 조금이라도 있다고 생각한다고 반실재론자들은 확언한다. 저것은 반실재론자들이 고전 논리학의 모든 주장이 참이거나 거짓이라고 말하는 이가 원리를 거부한다고 확언하는 셈이다. 인식 가능성의 역설은 더 나아가 반실재론자에게 다음과 같은 선택지 가운데 하나를 고르라고 요구하지만, 어떤 것도 특별히 매력적이지 않은 듯하다.

- 지식의 사실성이나 단일 전제 닫힘을 부정하라. (Deny the Factivity of Knowledge or Single Premise Closure.)
- 미지의 진리가 실제로 있음을 부정하라. (Deny the existence of unknown truths.)
- 이가 원리를 위반할 뿐만 아니라 '미지의 진리는 없다'라는 문장과 '모든 진리는 알려진다'라는 문장이 동치가 아니라는 비-고전 논리학을 채택하라. (Adopt a non-classical logic that not only violates the principle of bivalence, but in which 'There are no unknown truths' is not equivalent to 'All truths are known.')

2.5 객관성과 동치 원리

상대주의, 실재론, 반실재론은 모두 자체의 불리한 점들이 있다. 상대주의는 스스로 무너지며 몇 가지 종류의 오류를 불가능하다고 올바르지 않게 다룬다. 실재론은 회의론의 도전에 직면한다. 반실재론은 참된 것을 전부 알 수 있다고 주장함으로써 회의론을 피하지만, 고전 논리학의 이가 원리를 대가로 치르고 인식 가능성의 역설에서 비롯한 도전에 직면한다.

세 견해는 각각 동치 원리와 관련해 어떻게 실적을 내는지 명시적으로 살펴볼 만한 가치 있다. 1장에서 동치 원리가 진리는 어떻게 믿음과 다른지 설명하도록 도왔음을 보았다. 별로 놀랍지 않은 일이지만, 동치 원리는 상대주의의 문제를 마찬가지로 설명하도록 돕는다.

상대주의를 가정하면, 동치 도식 자체를 적당한 공식으로 표현하지 못한다. 동치 도식은 '만약 __ 라면, 그리고 오로지 그런 경우에만, __ 이라는 것은 참이다'라고 말하지만, **누구에 대해** 참이라고 명기하지 않는다. 주관주의자들은 진리가 개인에 상대적이라고 생각하고, 그래서 각 사람에 대해 동치 도식을 해석한 한 견해가 있어야 할 것이다.

(17) 만약 __ 라면, 그리고 오로지 그런 경우에만, __ 이라는 것은 앨리스에 대해 참이다. (It is true for Alice that __ if, and only if, __.)

(18) 만약 __ 라면, 그리고 오로지 그런 경우에만, __ 이라는 것은 밥에 대해 참이다. (It is true for Bob that __ if, and only if, __.)

(19) 만약 __ 라면, 그리고 오로지 그런 경우에만, __ 이라는 것은 찰리에 대해 참이다. (It is true for Charlie that __ if, and only if, __.)

이렇게 계속 말할 수 있다. 하지만 만약 주장이 어떤 사람에 '대해 (for)' 참이라는 것이 당사자가 주장을 믿음의 문제라면, 잘못된 또는 거짓 믿음의 가능성은 이런 도식에 반례를 쉽게 제시하도록 만든다. 에이브러햄 링컨은 달에 첫발을 디딘 인간이었다고 앨리스가 생각한다고 가정해 보라. 만약 (17)이 주장되면, 우리는 다음과 같은 (20)을 얻을 것이다.

(20) 만약 에이브러햄 링컨이 달에 처음 발을 디딘 인간이었다면, 그리고 오로지 그런 경우에만, 에이브러햄 링컨이 달에 첫발을 디딘 인간이었다는 것은 앨리스에 대해 참이다. (It is true for Alice that Abraham Lincoln was the first man on the moon if, and only if, Abraham Lincoln was the first man on the moon.)

에이브러햄 링컨이 달에 첫발을 디딘 인간이었다고 앨리스가 생각한다고 가정하면, 그는 달에 첫발을 디딘 인간이었다는 결론이 따라 나오는가! 주관주의는 동치 원리의 시험을 통과하기에 실패한다. 합의 상대주의도 같은 이유로 실패한다. 에이브러햄 링컨이 달에 첫발을 디딘 인간이었음은 어떤 것이든, 예컨대 어느 사람, 문화, 계급/계층, 인종, 성별, 종교, 다른 무엇이든 에이브러햄 링컨이 달에 첫발을 디딘 인간이었다고 **믿는다**는 사실에서 따라 나오지 않는다. 어떤 개인이나 집단이든 우연히 그가 달에 첫발을 디딘 인간이었다고 믿는 것도 에이브러햄 링컨이 달에 첫발을 디딘 인간이었다는 주장에서 따라 나오지 않는다.

반실재론도 동치 원리로부터 도전에 직면한다. 반실재론에 힘든 사례들은 다음과 같은 T-쌍조건문들에서 파생한다.

(21) 만약 마지막 공룡이 어느 수요일에 죽었다면, 오로지 그런 경우에만, 마지막 공룡이 어느 수요일에 죽었다는 것은 참이다. (It is true that the last dinosaur died on a Wednesday if and only if, the last dinosaur died on a Wednesday.)

(22) 만약 마지막 공룡이 어느 수요일에 죽지 않았다면, 그리고 오로지 그런 경우에만, 마지막 공룡은 어느 수요일에 죽지 않았다는 것은 참이다. (It is true that the last dinosaur did not die on a Wednesday if, and if only if, the last dinosaur dis not on a Wednesday.)

이와 같은 T-쌍조건문들은 인식 불가능할 뿐만 아니라, 부정문들도 인식 불가능한 주장들을 포함한다. (만약 우리가 마지막 공룡이 어느 수요일에 죽었는지를 알 수 있다고 여러분이 생각한다면, 이 장의 앞선 목록의 하나처럼 다른 예를 자유롭게 대체하라.)

만약 반실재론이 주장하듯 진리가 인식 가능성과 같다면, (21)과 (22)는 다음과 같은 것을 의미한다.

(23) 만약 마지막 공룡이 어느 수요일에 죽었다면, 오로지 그런 경우에만, 마지막 공룡이 죽었다는 것은 인식 가능하다. (It is knowable that the last dinosaur died on a Wednesday if, and if only if, the last dinosaur died on a Wednesday.)

(24) 만약 마지막 공룡이 어느 수요일에 죽지 않았다면, 그리고 오로지 그런 경우에만 마지막 공룡은 죽지 않았다는 것은 인식 가능하다. (It is knowable that the last dinosaur did not die on a Wednesday if, and only if, the last dinosaur did not die on a Wednesday.)

문제는 이렇다. 고전 논리학의 중간자 배제 법칙에 따르면, 마지막 공룡은 어느 수요일에 죽었거나 어느 수요일에 죽지 않았다. 어떤 주장이든 c에 대해, c가 사실이거나 그것의 부정인 c-아님은 사실이다. (23)과 (24)에 따라, 그것은 결국 우리가 마지막 공룡이 어느 수요일에 죽었는지를 알 수 있음을 함축한다. (23) 덕분에 우리는 마지막 공룡이 죽었다면 그것을 알 수 있다. (24) 덕분에 우리는 마지막 공룡이 죽지 않았다면 그것을 알 수 있다. 그리고 중간자 배제 법칙 덕분에 두 경우는 유일하게 가능한 것들이다. 그랬거나 그렇지 않았다.

따라서 반실재론과 고전 논리학은 답할 수 없는 질문이 실제로 있다는 점과 일관되지 않는다. 그러나 답할 수 없는 질문이 실제로 있다는 점은 논박하지 못할 듯하다. 그래서 동치 원리를 만족시키려면, 반실재론자들은 고전 논리학을 거부해야 한다. 그들은 중간자 배제 법칙이 없고, 참도 거짓도 아닌 주장들을 수용할 수 있으며, 특히 '__'이 참도 아니고 거짓도 아닌 문장으로 채워질 때 '만약 __ 이라면, 그리고 오로지 그런 경우에만, __ 이라는 것은 참이다'라는 형식의 쌍조건문의 뜻이 통할 수 있는 비(非)고전 논리학을 사용할 필요가 있다.

실재론은 반실재론과 달리 방금 말한 어떤 문제에도 부닥치지 않는다. 정신과 독립적인 세계가 있고, 어떤 주장의 진리나 허위는 누가 믿거나 알 수 있는 것과 무관하게 사물이 정신과 독립적인 세계가 있는 방식에 의존한다고 실재론자들은 생각한다. 마지막 공룡이 어느 수요일에 죽었는지 알 수 없고, 아무도 그 문제에 대해 어떤 의견도 내지 못한다고 가정하자. 실재론자들에게 마지막 공룡이 어느 수요일에 죽었다는 주장의 진리와 허위는 단지 마지막 공룡과 그 공룡이 언제 죽었는지에 의존할 뿐이다. 만약 마지막 공룡이 어느 수요일에 죽었다는 것이 참이 아니라면, 그 마지막 공룡은 어느 수요일에 죽지 않았다. 반실재론자들은 저것을 보증할 수 없다.

상대주의는 그럴듯하지 않다. 반실재론은 고전 논리학을 버리고 세계 안에, 다시 말해 모호한 경우뿐만 아니라 수학, 먼 과거와 먼 미래, 그리고 멀리 떨어진 장소의 부분들 속에 놀라운 틈이나 공백을 상정하기에 이른다. 실재론은 여기서 논의한 두 대안보다 훨씬 더 유망해 보이는 것 같다.

그렇다고 실재론이 문제가 없다고 말하는 것은 아니다. 진리의 본성에 대해 실재론자의 견해를 채택하려면, 누구든지 철학의 다른 분야, 특히 인식론과 관련된 책무를 다해야 한다. 우리가 정신과 독립적인 세계에 관해 전혀 알 수 없다는 생각을 포용하거나 사물이 존재하는 것으로 보이는 방식을 넘어서 현실적으로 존재하는 방식을 어떻게 알 수 있는지 설명함으로써, 회의론의 도전에 답할 부담을 떠안는다. 그러나 이와 같은 부담은 견딜 만하다. 지식은 충분히 좋은 근거의 지지를 받는 믿음일 필요가 있지만, 모든 논리적 오류 가능성을 배제할 만큼 좋은 근거의 절대적 지지를 받을 필요는 없다. 물론 우리는 '충분히 좋은'이 정확히 얼마나 좋은 것인지 말하기 쉽지 않음을 인정해야 한다.

실재론자의 부담은 견딜 만하다. 지식이 모든 논리적 오류 가능성을 배제할 만큼 좋은 근거의 지지를 받는 것이 아니라 **충분히 좋은** 근거의 지지를 받는 믿음이어야 한다는 요구는 그럴듯하다. '충분히 좋은'이 얼마나 좋은 것인지는 명료하지 않지만, 필요한 만큼 명료한 듯하다. 원리상 배제하는 것이 불가능한 방식으로 우리가 속을 가능성을 포함해 모든 논리적 오류 가능성을 배제하라는 회의론의 요구는 합당하지 않다. 비-회의론적 실재론자들이 주장할 수 있듯, 문제는 우리가 지식의 요건을 충족하지 못하거나 충족할 수 없다는 것이 아니라 회의론자가 지식의 요건을 너무 높게 잡는다는 데 있다.

+ 더 읽을거리

르네 데카르트는『성찰』(1641)에서 악마에 관한 사유 실험을 소개하고 회의론의 문제를 붙들고 씨름한다. 데이비드 흄은『인간 오성에 관한 탐구』(1777)와『인간 본성론』(1739)에서 자신의 회의론 철학의 개요를 서술하고 옹호한다. 특히『인간 오성에 관한 탐구』의 2~5절을 보라. 이마누엘 칸트의 위대한 형이상학 저작은『순수이성비판』(1781)이고, 아주 중요한 사항은『모든 미래 형이상학 서설』(1783)에 요약되어 있다. 회의론의 문제에 대한 최근 작업은 테드 워필드와 키스 디로즈가 편집한『회의론: 현대 독본』(1999)에 수록된 논문을 보라.

플라톤은『테아이테토스』에서 프로타고라스의 회의론을 다루고, 아리스토텔레스는『형이상학』 3권(Γ)에서 상대주의에 반대하는 논증을 펼친다. 아리스토텔레스의 논증을 다룬 멋진 논의는 가렛 에반스의「아리스토텔레스의 상대주의 논의」(1974)를 보라. 인식 가능성의 역설에 대한 최근 논문 일부는 조 살레르노의『인식 가능성의 역설에 대한 새로운 논문』(1999)을 보라.

『스탠퍼드 철학 백과사전』은 이 장의 주제를 다룬 몇 가지 논문 항목을 포함하고, 광범위한 참고문헌 목록이 실려 있다. 특히 마이클 글란즈버그의「진리」(2009), 알렉산더 밀러의「실재론」(2012), 크리스 소이어의「상대주의」(2010), 피터 클라인의「회의론」(2011), 베릿 브로가드와 조 살레르노의「피치의 인식 가능성의 역설」(2012), 흄과 칸트 항목을 보라.

3

진리와 가치

Truth and Value

윌리엄 제임스[1]는 「실용주의의 진리 개념」(1907)에서 이렇게 말한다. "참이라는 것은 믿음의 방식으로 좋고, 제시할 명확한 이유로도 역시 좋다고 드러난 무엇이든 그것에 붙인 이름이다."[2] 제임스의 발상은 진리의 본성이 가치와 분리되어 있지 않다는 것이었던 듯하

---

1   윌리엄 제임스(William James, 1842~1910)는 미국의 철학자, 역사가, 심리학자로서 심리학을 처음 정규 교육 과정에 도입했다. '미국 심리학의 아버지'로 불리며, 찰스 퍼스와 함께 실용주의의 창시자로 평가받는다. 의과 수련의 과정을 밟았고 하버드대학에서 해부학을 가르쳤으나 의사로서 환자를 진료하지 않고, 심리학과 철학 분야에서 진리를 추구했다. 인식론, 교육, 형이상학, 종교, 신비주의를 포함한 많은 주제로 글을 썼다. 『심리학의 원리(The Principles of Psychology)』(1890)는 심리학 분야의 기초를 놓은 저작이고, 『근본적 경험론에 관한 논문(Essays in Radical Empiricism)』(1912)은 현대 철학의 발전에 중요한 저술이다. 『종교 경험의 다양성(The Varieties of Religious Experience)』(1902)은 심리 치료의 이론을 포함한 다양한 형태의 종교 경험을 탐구한 저작으로 현대 종교학의 발전에 상당한 영향을 미쳤다.

2   윌리엄 제임스, 『실용주의 및 다른 논문』(2000), 38쪽. 원문은 다음과 같다. "The true is the name of whatever proves itself to be good in the way of belief, and good, too, for definite, assignable reasons."

다. '참'은 믿음들에 대한 특별한 종류의 좋음을 말하고, 진리가 무엇인지 설명함은 믿음들이 좋다는 것이 무엇인지 설명한다는 뜻이다.

몇몇 철학자는, 예컨대 마이클 더밋[3]은 「진리」(1958)에서 진리와 올바르게 말한 진술의 관계에 대해 제임스와 비슷한 견해를 받아들였다. 진리가 무엇인지 이해하는 것은 진술들의 다양한 옳음이나 올바름을 이해하는 것이라고 그들은 생각한다. 진리의 본성은 저런 종류의 올바름(correctness)이다.

비록 방금 언급한 철학자들이 진리를 본질적으로 좋음이나 옳음의 한 **종류**로 잘못 생각하더라도, 진리는 신경 쓸 가치가 있는 것으로 나타난다. 어떤 뜻에서 참인 것을 믿거나 단언하는 것은 거짓인 것을 믿거나 단언하는 것보다 더 좋거나 나은 일이다. 아마도 진리는 자체를 위해 좋거나, 또는 오로지 다른 무언가를 위해 좋을 수도 있다. 어느 쪽이든 진리의 본성에 대한 이론은 진리의 가치를 이해할 수 있도록 도와야 한다. 진리 이론은 왜 우리가 믿음이나 진술이 참인지에 대해 신경 써야 하는지를 두고 헤매도록 방치해서는 안 된다.

3장은 진리와 가치에 관한 두 가지 질문을 다룬다. 첫째, 윌리엄

---

3   마이클 더밋(Michael Dummett, 1925~2011)은 중요한 20세기 영국 철학자이자 관용과 평등을 지지한 사회 활동가였다. 1992년까지 옥스퍼드대학에서 논리학 담당 교수를 지냈고, 분석철학의 역사에 대한 글을 썼으며, 프레게의 해설자로 유명하다. 특히 수학과 논리학, 언어철학, 형이상학 분야에서 독창적 업적을 남겼다. 실재론과 반실재론의 논쟁에서 진리와 의미가 갖는 함축에 대한 작업으로 널리 알려졌다. 의미론적 반실재론을 지지했다. 이 견해는 진리가 의미 이론에서 핵심 개념 역할을 할 수 없으며 검증 가능성으로 대체되어야 한다고 제언한다. 의미론적 반실재론은 때때로 의미론적 추론주의와 연결해 논의한다.

제임스와 마이클 더밋이 생각한 것처럼 진리는 본질적으로 좋음의 한 종류인가? 둘째, 비록 진리가 **본질적으로**(essentially) 좋음의 한 종류가 아니더라도, 진리는 왜 신경 쓸 가치가 있는가? 만약 진리가 어떤 가치든 갖는다면, 진리는 어떤 종류의 가치를 지니는가?

3.1 진리는 본질적으로 좋음의 한 종류인가?

테니스 경기에서 사용하는 구체 모양의 공은 정육면체 모양의 공보다 테니스를 하기에 더 좋거나 더 낫지만, 구체의 본질을 이루는 부분이 아니다. 정지 신호는 푸른색보다 붉은색이 더 좋지만, 이것은 붉음이라는 본성에 속한 부분이 아니다. 모양과 색채 속성과 달리, 어떤 속성들은 내장된 가치나 마땅함을 지닌 듯하다. 살인이 **도덕적으로 그른 죽임**이라는 점은 살인의 본성에 속한 부분이다. 다시 말해 도덕적으로 그름은 어떤 죽임을 살인으로 만드는 것의 부분이다. 올바른 정책이 사람들을 옳게 대우함은 정의(justice)의 본성에 속한 부분일 수도 있다. 다시 말해 사람들을 옳게 대우함은 정의의 본성에 속한 부분이다. 아름다움도 이런 특징을 지닌 것처럼 보인다. 아름다움은 단지 심미적으로 욕구할 만한 것이 아니라 미학적 좋음의 한 종류다. 철학자들은 이와 비슷한 속성들을 '규범적 속성(normative properties)'[4]이라고 부른다.

어떤 뜻에서 믿음이나 진술은 거짓보다 참이 되는 것이 더 좋거나 낫다. 그러나 이것은 진리의 본성에 속한 부분인가? 진리는 정의나 아름다움, 또는 살인자임과 비슷하게 규범적 속성인가, 아니면 붉음(redness)이나 둥긂(roundness)과 비슷한 속성인가?

진리가 규범적 속성이라고 생각하는 사람들은 다음과 같은 방식의 추리를 자주 하는 듯하다.

(1) 참 믿음이나 참 진술이 거짓 믿음이나 거짓 진술보다 더 좋거나 낫다는 것이 진리 개념의 부분이라면, 진리는 규범적 속성이다. (If it is part of the concept of truth that true beliefs or statements are better than false ones, then truth is a normative property.)

(2) 참 믿음이나 참 진술이 거짓 믿음이나 거짓 진술보다 더 좋거나 낫다는 것은 진리 개념의 부분이다. (It is part of the concept of truth that true beliefs or statements are better than false ones.)

(3) 그러므로 진리는 본질적으로 좋음의 한 종류다. (Therefore,

---

4 철학의 맥락에서 규범(norm)은 기술/묘사하고 설명하고 표현하는 것이 아니라 행위라는 결과로 향하는 실천적 함축이나 취지(practical import)를 담고 있다. 규범 문장은 '당위(ought-to)' 진술과 주장을 함축하고, '존재(is)' 진술과 주장을 담은 문장과 구별된다. 규범 문장은 명령, 허가, 금지를 포함하고, 규범적 추상 개념은 성실성(sincerity), 정당화/정당성(justification), 정직(honesty)을 포함한다. 인기 있는 설명에 따르면 규범은 행위를 하고 믿고 느끼거나 감정을 드러낼 이유가 된다. '규범적(normative)'은 '규범에 따른'이나 '규범과 관련된', 또는 '규범성을 띤' 따위와 바꿔 쓸 수 있다.

truth is essentially a kind of goodness.)

위 논증의 첫째 전제를 의심할 여지가 조금 있을지도 모르지만, 철학자들은 전제 (2)에 주의를 집중하는 경향이 있다.

(2)가 말하지 않은 어떤 점에 주목하는 것은 중요하다. (2)는 모든 주장에 대해 참인 것이 참이 아닌 것보다 더 좋거나 낫다고 말하지 않는다. 예를 들어 다음과 같은 주장은 참이지만 그 주장의 진리는 좋음의 종류에 속한 것이 아니다.

(4) 거의 1억 명에 이르는 사람들이 현재 절대 빈곤 상태에서 산다. (Approximately 1 billion people currently live in conditions of absolute poverty.)

전제 (2)는 믿음과 진술에 관한 것이지 믿음과 진술이 표현한 주장에 관한 것이 아니다. 참 믿음과 참 진술이 모든 점을 고려할 때 거짓 믿음과 거짓 진술보다 언제나 더 좋은 것은 아니다. 어떤 믿음은 너무 위험해서 없는 편이 더 낫고, 어떤 참 진술은 누군가의 마음을 너무 아프게 하므로 말하면 안 된다. (2)에서 중요한 점은 어떤 특정한 참 믿음이나 참 진술이라도 모든 점을 고려하면 다른 근거로 반론을 제기할 수도 있지만, **단순하게 믿음으로 받아들이면** 믿음은 거짓이 아니라 참일 때, 그리고 **단순하게 진술로 받아들이면** 진술은 거짓이 아니라 참일 때 더 좋다는 생각이다.

윌리엄 제임스는 어떤 것이 참인지 결정함이 그것을 믿는지 결정함과 아무 차이도 없다는 사실에 감명받았다. 진리 개념의 요점은 시험을 견뎌내고 유용하다고 입증된 믿음을 분류하는 것이라고 제임스는 생각했다. 이와 같은 견해에 근거하면, 진리 개념은 참 믿음이 거짓 믿음보다 더 좋거나 낮다는 생각을 포함하는데, 왜냐하면 '진리'는 단지 믿음의 방식으로 좋은 무엇이든 그것에 붙인 이름이기 때문이다. 다음 장에서 상세히 논의할 테지만, 제임스의 견해는 특히 믿음들이 참이 아니면서 그가 마음에 둔 방식으로 좋을 수 있다는 심각한 문제에 시달린다.

마이클 더밋의 논문 「진리」(1958)는 진리가 본질적으로 좋음의 한 종류라는 발상의 다른 영향력 있는 원천이다. 유명한 한 구절에서 그는 다음과 같이 썼다.

> 진리와 허위를 보드게임의 승패와 비교해 보자. 특정 놀이에 대해 우리는 먼저 시작 위치와 허용되는 수를 명기함으로써 규칙을 명확하게 나타낸다고 상상할 수도 있다. 놀이는 허용되는 수가 없을 때 끝난다. 다음에 우리는 두 가지 (또는 세 가지) 종류의 끝 위치를 구별할 수도 있는데, 이를 (첫수를 둘 참가자가 이긴다고 의미하면서) "승", (마찬가지로) "패", 그리고 "무승부"라고 부른다. 우리가 암묵적으로 "승", "패", "무승부"라는 말의 흔한 의미에 호소하지 않는 한, 이 기술은 승리가 참가자의 목표라는 중요한 논점을 놓친다. 참가자가 이기려고

놀이하는 것은 놀이에서 이김이라는 개념에 속한 부분이고, 이것은 끝 위치를 이기는 위치와 지는 위치로 분류함으로써 전달되지 않는다. 우리는 각 참가자의 목표가 외통장군을 부르게 되는 변형된 체스 놀이를 상상할 수 있고, 이는 전혀 다른 놀이가 될 것이다. 그러나 우리가 상상했던 형식의 기술은 체스 형식의 기술과 일치할 것이다. 체스의 온전한 이론은 체스 형식의 기술을 참조해야만 체계적으로 명확하게 세울 수 있다. 그러나 여기서 우리의 관심을 끌었던 이론의 정리가 어떠하냐는 체스 놀이를 하고 싶으냐, 혹은 참 진술을 목표로 삼는 변형된 놀이를 하고 싶으냐에 달렸다.[5] (Let us compare truth and falsity with the winning and losing of a board game. For a particular game we may imagine first formulating the rules by specifying the initial position and the permissible moves; the game comes to an end when there is no permissible move. We may then distinguish between two (or three) kinds of final positions, which we call "Win" (meaning that the player to make the first move wins), "Lose" (similarly) and possibly "Draw." Unless we tacitly appeal to the usual meanings of words "win," "lose" and "draw," this description leaves out one vital point-that it is the object of a player to win. It is part of

---

5   마이클 더밋, 「진리」(1958), 『아리스토텔레스 학회 회보』, 59집(141~162쪽), 143쪽.

the concept of winning a game that a player plays to win, and this part of the concept is not conveyed by a classification of the end positions into winning ones and losing ones. We can imagine a variant of chess in which it is object of each player to be checkmated, and this would be entirely different game; but the formal description we imagined would coincide with the formal description of chess. The whole theory of chess could be formulated with reference only to the formal description; but which theorems of this theory interested us would depend upon whether we wished to play chess or the variant that we aim at making true statements …)

"우리가 참 진술을 목표로 삼는다"라고 말하는 것은 어떤 종류의 진술을 하는 것이 좋은지, 또는 어떤 종류의 진술을 해야 하는지를 말하는 것이다. 어떤 진술을 말할 때, 여러분은 말한 진술이 참이리고 확신해야 한다. 그러지 않으면 여러분은 어떤 방식으로 진술을 잘못하는 셈이다. 무언가를 속이려고 한다면, 여러분이 행하는 것은 진술하기 놀이에서 속임수 쓰기와 비슷하다. 만약 단순히 여러분이 말한 것이 참인지 거짓인지에 관심이 없다면, 여러분의 진술은 이기려고 시도하지 않으면서 놀이용 말을 여기저기 놓아서 놀이를 전혀 하지 않는 놀이 참가자의 동작과 비슷하다.

앨리스가 모든 놀이에서 놀이판의 어떤 위치에서 "승"과 "패"라고 외치는지 더할 나위 없이 잘 알지만, 놀이 참가자들이 이기려고 시도하고 있음을 모른다고 가정하라. 앨리스는 승과 패의 차이를 기술한 부분을 완전히 익혔지만, 아직 이김이라는 개념을 이해하지 못한다. 승과 패의 규범적 차이를 파악하지 못했다. "승"은 승과 패로 구성된 쌍의 좋은 부분, 바로 달성하고자 하는 목표다. "패"는 나쁜 부분, 바로 피하고자 하는 목표다. 마이클 더밋은 진리와 허위도 놀이의 승패와 유비해서 생각한다. 예컨대 밥이라는 이름을 가진 사람은 주어진 어떤 진술이든 참이기 위한 자격 조건이 무엇인지를 더할 나위 없이 잘 알 수도 있다. 하지만 만약 그가 우리의 목표가 거짓 진술이 아니라 참 진술이라는 점을 모른다면, 그는 진리와 허위의 규범적 차이를 파악하는 데 실패했던 셈이다. 진술을 누군가 듣는 것은 좋고 해독할 수 없다는 것은 나쁘며 아침에 진술하는 것은 어느 쪽도 아니게 되는 방식과 달리, 진술은 참이 되는 것이 좋거나 낫다는 것을 그는 이해하지 못한다. 더밋의 견해에 근거해 **진리로서** 진리를 이해하려면, 누구든지 진술을 말할 때 우리의 목표가 진리라는 점을 이해해야 한다.

비록 마이클 더밋이 승에 관해 옳더라도, 진리에 관한 주장을 부정할 여지는 많다. 어떤 이는 밥이 진리 개념을 더할 나위 없이 잘 이해하지만, 진술하는 것이 무엇을 의미하는지 적당히 이해하지 못했다고 주장할 수 있다. 우리가 참인 것을 진술함은 **단언**(assertion)이나 **진술**(statement) 개념의 부분이지만, 진리 개념의 부분이 전혀 아닐 수 있다.

놀이와 유사한 다른 점을 더 살펴보자. 체스에서 목표는 체스판 위에서 상대방의 킹이 외통수에 놓이는 자리를 차지하는 것이다. 자살 체스에서 목표는 체스판 위에서 **자신**의 킹이 외통수에 놓이는 자리를 차지하는 것이지만, 다른 놀이 규칙은 일상 체스와 똑같다. 킹이 외통수에 놓이는지를 캐럴은 더할 나위 없이 잘 알지만, 외통장군이 어떻게 체스와 자살 체스의 목표로 등장하는지를 모른다고 가정하자. 캐럴이 외통장군 개념(the concept of checkmate)에 대한 이해가 부족하다는 것이 문제가 아니다. 그녀가 **체스**와 **자살 체스**가 무엇인지를 아직 이해하지 못한다는 것이 문제다. 여기서 말하는 개념을 그녀는 숙달하지 못했다. 어떤 이는 밥의 상황을 캐럴의 상황과 유비해 이해할지도 모른다. 진술이 참이거나 거짓이 된다는 것이 무엇인지를 밥은 알지만, 진술할 때 진리가 목표라는 점을 파악하지는 못한다. 그럴 수도 있는 까닭은, 그가 진리와 허위라는 개념을 잘 이해하더라도, **진술**이 무엇인지를 충분히 파악하지 못했기 때문이다.

외통장군과 진리는 규범적으로 중요한 속성일 수도 있다. 하나는 체스 놀이의 목표이고, 다른 하나는 진술 말하기의 목표다. 그러나 외통장군과 진리는 그렇게 규범적으로 중요한 것이 되기 위해 규범적 속성일 필요는 없다. 체스와 자살 체스의 차이는 외통장군이 승이 되는지 또는 패가 되는지에 달려 있다. 성실한 주장하기와 허풍 치기의 차이는 참인 것만을 말하려고 하는지에 달려 있다.

몇몇 작가들은 진리가 본질적으로 좋음의 한 종류라는 결론을 지지하는 다른 논증 방침을 제언한 것처럼 보인다. 파스칼 앙젤[6]은 「진리와 믿음의 목표」(2005)에서, 크리스핀 라이트[7]는 『진리와 객관성』 (1992)에서, 마이클 린치[8]는 『참된 삶: 진리가 중요한 이유』(2005b)와 「진리의 가치들과 가치들의 진리」(2009a)에서 각각 이런 종류의 논증을 제시한다. 어떤 진술이 참일 때, 우리는 '옳다(right)'거나 '올바르다(correct)'라고 말하고, 거짓 진술을 '그르다(wrong)'라거나 '올바르지 않다(incorrect)'라고 말한다. '옳다'와 '참이다'라는 용어들은 진술에 적용할 때 동의어인 것처럼 보이고, 그래서 어떤 이는 다음과 같이 논증하기도 한다.

6　파스칼 앙젤(Pascal Engel, 1954~)은 프랑스 철학자로 언어철학, 심리/정신철학, 인식론과 논리철학을 연구한다. 소르본/파리4대학의 교수를 지냈다.

7　크리스핀 라이트(Crispin Wright, 1942~)는 영국 철학자로 신프레게/신논리주의 수리철학, 후기 비트겐슈타인의 철학에 관해 글을 썼다. 진리, 실재론, 인지주의, 회의론, 지식, 객관성과 관련된 쟁점을 다룬다. 뉴욕대학의 철학 교수다. 가장 중요한 저작은 『진리와 객관성』(1992)이고, 이 책에서 담론에 따라 불변하는 단일 진리가 있을 필요가 없다고 논증한다. 진리 술어를 문장에 적용할 방법에 관한 몇몇 원리들, 다시 말해 참 문장들에 관한 '상투어들'이 필요할 뿐이다. 또한 개연적으로 도덕 맥락을 포함한 어떤 맥락들에서 최상급 단언 가능성(superassertibility)이 진리 술어로서 효과적으로 기능할 것이라고 논증한다. 만약 어떤 술어가 어떤 정보 상태에서 단언할 수 있고, 저런 정보 상태가 아무리 확대되거나 개선되어도 그렇게 남아 있다면, 그리고 오로지 그런 경우에만 어떤 술어는 최상급으로 단언할 수 있는 술어라고 정의한다. 단언의 성질(Assertiveness)은 문제의 담론에 영향을 미치는 어떤 기준으로든 보증된다. '최상급 단언 가능성'에 관한 논의는 이 책의 7장에서 상세히 다룬다. 언어철학, 인식론, 철학적 논리학, 상위 윤리(meta-ethics), 비트겐슈타인 해석에 관한 중요한 논문을 다수 발표했다. 2001년과 2003년 하버드대학 출판부에서 논문 선집 두 권을 출간했다.

8　마이클 린치(Michael Lynch, 1966~)는 미국 철학자로 진리론 연구의 권위자로 평가받는다. 이 책의 3장에서 진리의 가치에 대한 린치의 견해를 상세히 다루고, 7장에서 린치의 진리 기능주의를 상세히 다루고 있다.

(5) 진술에 적용될 때, '참이다'와 '옳다'는 동의어다. (As applied to statements, 'true' and 'right' are synonyms.)

(6) 만약 두 용어가 동의어라면, 두 용어는 같은 개념을 표현한다. (If two terms are synonyms, they express the same concept.)

(7) '옳다'는 옳음 개념을 표현하고, 이 개념은 규범적이다. ('Right' expresses the concept of rightness, which is normative.)

(8) 그래서 '참이다'라는 용어는 진술에 적용할 때, 옳음 개념을 표현하고, 이 개념은 규범적이다. (So, 'true', as applied to statements, expresses the concept of rightness, which is normative.)

이 논증은 해야 할 일을 하는가?

우리가 '옳다', '그르다', '올바르다', '올바르지 않다', '오류', '실수' 같은 용어를 때때로 진리나 허위와 관련해 사용한다는 점을 부정하지 않는다. 여러분이 말한 것이 참일 때 말한 것은 '옳고', 여러분이 말한 것이 거짓일 때 말한 것은 '그르다.'

하지만 저런 어떤 것도 '참이다'와 '옳다'가 같은 개념을 표현한다는 것을 충분히 보여주지 못한다. 여러분은 상차림의 접시 왼쪽에 만찬용 포크를 둔다고 기술하거나, 아니면 포크가 옳은 자리에 있음을 지적할지도 모른다. 만약 만찬용 포크가 접시의 왼쪽에 있다면, 그리고 오로지 그런 경우에만, 포크는 접시의 옳은 자리에 있을지라도, '접시의 왼쪽에'와 '옳은 자리에'는 분명히 같은 개념을 표현하지 않는다. 전자는 단지 포크가 어디에 있는지를 기술할 뿐이다. 후자는 한 묶음의 규칙을 적용하고 포크의 위치가 그런 규칙에 따르는지 따르지 않는지를 평가한다.

만약 진술이 참이라면 그리고 오로지 그런 경우에만 진술은 '옳다'고 하더라도, '옳다'와 '참이다'라는 두 용어는 동의어일 필요가 없다. 진술이 참이라고 말함은 단지 진술을 기술하는 문제일 수 있지만, 진술이 옳다고 말함은 진술을 규칙들의 묶음과 관련지어 긍정적으로 평가하는 문제다. 그렇다면 위에서 제시한 논증의 첫째 전제는 명백히 올바르지 않다.

이 전제를 가정하더라도, ('참이다'와 동의어일 것 같다는 뜻에서) '옳다'라는 용어가 규범적 개념을 표현한다고 주장하는 전제 (7)을 의심할 여지가 있다. 우리는 행위들(actions)에 대해 옳다거나 그르다고 말할 때, 규칙들이나 기준들의 (흔히 도덕 기준들의) 어떤 묶음에 비추어 행위들을 평가하고 있다. 그렇지만 어쩌면 '옳다'라는 용어는 진술에 적용할 때, 행위나 상차림에 적용할 때 '옳은 방향(right angle)' 같은 표현에 나타난 것과 마찬가지로 용어가 표현하는 것과 다른 개념을 표현할 수도 있다. 여러분은 "일주일은 칠일이다"라고 말하고, 다음에 나는 "옳다/맞다(That's right)"라고 말한다. 그렇게 말할 때, 내가 단순히 일주일은 며칠인지에 관해 여러분과 내가 의견이 일치함을 표현하고 있는 것이지, 여러분의 진술을 좋거나 나쁘다, 혹은 허용할 수 있거나 허용할 수 없다, 또는 달리 어떻다고 평가하고 있지 않다는 것은 그럴듯하다.

이 가운데 어떤 것도 진리가 규범적 속성이 **아님**을 입증하지 못하지만, 철학자들이 진리가 규범적 속성이라고 생각하기 위해 제시한 주요 이유 가운데 몇몇에 의문을 품게 한다. 비록 진리는 규범적 속성이 아니더라도, 우리는 여전히 진리가 신경 쓸 가치가 있다고 생각하는 경향이 있다. 그러면 진리를 신경 쓸 가치가 있게 만드는 것은 무엇인지를 살펴보자. 진리는 어떤 종류의 가치를 가지는가?

3.2 무엇이 진리를 가치 있게 만드는가?

철학자들이 어지러울 만큼 다양한 종류의 가치에 대해 논했지만, 진리의 가치를 고려할 때 특히 중요한 가치는 다섯 종류다. 각 종류의 가치는 철학자들이 진리가 가치를 지니거나 신경 쓸 가치가 있다고 주장했던 방식을 대표한다.

- **본래 가치**(Intrinsic value). 믿음이 참이라는 것은 자체로 좋다. (It is good in itself for beliefs to be true.)
- **궁극 가치**(Final value). 진리는 이성적 존재들이 그것에 관해 신경 쓰는 한에서 가치가 있다. (Truth is valuable insofar as rational beings care about it.)
- **도구 가치**(Instrumental value). 진리는 믿음을 더 유용하게 만들기 때문에 가치가 있다. (Truth is valuable because it makes beliefs

more useful.)

- **구성 가치**(Constitutive value). 진리에 신경 씀이 좋은 삶을 살기에 필요한 부분이기 때문에 진리는 신경 쓸 가치가 있다. (Truth is worth caring about because caring about truth is a necessary part of living a good life.)

- **목적 가치**(Telic value). 우리가 진리에 신경 씀에서 혜택을 얻기 때문에 진리는 신경 쓸 가치가 있다. (Truth is worth caring about because we benefit from caring about it.)

위에서 말한 가치를 하나씩 검토해 보자.

3.2.1 진리는 본래 가치가 있는가?

어떤 사람은 진리가 '자체를 위해(for its own sake)' 가치가 있다고 생각한다. 여기서 말하는 한 가지 의미는 진리가 **본래**(intrinsically) 가치가 있다는 것이다. 어떤 것이 본래 가치가 있을 때, 그것은 다른 어떤 것과 관계를 맺기 때문이 아니라 자체의 본성으로 가치를 지닌다. 사람들을 친절하게 대함은 그것이 사람들이 여러분에게 호의를 되돌려주고 잘하도록 만드느냐와 상관없이 자체로 좋다고 할 수도 있다. 다른 한편 평범한 망치의 가치는 그것이 무엇이냐가 아니라 그것으로 무엇을 할 수 있느냐에서 파생한다. 개연적으로 평범한 망치는 본래 가치가 있는 것이 아니지만, 친절은 본래 가치가 있다고 해도 된다.

진리가 본래 가치가 있다는 생각은 진리가 '자체를 위해' 좋다는 생각의 한 형태다. 다른 사정이 같다고 치면, 참 믿음은 거짓 믿음보다 더 좋거나 낮고, 단순하게 참임의 효능으로(by virtue of being true) 더 좋거나 낮다는 것이다. 참 믿음은 단지 가치 있는 다른 것들과 맺는 관계가 아니라 진리의 본성 자체에서 나오는 가치를 지닌다.

어떤 것이 본래 가치를 지닐 수 있다는 결론에 찬성론을 펼치는 한 방도는 사실상 우리가 자체를 위해 진리에 신경 쓰는 경향이 있다고 논증하는 것이다. 자체를 위해 어떤 것에 신경 씀은 으레 그것이 본래 가치를 지닌다고 생각함을 포함한다. 그래서 가치와 관련해 크게 실수하지 않는 한, 우리가 자체를 위해 신경 쓰는 것들은 본래 가치를 지니는 경향이 있을 것이다. 따라서 어떤 이는 특히 자체를 위해 진리를 욕구하는 경향이 있거나, 우리가 참 믿음을 참이라는 이유만으로 거짓 믿음보다 선호하는 경향을 보인다는 근거로 진리의 본래 가치를 지지하는 논증을 펼치기도 한다. 과연 그럴까?

마이클 린치는 『참된 삶: 진리가 중요한 이유』(2005b)의 15~19쪽에서 사람들이 대부분 자체를 위해 진리에 신경 쓴다는 점을 보여주려고 의도한 사유 실험을 제안했고, 이 사유 실험은 로버트 노직의 『무정부, 국가, 그리고 이상향』(1977)에 기초한 것이다.[9] 여러분이 나

---

9   로버트 노직(Robert Nozick, 1938~2002)은 미국 분석철학자다. 『철학적 설명

머지 삶이 이어질 두 갈래 길에 이르러 선택한다고 상상하라. 만약 선택지 A를 고른다면, 아무것도 바뀌지 않는다. 만약 선택지 B를 고른다면, 여러분은 영화 『매트릭스』[10]에 나온 것 같은 컴퓨터에 접속된 채 죽을 때까지 살게 될 것이다. 여러분의 주관적 경험은 선택지 A를 골랐던 것과 똑같이 일어나고, 그렇게 선택한 사실을 잊을 것이다. 여러분이 관련되는 한, 현실 세계에서 살며 현실처럼 보이는 사람들과 상호작용을 하고 진짜 같은 음식을 먹을 테지만, 그것은 환영이겠다. 사물이 여러분에게 어떻게 보이느냐, 또는 여러분이 얼마나 행복하냐에 아무 차이가 없더라도, 외부 세계에 관한 여러분의 거의 모든 믿음은 거짓일 것이다. 린치는 사람들이 대부분 선택지 A를 선택지 B보다 선호하리라고 생각하고, 이것은 사람들이 자체를 위해 진리에 신경 쓰며, 진리가 본래 가치를 지닌다고 생각함을 의미한다.

린치가 구상한 사유 실험은 그렇게 많은 것을 입증하지 못한다.

(Philosophical Explanations)』(1981)과 『무정부, 국가, 이상향(Anarchy, State, and Utopia)』(1974)의 저자로 유명하다. 전자에서 지식 반사실 조건문 이론을 세우고, 후자에서 롤스의 『정의론』(1971)을 자유 지상주의 관점에서 비판했다. 여기서 대중이 참여할 사회의 규칙을 자유롭게 선택할 수 있는 자신의 이상향 이론을 세우기도 했다. 윤리학, 의사 결정 이론, 정신/심리철학, 형이상학, 인식론 분야에도 공헌했다. 마지막 저작 『불변성(Invariances)』(2001)에서 진화 우주론을 도입함으로써 불변성, 곧 객관성 자체가 수많은 가능 세계를 가로질러 진화를 통해 생겨난다고 논증한다.

10   「매트릭스(The Matrix)」는 워쇼스키가 각본을 쓰고 감독한 공상과학 활극 영화 (science fiction action film)로 1999년에 개봉되어 세계적으로 인기를 끌었다. 인간이 자신도 모르게 매트릭스라는 모의 현실 안에 갇혀 사는, 이상향과 반대되는 미래를 묘사한다. 매트릭스는 지능 기계가 인간의 신체를 동력 자원으로 이용하면서 인간의 주의를 딴 데로 돌리기 위해 창조한 컴퓨터다. '네오'라는 가명을 쓰는 컴퓨터 프로그래머는 진실을 밝히고 매트릭스에서 벗어난 다른 사람들과 함께 기계들에 맞서 반란을 일으킨다.

골칫거리는 선택지 A를, 진리의 가치와 아무 관계도 없는 B보다 선호할 이유가 있다는 점이다. 예를 들어 밥이 죽어가는 어머니를 사랑하고 임종의 순간에 위안을 드리고 싶다고 가정하자. 밥은 단지 어머니에게 위안을 드리는 것처럼 보이고 싶지 않고, 현실적으로 진짜 위안을 드리고 싶다. 그는 자신이 어머니를 위로하고 있는 것처럼 보이는 똑같은 경험을 하는데, 자신의 어머니가 홀로 돌아가시기를 원치 않는다. 비록 밥이 진리에 전혀 무관심하더라도, 그는 선택지 A를 선호할 이유가 있는데, 왜냐하면 선택지 A에서 그는 단지 자신이 원하는 것을 얻는 것처럼 보이는 대신에 자신이 원하는 것을 현실적으로 정말 얻기 때문이다.

만약 여러분이 선택지 B를 고른다면, 여러분이 잃는 유일한 것은 참 믿음들만이 아니다. 여러분은 또한 여러분의 실제 목표를 달성함과 달성함의 환영을 교환한다. 결과적으로 단순하게 사람들이 선택지 A를 선택지 B보다 선호한다는 이유만으로, 사람들은 자체를 위해 진리의 가치를 소중히 여기는 경향이 있다고 우리는 결론지을 수 없다.

조너선 크밴빅(Jonathan Lee Kvanvig, 1954~)은 「요점 없는 진리」 (2008)에서 우리가 진리를 자체로 좋게 생각하는 경향이 있음을 보여주려고 의도한 다른 사유 실험을 제언했다.[11] 필요 충족과 목표 달

11　조너선 크밴빅(Jonathan Lee Kvanvig, 1954~)은 미국 철학자로 인식론, 종교철학, 논리학, 언어철학 분야의 여러 저술을 펴냈다. 합리성과 반성, 지식의 가치, 이해 추구, 지옥의 문제를 중점적으로 논의한다.

성이라는 점에서 완전히 같은 두 존재를 상상하라. 두 존재 가운데 한쪽은 전지하고(다시 말해 참된 모든 것을 믿지만, 거짓된 아무것도 믿지 않고), 반면에 다른 쪽은 전지하지 않은 존재다. 전지한 존재는 전지하지 않은 존재보다 더 좋거나 나은 상태에 있는 것 같다. 두 존재는 필요 충족과 목표 달성이라는 점에서 똑같이 잘살고 있으므로, 전지한 존재는 단지 참 믿음을 더 많이 갖기 때문에 더 좋거나 나은 상태에 있는 것처럼 보인다. 만약 우리가 전지한 존재의 참 믿음들이 단지 참임으로써 전지한 존재를 더 좋거나 낫게 만든다고 생각한다면, 그것은 우리가 자체를 위해 진리가 좋다고 생각함을 나타낸다.

여기서 진리의 본래 가치에 찬성론을 펼치는 방식은 두 가지 주요 단점이 있다. 첫째, 이와 같은 방식이 보여주려고 희망할 수 있는 것은 진리가 **어떤** 본래 가치를 지닌다는 것뿐이다. 다시 말해 진리가 얼마나 가치가 있는지 우리에게 말해 줄 수 없다. 둘째, 전지한 존재가 왜 더 좋거나 나은 것처럼 보이는지에 대한 최선의 설명은 진리의 가치와 아무 관계도 없다.

첫째 불리한 점은 처음에 하찮아 보였을지도 모르지만, 조너선 크밴빅의 사유 실험을 변형한 경우를 살펴보라. 변형한 사유 실험에서 전지하지 않은 존재는 필요 충족과 목표 달성이라는 점에서 전지한 존재보다 조금 **더 좋거나 낫다**. 전지한 존재가 참 믿음을 더 많이 갖지만, 다른 전지하지 않은 존재는 이제 비록 아주 조금일지라도 전반적으로 더 좋거나 나은 상태에 있는 것처럼 보인다. 두 존재가 다른 모든 점에서 **똑같을** 때 전지한 존재가 더 좋거나 나은 것처럼 보이지만,

만약 전지하지 않은 존재가 다른 어떤 점이든 조금 더 **좋거나 낫**다면, 전지한 존재가 현실적으로 더 좋거나 낮다는 것은 전혀 명백하지 않다. 비록 전지한 존재의 초과한 참 믿음들이 어떤 가치를 지니더라도, 저 가치는 다른 어떤 좋거나 나은 것보다 아주 쉽게 중요도가 더 적어질 듯하다.

진리의 본래 가치를 능가하는 일이 그렇게 쉽다고 가정하면, 우선 누구라도 가치가 환상일지도 모른다고 의심할 수도 있다. 어쩌면 왜 최초 사유 실험에서 전지한 존재가 더 좋거나 낮다는 생각이 우리에게 들었는지를 설명할 대안이 있을 것이다. 마침 그럴듯한 두 가지 대안이 있다.

첫째 대안은 진리가 믿음의 목표라는 발상에서 시작한다. 다시 말해 믿음을 가짐이 의미하는 일부는 거짓 믿음보다 참 믿음을 선호한다는 것이다. 만약 저 생각이 올바르다면, 최초 사유 실험에 보인 우리의 반응은 놀랍지 않다. 전지한 존재는 **믿는 자**로서 더 낮게 행동하고 있으나, 그것은 진리의 본성이 아니라 믿음의 본성 때문이다. 이 견해에 근거하면 참 믿음은 빨리 달리기와 비슷하다. 더 빨리 달리는 선수가 달리기 선수로서 더 느린 선수보다 더 좋거나 낮다. 하지만 이것은 속도가 본성적으로 달리기의 목표여서가 아니라, 달리기가 본성적으로 속도를 목표로 삼고 나아가기 때문이다.

이와 같은 방식으로 믿음이 진리를 목표로 삼고 나아가느냐는 문제는 논란의 여지가 조금 있다. 오히려 둘째 대안이 될 만한 설명은 중요한 두 가지 심리 사실에 의존한다. 첫째, 사람들은 자신의 성공을 외부 상황이 아니라 자신의 유능함이나 자기가 형성한 믿음의 진리 같은 내부 원인으로 돌리는 경향이 있지만(드종 및 다른 저자들, 「성공과 실패의 원인 구조: 선호 판단에 대한 다차원 척도 분석」(1988)), 자신의 실패는 정반대로 설명한다.[12] 둘째, 우리가 가치가 있다고 평가한 한 가지 사물을 다른 어떤 것과 연합할 때, 우리는 첫째 것도 역시 자체를 위해 가치가 있다고 평가하게 된다(드하워 및 다른 저자들, 「좋아함과 싫어함의 연합 학습: 인간의 평가 조건화 25년 연구 재검토」(2001)). 첫째 심리 사실에 비추어, 우리는 사람들이 참 믿음을 성공한 행위와 연합한다고 기대해야 한다. 둘째 심리 사실에 비추어, 우리는 그와 같은 연합을 사람들이 진리를 자체를 위해 가치 있게 평가하도록 만든다고 기대해야 한다. 그러면 우리가 진리를 자체를 위해 가치 있게 평가하는 것과 전지한 존재를 더 좋거나 낮게 생각한 것은, 진리가 무엇이든 본래 가치를 전혀 지니지 않을지라도, 우리가 기대하는 것일 뿐이다. 진리가 본래 가치를 지니든 아니든 우리는 저런 태도를 보일 것이기에, 조너선 크밴빅의 사유 실험을 이끈 직관을 우리는 지나치게 확신해서는 안 된다.

물론 저런 태도는 진리가 본래 가치를 지닌 것이 **아님**을 입증하지 못하지만, 우리가 그렇다고 생각할 강력한 이유가 없다고 시사한다. 위에서 말한 심리적 설명은 사실상 자체를 위해 진리에 신경 쓰려는

---

12   심리학자의 말을 빌리지 않더라도, 우리가 대부분 경험할 수 있는 사실이다. 사람들은 정말로 성공은 자신이 잘했기 때문이고, 실패는 상황이나 사회 구조의 탓으로 돌리는 심리 경향을 보인다. 이를 심리학의 전문 용어로 인지 편향이라고도 부른다.

우리의 경향성에 기댄, 진리의 본래 가치를 지지하는 어떤 논증이든 의혹을 제기한다. 만약 저런 심리적 설명이 올바르다면, 진리의 본래 가치를 옹호하는 사람은 다른 근거로 자기 입장을 지지해야 할 것이다.

본래 가치는 가치의 유일한 종류가 아니며, 진리를 신경 쓸만하게 만드는 유일한 것이 아니다. 철학자들은 진리가 어떤 다른 유형의 외래 가치를 지닌다고 주장하기도 했다. 이 가운데 하나인 '궁극 가치'는 진리가 '자체를 위해' 좋을 수도 있는 다른 뜻을 제공한다.

3.2.2 진리는 궁극 가치를 지니는가?

궁극 가치라는 관념은 크리스틴 코즈가드의 「좋음의 두 구별」에서 비롯하는데, 어떤 것이 도구로서 가치를 지니지 않고 자체를 위해 좋을 수 있다고 논증한다.[13] 코즈가드는 칸트식 철학 전통을 세우고, 이 전통에 따르면 이성적 존재들이 목표를 세우고 자체를 위해 무언가를 욕구하는 것은 도덕적으로 깊은 의의가 있다. 자체를 위해 무언

---

[13] 크리스틴 코즈가드(Christine Marion Korsgaard, 1952~)는 미국 철학자로 하버드대학교 철학과 명예 교수다. 도덕 철학과 도덕 철학사를 주로 연구했고, 도덕 철학의 쟁점을 형이상학, 심리철학, 인격 동일성 이론, 규범성과 연결해 논의한다. 특히 칸트 도덕 철학의 권위자로 인정받는 코즈가드는 2018년 『동류의 창조물: 다른 동물에 대한 우리의 책무(*Fellow Creatures: Our Obligations to Other Animals*)』를 저술했고, 이 책에서 칸트의 윤리가 동물권을 지지한다고 논증한다.

가를 욕구하는 것은 있는 그대로 욕구하는 것이고, 단지 다른 무엇을 얻는 데 유용하거나 도움이 될 수도 있다는 이유로 욕구하는 것이 아니다.

예를 들어 우표 수집가는 다양한 우표 수집을 원했을 수도 있는데, 팔려는 목적이나 다른 어떤 목적을 위한 것이 아니었다고 해도 된다. 수집가는 단지 우표 수집 자체를 위해 단순하게 그냥 우표를 수집하고자 원한다. 우표를 수집하는 사람이 사는 목표 가운데 하나는 이와 같은 소장품을 모으는 것이다. 다양한 우표 소장품의 가치는 소장품에 본래 있는 것이 아니지만, 우표 수집가가 다양한 우표 소장이라는 목표를 성취하면서 좋은 것이 되는 듯하다. 게다가 만약 어떤 사람이 소장품을 파괴한다면, 파괴자는 가치 있게 평가한 것을 파괴함으로써 수집가에게 해를 입힐 듯하고, 저런 일은 세상에 다른 아무도 우표에 신경 쓰지 않을지라도, 일어날 것이다. 우표 수집은 수집가가 자체를 위해 수집을 가치 있게 평가한다는 사실로부터 단순하게 가치를 얻는 것처럼 보인다. '궁극 가치'는 우리가 자체를 위해 욕구함으로써 사물이 지니는 가치의 종류에 코즈가드가 붙인 전문 용어다.

우리는 진리가 궁극 가치를 지닌다는 논거를 두 방식으로 제시할 수 있다. 첫째, 사실상 사람들이 자체를 위해 진리에 신경 쓰거나 진리를 욕구한다는 점에 주목할 수도 있다. 저 태도는 조너선 크밴빅이 사례로 들었던 사유 실험에 보인 우리의 반응에 반영되어 있다. 린치가 「진리의 가치들과 가치들의 진리」(2009a)에서, 그리고 조너선 크밴빅이 「요점 없는 진리」(2008)에서 표현하는 태도에 반영되어 있기도 하다. 두 사람이 표현한 태도에 따르면, 우리가 (정원에 얼마나 많은 풀이 있는지에 관한 진리 같은) 어떤 사소한 진리를 익히는 일에 신경 쓰지 않는 유일한 이유는 주의를 기울여야 할 더 긴급한 필요가 있다는 것이다.

진리의 궁극 가치에 찬성하는 둘째 논거는 더 과감한 주장이다. 우리는 자체를 위해 진리에 신경 쓸 뿐만 아니라 신경을 **써야 한다.** 사람은 세계를 정확하게 표상하고, 외부 세계에 계속 부응할 수 있도록 설계된 방식으로 관리하지 않으면서 믿음을 가질 수 없다. 믿음을 가지려면, 사람은 믿음에 대해 '마음과 세계의 방향 적합도(mind to world direction of fit)'를, 단지 거짓이기 때문에 거짓 믿음을 버리고 단지 참이기 때문에 참 믿음을 유지하거나 형성하면서 강화해야 한다. 이성적 동물이라는 것은 부분적으로 믿음을 갖는 것이고, 그래서 이성적 동물들이 자체를 위해 진리를 가치 있게 평가하는 것은 불가피한 일이다. 그러면 진리가 궁극 가치를 지닌다는 것도 똑같이 불가피할 것이다.

둘째 논증은 아무것도 자체를 위해 진리에 신경 쓰지 않으면서 믿음을 가질 수 없다는 생각에 달렸다. 잠재적 문제는 오로지 진리 개념을 갖춘 창조물만 진리를 자체로 가치 있게 평가할 수 있느냐는 것이다. 그래서 이 견해에 근거하면 가능적으로 오로지 진리 개념을 (그리고 진리를 가치 있게 평가할 능력을) 갖춘 창조물만 믿음을 형성했을 수 있다. 몇몇 철학자들은 진리 개념이 믿음을 가짐의 선행 조건

(prerequisite)이라고 기꺼이 받아들이지만, 상당히 반직관적 결과를 낳는다. 인간이 아닌 동물들은 (그리고 많은 어린이는) 믿음을 갖지 못한다는 것을 함축한다. 예컨대 개는 자신이 쫓는 다람쥐가 나무 위로 달아났다는 믿음을 가질 수 없고, 다람쥐는 자신이 도토리를 어디에 숨겼는지에 관한 어떤 믿음도 갖지 못한다. 개, 다람쥐, 유아가 어떤 믿음이든 가짐을 부정하지 않는 더욱 그럴듯한 경로가 있다. 바로 믿음을 가짐이 자체로 진리에 신경 씀을 요구한다는 논점을 부정하는 것이다.

둘째 논증을 제쳐두자마자, 우리는 첫째 논증 방침에 어떤 잘못이 있는지도 마찬가지로 더 쉽게 알아볼 수 있다. 일반적으로 우리가 자체를 위해 진리에 신경 쓰기는 하지만, 그것은 진리가 좋거나 나은 것이 되는 방식이 아니다. 사람들은 정의에서 시작해 희귀 우표와 타인의 고통에 이르기까지 무엇이든 자체를 위해 가치 있게 평가할 수 있다. 크리스틴 코즈가드의 주장과 반대로, 사물은 단지 사람들이 가치 있게 평가하기 때문에 가치를 지닐 수 있게 되지 않는다. 우표 수집과 고문은 사람들이 자체를 위해 가치 있게 평가한다는 사실로부터 특별한 종류의 가치를 획득하지 못한다. 이른바 '궁극 가치'는 현실적인 종류의 가치가 전혀 아니다. 무엇이든 있다면, 그것은 **가치 있음**의 한 방식이 아니라 **가치 있게 평가됨**의 한 방식이다(If anything, it is a way of being valued, not a way of being valuable).

궁극 가치 관념은 미묘한 혼란과 뒤얽힌다. 원하는 것을 얻는 사람들에 관해 좋은, 아마도 본래 좋은 무언가가 있을 것이다. 어떤 사람이 원하는 무언가가 우표처럼 따분하거나 아기를 고문하는 것처럼 혐오스러울지라도 그럴 수 있다. 이 점을 인정하더라도, 우리는 사람들이 갖는 욕구의 실제 대상이 특별한 종류의 가치를 지닌다고 가정할 필요가 없고, 욕구 대상의 가치와 별도로 사람들이 갖는 욕구의 만족에 관해 좋은 무언가가 있다고만 가정해야 한다.

본래 가치를 지니게 되거나 궁극적으로 가치를 지니게 됨으로써 진리가 '자체를 위해' 좋다고 가정할 이유는 전혀 없다. 그래도 진리는 여전히 어떤 다른 방식으로 가치를 지닐지도 모른다. 진리의 가치에 흥미를 보이는 거의 모든 철학자는 진리를 적어도 **도구로서**(instrumentally) 가치를 지닌다고 생각하고, 그것은 진리가 우리가 원하는 것을 얻을 때 믿음을 유용하거나 도움이 되게 만든다고 말하는 셈이다. 다음으로 저런 생각을 살펴보자.

3.2.3 진리는 도구로서 가치를 지니는가?

망치는 못을 박기에 유용하다. 망치는 물건을 만들기 위한 도구로서 가치가 있다. 돈은 상품을 사거나 팔 때 사용하기 위한 도구로서 가치를 지닌다. 돈의 가치는 우리가 살 수 있는 것에서 나온다. 철학자들은 진리가 도구로서 가치를 지닌다고 생각하는 경향이 있다. 참 믿음은 먹거리를 얻고 질병을 치료하는 것 같은 일을 하기 위해 쓸모가 있을 뿐만 아니라, 거짓 믿음은 참사를 낳을 수 있다. 예를 들어 어쩌다 사고로 자신에게 총을 쏜 사람들은 총이 장전되어 있지 않다는 거짓 믿음을 지녀서 자주 상해를 입는다. 참된 믿음은 저렇게 유용하고 거짓 믿음은 저렇게 위험하므로, 누구든지 진리 자체가 도구로서 가치를 지닌다고 생각할 수도 있다는 점은 이해할 만하다.

하지만 진리의 도구 가치라는 문제는 이보다 훨씬 복잡하다. 이따금 우리의 참 믿음도 우리를 해친다. 만약 여러분이 탈 비행기가 산에 충돌하게 된다면, 비행기가 이륙할 시간에 관한 진리를 믿는 것은 죽음을 초래할 수 있다.[14] 몇몇 거짓 믿음들은 매우 유용하고 도움이 되며, 특히 심리학자들이 '긍정적 착각(positive illusions)'이라고 부르는 것이다.[15] 게다가 우리는 전형적으로 참 믿음과 거짓 믿음을 뒤섞으면서 행위를 한다. 어느 것이든 특정 믿음의 도움이 되는 성질(helpfulness)은 참이든 거짓이든 여러분이 믿는 다른 것과 행위를 하는 외부 상황에 의존한다. 특정 믿음의 진리나 허위가 특정 행위의 성공이나 실패에 공헌하는 요인을 뽑아내는 것은 어렵거나 불가능할 수 있다.

그럴듯한 대안은 진리를 행위(action)의 성공에 도움이 되는 믿음과 행동(behavior), 그리고 환경 사이 복잡한 들어맞음의 징후이거나 이와 같은 들어맞음에 거의 근접함으로 보는 것이다. 그러면 진리가 도구 가치를 지닌다고 말하는 것은 실수이겠다. 비록 참 믿음이 우리

---

14   스티븐 스티치, 『이성의 파편화: 인지 평가 실용 이론의 시작』(1990).

15   셸리 테일러, 『긍정적 착각: 창의적 자기기만과 건강한 정신』(1989).

행위의 성공을 자주 돕더라도, 저것은 진리가 믿음을 유용하게 **만든**다는 것을 의미하지 않는다. 유비 추론에 따라 튼튼한 망치는 파란색으로 칠하고 무른 망치는 노란색으로 칠했다고 가정하자. 따라서 파란색 망치는 못을 박기에 더 좋거나 낫지만, 망치의 파랑이 못을 박을 때 도움이 되지는 않는다. 마찬가지로 참 믿음이 거짓 믿음보다 도움이 되게 **만든다**는 결론이 따라 나오지 않는다. 그렇지 않고, 이것은 망치의 파랑과 마찬가지로 저런 일을 전부 하는 다른 특징과 우연히 서로 관련된 어떤 특징이었을 수 있다. 엄밀히 말해 진리의 속성은 저런 경우 도구로서 가치를 지니지 않을 것이다.

비록 진리는 우리가 원하는 것을 얻을 때 실제로 역할을 한다는 엄밀한 뜻에서 도구로서 가치를 지니지 않을지라도, 우리는 믿음이 더 정확할 때 원하는 것을 얻기 위해 더 좋거나 나은 위치에 있는 것처럼 보인다. 저것은 참 믿음을 가짐에 관해 좋은 어떤 것인 듯하다. 저런 종류의 좋음이 지닌 특성을 나타낼 옳은 방법을 찾아내기는 어렵다.

최근 진리의 가치에 관심을 기울이는 몇몇 철학자들은 진리 자체의 가치에서 **진리에 신경 씀**(caring about truth)의 가치로 초점을 바꾸었다. 이 가운데 린치는 『참된 삶: 진리가 중요한 이유』(2005b)에서, 진리에 신경 씀이 좋은 인생을 삶(living a good human life)의 부분이기 때문에 진리는 신경 쓸 가치가 있다고 논증한다.

3.2.4 진리에 신경 씀은 구성적 좋음인가?

마이클 린치가 사용한 용어로 말하면 '구성적 좋음(constitutive good)'은 좋고 번영하는 삶의 본질적 부분이 되는 어떤 것이다.[16] 예를 들어 사랑이 담긴 태도는 (사람들이 여러분을 좋아하게 만들기 때문에) 도구로서 가치를 지닐 뿐만 아니라 이런 태도를 갖춤은 인간으로서 잘 삶(well being)이라는 의미의 본질적 부분일 수도 있다. 그렇다면 사랑이 담긴 태도는 린치의 전문 용어로 말하면 구성적 좋음이라고 여겨도 될 것이다.

린치는 자체를 위해 진리에 신경 쓰는 태도나, 간략히 '진리에 신경 씀'이 구성적 좋음이며, 그것이 진리를 신경 쓸 가치가 있게 만든다고 생각한다. 진리가 신경 쓸 가치가 있는 까닭은 사람이 좋은 삶을 위해 진리에 신경을 써야 하기 때문이다.

린치의 견해에 근거하면 진리에 신경 씀은 다음과 같은 것을 의미한다.

〔진리에 신경씀은〕 진리로 방향이 맞춰진 발현한 [발현하는] 특별한 성격 특징이다. 그것은 양측 이야기를 기꺼이 들으려고 함, 열린 마음가짐, 타인의 의견을 관용함, 세부 사항에 유의하고 민감함, 증거를 면밀하게 살핌을 포함한다. 그리고 가

---

16   마이클 린치, 『참된 삶: 진리가 중요한 이유』, 128~129쪽.

정에 의문을 제기함, 이유를 대고 물음, 한쪽으로 치우치지 않음, 지적으로 용감함도 포함한다.[17] (manifest[ing] particular character traits that are oriented toward the truth. It involves being willing to hear both sides of the story, being open-minded and tolerant of other's opinions, being careful and sensitive to detail, and paying close attention to evidence. And it also involves being willing to question assumptions, giving and asking for reasons, being impartial, and being intellectually courageous.)

마이클 린치가 언급한 종류의 특징에 다른 요소를 추가할 수도 있다. 자신의 의견 형성 방법의 신뢰성/신빙성(reliability)을 기꺼이 평가하고 신뢰성/신빙성의 증가를 겨눈 방법에 기꺼이 적응하려는 의지력(willingness)이다.[18]

린치는 『참된 삶: 진리가 중요한 이유』(2005b)의 136쪽에서 다음과 같은 논증을 제시한다.

(1) 만약 지성의 통합이 좋은 삶의 본질적 부분이라면, 이와 같은 진리에 신경 씀도 그렇다. (If intellectual integrity is a essential

---

17　마이클 린치, 『참된 삶: 진리가 중요한 이유』, 129~130쪽.

18　체이스 렌, 「실용주의, 진리, 탐구」(2005)

part of living a good life, then so is caring about truth as such.)

(2) 지성의 통합은 좋은 삶의 본질적 부분이다. (Intellectual integrity is an essential part of living a good life.)

(3) 그러므로 이와 같은 진리에 신경 씀은 좋은 삶의 본질적 부분이다. (Therefore, caring about truth as such is an essential part of living a good life.)

(4) 만약 진리에 신경 씀이 좋은 삶의 본질적 부분이라면, 이와 같은 진리는 자체를 위해 신경 쓸 가치가 있다. (If caring about truth is an essential part of a good life, then truth as such is worth caring about for its own sake.)

(5) 그러므로 진리는 자체를 위해 신경 쓸 가치가 있다. (Therefore, truth is worth caring about for its own sake.)

마이클 린치는 '지성의 통합(intellectual integrity)'으로 "진리에 대한 최선의 판단을 할 필요가 생길 때 저 판단에 따라 기꺼이 행동함으로써 옹호하려고 한다는 것"[19]을 의미한다. 진리에 신경 쓰지 않으면서 지성의 통합을 이루는 것은 불가능하다. 그래서 진리에 신경 씀은 지성의 통합을 구성하고, 따라서 좋은 삶의 본질적 부분이다.

마이클 린치는 진리에 신경 씀이 좋은 삶의 본질적 부분이라고 생각한 둘째 이유도 제시한다. 잘 삶(living well)은 행복을 요구한다. 행

19　마이클 린치, 『참된 삶: 진리가 중요한 이유』, 131쪽.

복은 자기 존중(self-respect)을 요구하고, 자기 존중은 자신이 옳다고 생각한 것을 위해 기꺼이 희생하도록 요구한다. 이렇게 하려는 의지력은 진리에 신경 씀을 구성하는 성향을 요구한다고 린치는 주장한다.[20]

린치의 설명은 두 가지 심각한 문제에 시달린다. 첫째, 지성의 통합이라는 부정확한 개념에 의존한다. 둘째, 자기 존중이 린치가 말한 종류의 진리에 대한 걱정이나 관심(concern for truth)을 요구한다는 점이 의심스럽다.

린치에 따르면 지성의 통합을 이룬다는 것은 진리를 기꺼이 **옹호하려고 하는** 것이고, 이것은 필요가 생길 때 무엇이 참인지에 대한 여러분의 판단에 따라 기꺼이 행위를 한다는 뜻이다. 그렇더라도 무엇이 참인지에 대한 여러분의 판단은 단지 여러분이 우연히 믿게 된 것이다. 만약 여러분이 무언가를 참이라고 믿는다면, 저것은 여러분이 그것을 믿는다는 뜻이다. 그래서 린치가 말한 '지성의 통합'은 결국 필요가 생길 때 여러분이 믿는 것에 따라 기꺼이 하는 행위에 이른다. 그런데 사람은 행위를 할 **때마다** 자신이 믿는 것에 따라 행위를 하게 되어 있다. 비록 내가 총부리의 위협 속에서 (내가 믿지 않는 것인) 2+3=6인 양 행위를 하도록 강요당하더라도, 나는 **만약 내가 2+3=6인 척하지 않는다면 누군가가 나를 죽일 것이라는** 내 믿음에 따라 행위를 한다. 그래서 린치가 말한 '지성의 통합'을 이룬다는 것은 단지 필요

---

20   린치, 『참된 삶: 진리가 중요한 이유』, 135쪽.

가 생길 때 기꺼이 하는 행위의 문제일 따름이다. 저런 행위는 덕일지 몰라도 지성의 통합이 아니다. 오히려 이는 용기, 양심에 따름, 또는 근면에 가까운 어떤 것이다.

따라서 린치의 첫째 전제는 의심스럽다. 용기, 양심에 따름, 근면은 왜 어떤 이가 진리에 신경 씀을 요구해야 하는가? 나는 왜 증거에 세심한 주의를 기울이고 필요가 생길 때 기꺼이 행동하기 위해 타인의 의견을 관용해야 하는가?

린치는 또한 여러분이 자기 존중을 위해, 자체를 위해 진리에 신경을 써야 한다고 생각한다. 우리가 진리에 대한 걱정이나 관심을 구성하는 성향을 보이지 않는 한, 여러분이 옳다고 믿는 것을 위해 기꺼이 희생할 수 없다는 것이 린치의 생각이다. 이것도 실수인 듯하다. 전체주의 이념을 고수하는 광신자는 마음이 닫혀 있고 자신이 고수하는 정당에 반대하는 견해를 탄압하고 검열하는 것이 옳다고 믿는다고 상상하자. 이와 같은 사람은 자신이 옳다고 생각한 것을 위해 큰 희생을 아주 기꺼이 치를지도 모른다. 이 사람의 경우 자신이 옳다고 생각하는 것을 옹호함은 린치가 진리에 신경 씀과 동일시한 성향과 정확히 **정반대** 성향을 드러낼 것이다.

만약 어떤 좋은 삶이 자체를 위해 진리에 신경 씀을 요구한다면, 그것은 저 태도가 자기 존중을 위해 필요하기 때문이나 스스로 옳다고 생각한 것을 옹호하기 위한 것이 아니다. 어떤 사람은 주의 깊은 사유자가 되지 않으면서도 자신을 존중하거나, 증거에 전혀 주의를 기울이지 않으면서도 자신이 옳다고 생각한 것을 옹호할 수 있다.

린치의 논증은 진리가 우리가 신경 써야 할 어떤 것임을 보여주지 못하지만, 유사한 접근법은 효과를 낼 수 있다. 구성 가치와 진리에 신경 씀은 좋은 삶의 본질적 **부분**이라는 생각에 집중하는 대신에, 우리는 내가 '목적(telic)' 가치라고 부른, 가치의 다른 종류에 집중할 수 있다. 사물은 그것들에 신경 씀이 혜택을 주거나 이익이 될 때 목적 가치를 갖는다.

3.2.5 진리는 목적으로서 가치를 지니는가?

어떤 사물은 맛있는 음식이나 친절한 성향처럼 가지는 것이 좋고, 다른 어떤 사물은 **얻으려고 노력하는** 것이 좋다. 산에 오르는 사람을 상상해 보자. 산을 오르는 것은 꼭대기에 이르려고 시도하는 것이고, 산의 꼭대기에 서는 것에 어떤 가치가 있을지도 모른다. 하지만 등산하는 사람에게는 실제로 꼭대기에 도달한 때 얻는 가치가 무엇이든 그것에 더해 꼭대기에 도달하려고 시도하면서 만족감과 기쁨을 얻는다.

산의 꼭대기에 도달함은 등산하는 사람에게 두 종류의 가치가 있다. 첫째, 그것은 도구 가치와 비슷한 것을 지니는데, 등산하는 사람의 내면에 좋은 감정을 일으키는 원인이기 때문이다. 둘째, 그것은 목적 가치를 지닌다. 정상에 도달하겠다는 목표를 세움으로써 등산하는 사람은 다른 방식으로 혜택을 얻는다. 등산하는 사람은 산을 오르기에서 만족감을 얻고, 이것은 꼭대기에 도달함의 만족과도 다르고 산비탈을 정처 없이 거닐기의 만족과도 다르다.

목적 가치 개념과 함께 우리는 참 믿음 자체의 가치에 관한 문제를 제쳐두거나 그 문제에 대해 중립을 지킬 수 있고, 도리어 우리가 어떻게 진리에 신경 써서 이익을 얻는지에 집중할 수 있다. 진리에 신경 씀은 열린 마음가짐, 탐구 방법의 신뢰성/신빙성에 관심을 두기 따위의 다양한 성향이 있음을 의미한다. 비록 이와 같은 성향들이 좋은 삶에 필요하지 않더라도, 우리에게 이익을 줄지도 모른다. 그렇다면 진리는 목적 가치를 갖는다. 그래서 우리는 저런 성향들에서 이익을 얻는가?

'그렇다'라는 예비적 답변은 심리학자 난숙 박(Nansook Park)과 그녀의 동료 크리스토퍼 피터슨(Christopher Peterson)과 마틴 셀리그먼(Martin Seligman)이 수행한 연구에 나온다.[21] 이들의 연구에 따르면 호기심, 열린 마음가짐, 비판적 사고, 배움을 좋아함의 척도에 대해 평가를 더 높게 받는 사람들이 삶에 대한 만족도가 더 높다고 보고한다. 만약 저런 성격 특징들이 진리에 신경 씀을 구성한다면, 진리에 신경을 더 많이 쓰는 사람들이 또한 더욱 만족하는 삶을 이끄는 것처럼 보이겠다.

그래도 심리학자들이 찾아낸 것은 해당 문제에 대한 최종 발언이 아니다. 그들이 얻은 결과는 여러 대안 가능성과 양립할 수 있다. 아

---

21   난숙 박, 피터슨 & 셀리그먼, 「성격과 잘 삶의 강점」(2004)

마도 좋은 삶은 누구든 호기심을 더 많이 갖고 마음을 더 많이 열고 배우기를 더 좋아하며 비판적으로 생각하게 되는 원인일지도 모른다. 혹은 어쩌면 진리에 신경 씀은 여러분의 인생을 있는 그대로 더 기꺼이 받아들이게 만들어서 여러분을 더 좋거나 낫게 만들지 않으면서도 만족감을 증가시킬지도 모른다. 우리는 훨씬 더 많은 연구를 진행하지 않고서 이와 같은 대안 가능성을 배제하지 못한다.

심리학자들의 결과에 애매한 점에 있더라도, 우리는 진리에 신경을 써서 얻는 혜택들을 얼마간 확인할 수 있다. 비록 진리가 엄밀한 뜻에서 가치를 지니지 않더라도, 우리는 관련된 믿음이 더 정확할수록 우리의 목표를 달성하기 위해 더 나은 준비 자세를 갖추게 되는 듯하다. 저것이 진리에 신경을 쓰는 한 이유인데, 튼튼한 망치를 파란색으로 칠하는 풍조가 어떤 이가 막 사용할 망치의 색에 신경 쓸 이유를 제공하는 것과 꼭 마찬가지다. 진리에 신경 씀은 사물의 존재 방식에 대해 정확한 견해를 얻고 유지하도록 도와서 우리가 목표를 달성할 자세를 잡도록 도울 수 있다.

진리에 신경 씀은 또한 우리가 일정한 공유 재화(collective goods)를 누리는 일을 더 쉽게 만들었을 수 있다. 공유 재화는 성취하려면 협동 작업(team-work)을 요구한다. 4성부 화성을 만들려면 다른 세 사람이 필요하기에 4성부 화성은 공유 재화다. 다른 어떤 공유 재화는 언어, 농구 경기, 쉽게 이용 가능하고 신뢰할 만한 보건 관리를 포함했을 수도 있다.

공유 재화를 누리려면, 우리는 아주 복잡하더라도 우리의 활동을 대등하게 조정해야 한다. 만약 내가 진리에 신경 쓰고 여러분도 그렇게 한다면, 우리는 서로 행위를 예상하고 대등하게 조정할 매우 유용한 도구를 손에 넣은 셈이다. 믿음이 참인지에 특별히 신경 쓰지 않는 어떤 사람과 계획을 세운다고 상상해 보라. 너는 척의 카페(Chuck's Café)에서 만나기로 합의했을지 모르지만, 너의 친구는 방금 말한 그 카페가 어디인지에 관해 틀렸을 수도 있다. 너의 친구가 맞는 장소로 가려면, 너의 친구는 자신의 거짓 믿음을 교정할 만큼 충분히 진리에 신경 쓸 필요가 있다. 그렇지 않으면 너는 척의 카페에서 기다릴 테고, 너의 친구는 네가 어디에 있을까 생각하면서 엉뚱한 장소에 있다는 모든 증거를 무시한 채 차량관리국의 휴게실에 앉아 있을지도 모른다.

만약 여러분과 내가 둘 다 진리에 신경 쓴다면, 우리는 같은 상황에서 같은 것을 훨씬 많이 믿는 경향을 보일 것이다. 의견이 불일치할 때, 우리는 열린 마음가짐으로 증거와 증거의 의의를 살핌으로써 불일치를 해결할 수 있겠다. 이것은 우리의 행동을 더 쉽게 대등한 수준으로 조정하게 만든다. 여러분은 나의 믿음을 예상할 수 있기에 나의 행동을 예상할 수 있고, 나의 믿음이 여러분의 믿음과 대부분 같을 것이기 때문에 나의 믿음을 예상할 수 있다.

진리에 신경 씀에 얽힌 성향들은 오류를 찾아내 제거하고 자신의 믿음들이 정확하다고 보증하도록 돕는다. 이와 같은 성향들은 자신의 개인 목표를 추구할 때 유용할 뿐만 아니라, 우리가 서로 행동을 예상하고 공유 재화를 추구할 때 대등하게 조정하도록 돕는다.

3.3 결론

우리는 진리에 신경 쓴다. 사람들은 우리가 정직하게 진리나 진실을 말하기를 원하고, 모두 적어도 얼마간 우리가 거짓이 아니라 참된 것을 믿는다는 점을 확실하게 만들려고 시도한다. 진리에 신경 씀은 "진리는 무엇인가?"라는 질문에 좋은 답을 원하는 우리에게 어떤 이유를 제공한다. 저 질문에 제공할 좋은 답은 적어도 어떤 종류든 진리의 가치와 양립할 수 있고, 진리가 어떻게 믿음이나 진술에 대한 좋음의 한 종류인지 명료하게 드러내면서 더 나아갈 필요가 있을지도 모른다.

이번 장은 진리의 가치를 이해할 몇 가지 방식을 개관했다. 하나는 진리 자체를 규범적 속성으로 보는 방식이다. 믿음이나 진술이 참이라는 것은 믿음이나 진술이 특수한 방식으로 좋은 것이기 때문이다. 마이클 더밋의 논증과 비슷한 논증들은 진리가 규범적 속성임을 보여주는 데 실패하지만, 저 발상은 진리의 본성에 대한 최근 작업에 영향을 미쳤으며, 다음에 이어질 장에서 보게 될 것이다.

진리가 규범성을 띠는지와 무관하게, 진리는 본래, 궁극적으로, 도구로서, 목적으로서 여전히 가치를 지니거나, 또는 진리에 신경 쓰는 태도는 좋은 인생의 일부일 수도 있다. 이번 장은 철학자들이 이런 방식들로 각각 진리의 가치를 생각했던 몇 가지 이유를 재검토했다. 대부분의 논증이 취약했지만, 진리가 적어도 목적으로서(telically) 가치를 지닌다고 생각할 좋은 이유는 있다.

+ 더 읽을거리

진리의 가치를 다룬 최고 수준의 가장 이해하기 쉬운 최근 논의 가운데 하나는 마이클 린치의 『참된 삶: 진리가 중요한 이유』(2005b)에 나와 있다.

진리를 승리나 이김과 유비해 다룬 마이클 더밋의 논의는 「진리」(1958)에 나와 있고, 진리가 본질적으로 성공의 한 종류라는 발상은 존 설의 『사회 현실의 구성』(1995) 마지막 장에 등장한다. 크리스핀 라이트의 『진리와 객관성』(1992)은 진리 다원론자의 이론 유형을 계발하고(7장을 보라), 실재론과 반실재론 논쟁에 접근할 때 마이클 더밋의 생각을 끌어다 쓴다. 파스칼 앙젤의 『진리』(2002)도 마이클 더밋의 통찰을 끌어다 쓰며, 크리스핀 라이트와 전혀 다른 결론에 이른다.

진리의 본래 가치에 대한 논의는 린치의 「진리의 가치들과 가치들의 진리」(2009a)와 조너선 크밴빅의 「요점 없는 진리」(2008)를 보라. 나는 「참된 믿음은 도구 가치를 지니지 않는다」(2010)에서 진리가 도구 가치를 지닌다는 견해를 비판한다. 매슈 맥그래스(Matthew McGrath)의 「린치의 진리 가치에 관하여」(2005)는 진리에 신경 씀이 구성 가치를 갖는다는 린치의 생각에 제기한 추가 반론을 포함한다.

4

진리 인식 이론

―――――――――

Epistemic Theories of Truth

이제 "진리는 무엇인가?"라는 질문의 답을 개관할 수 있다. 다음과 같은 질문을 살펴봄으로써 각 답변을 평가하겠다.

- 이론은 자체로 얼마나 그럴듯한가? 그것을 지지할 강한 논증이 있는가? (How plausible is the theory itself? Are there strong arguments in its favor?)
- 이론은 동치 도식의 비-역설 사례들을 보존하는가? (Does the theory preserve the non-paradoxical instances of the Equivalence Schema?)
- 이론은 실재론과 양립할 수 있는가? 그리고 반실재론과 양립할 수 있는가? (Is the theory compatible with realism, and is it compatible with anti-realism?)
- 이론은 진리의 가치를 이해하도록 돕는가? (Does the theory

help to make sense of the value of truth?)

4장은 이른바 진리 인식 이론에 관해 다룬다. '인식(epistemic)'이라는 말은 지식에 해당하는 그리스어에서 유래하며, 여기서 다루는 이론들은 진리의 본성을 지식이나, 흔한 용어로 말해 정당화된 믿음 개념에 호소해서 설명한다.

4.1 회의론과 우리의 시험 기준이 시험하는 것

진리 인식 이론의 이면에는 단일 핵심 통찰이 놓여 있다. 우리는 이를 시험 원리라고 부르며, 다음과 같이 진술한다.

> 시험 원리: 진리는 그것이 무엇이든 우리의 진리 시험 기준이 시험하는 것이고, 그래서 진리는 주장들이 시험 기준들을 통과하면 가지고 통과하지 못하면 결여하는 속성이다. (*Test Principle*: Whatever truth is, it is what our tests for truth test for, and so it is property claims have if they pass those tests and lack if they fail them.)

'우리의 진리 시험 기준(Our test for truth)'은 다양하고 많다. 그것은 우리가 세계를 둘러보고 찾아내는(finding out) 방법, 우유가 냉장고 속 왼쪽에 있는지 찾아내려 들여다보는 것부터 수학의 증명을 해내는 것과 현대 과학에서 사용하는 굉장히 복잡한 장치에 이르기까지 모든 방법을 포함한다. 그런데 여기서 말한 모든 방법은 공통 목적에 이바지한다. 우리가 신경 쓰는 질문에 참된 답을 찾기 위해, 우리는 방금 말한 모든 방법을 사용한다.

시험 원리가 거짓이라면 지식이 어떻게 가능한지 알아보기 어렵다. 지식을 획득할 유일한 방도는 우리가 이미 사용하던 탐구 방법을 응용하는 것이다. 이렇게 사용하던 방법이 진리에 대한 시험 방법이 되지 못한다면, 탐구 방법이 추천한 주장을 참된 것이라고 받아들일 이유도 없어진다. 만약 참된 주장이 우리의 시험 기준을 통과하고, 그 주장을 우리가 받아들인다면, 운이 좋은 셈이다. 그러나 우리는 해당 주장이 참임을 **알지**는 못할 것이다. 지식은 행운(good luck) 이상을 요구한다. 그렇더라도 회의론은 그럴듯한 견해가 아니다. 우리는 온갖 사물을 알고, 탐구 방법에 기초해서 사물을 인식한다. 그래서 시험 원리나 이와 흡사한 것은 올바를 수밖에 없다.

시험 원리를 가정하면, 우리는 합당하게 우리의 진리 시험 기준이 무엇을 시험하느냐고 물을 수 있다. 우리의 시험 기준을 통과한 주장은 시험을 통과하지 못한 주장과 구별되는 어떤 속성을 공통으로 가지는가? 만약 우리가 저 속성을 명기할 할 수 있다면, 우리가 진리의 본성을 이해할 수 있으리라고 진리 이론가들은 생각한다. 더욱이 그들은 저 속성이 무엇이냐는 질문에 간단한 답이 있다고 생각한다. 그것은 **우리의 진리 시험 기준을 통과함**(passing our tests for truth)이라는 속성이다.

진리 인식 이론의 가장 중요한 두 유형은 **정합론**(coherence theory)과 **실용론**(pragmatic theory)이다. 두 이론은 우리의 진리 시험 기준을 이해하는 방식과 그 기준을 통과함이 무엇을 의미하는지에 대한 세부 사항에서 다르지만, 진리 시험 기준을 통과함이라는 속성이 참임(being true)에 들어있는 전부라는 생각을 공유한다.

두 이론이 어떻게 작동하는지 이해하려면, 다른 이론과 유비해서 살펴보는 것이 도움이 될 수도 있겠다. 색채가 무엇이냐를 다룬 이론에 따르면, **붉음**(redness)은 단지 정상 시야 조건에서 정상 관찰자에게 붉게 보이는 속성이다. 붉음에 대해 무언가를 시험하려면, 우리는 정상 조건에서 그것을 바라보고 붉게 보이는지를 본다. 방금 말한 색채에 대한 견해에 근거하면, 붉음과 저 시험을 통과함 사이에 어떤 차이도 없다. 진리 인식 이론가들은 진리를 이와 유사한 방식으로 생각한다. 주장들의 진리를 시험하는 다양한 방법이 있고, 저 시험 기준을 통과함과 참임 사이에 어떤 차이도 없다.

4.2 진리 정합론

역사상 중요한 진리 인식 이론은 **정합론**이다. 정합론은 다음과 같이 진술한다.

진리 정합론: 어떤 주장이 참이라는 것은 그것이 알맞게 정합하고 포괄적인 믿음 체계의 부분이라는 것이다. (Coherence Theory of Truth: For a claim to be true is for it to be part of a suitably coherent and comprehensive set of beliefs.)

진리 정합론을 평가하기 전에, 우리는 **정합성**(coherence)과 **포괄성**(comprehensiveness)의 의미를 명료하게 드러낼 필요가 있다.

전통적으로 철학자들은 정합성이 최소한 논리적 일관성(logical consistency)을 요구한다고 생각했다. 정합하는 믿음 체계는 모순이 있어서는 안 된다. "지구는 수백만 살이다"와 "지구는 수백만 살이 아니다"를 둘 다 포함한 믿음 체계는 비일관적이고, 저런 이유로 정합적이지 않다. 그런데 진리를 낳는다고 가정되는 종류의 정합성을 갖추려면 일관성만으로 충분하지 않다. 믿음들은 옳은 방식으로 함께 걸려(hang together) 있기도 해야 한다. 흔히 이 '옳은 방식으로/제대로(in the right sort of way)'는 믿음들 사이에 성립하는 설명적 연관성(explanatory connection)을 포함한다. 예를 들어 다음과 같은 믿음들의 집합, 곧 믿음 체계는 거짓이라는 점에서 일관적이지만, 정합론자들이 진리에 필요하다고 생각한 종류의 연관성은 없다.

(1) 모든 푸들은 털이 없다. (All poodles are hairless.)
(2) 1+1=12
(3) 전자는 양전하를 띤다. (Electrons have positive charge.)

정합하려면 믿음들의 한 집합에 속한 각 원소는 그 집합의 다른 원소에 의해 설명되고 다른 원소를 설명할 때 어떤 역할을 해야 한다.

몇몇 철학자들은 진리 정합론이 특히 윤리학에 적합하다고 생각한다.[1] 우리의 도덕적 믿음은 일정한 행위나 사태의 도덕적 가치에 관한 특수 판단뿐만 아니라 어떤 특징이 사물을 도덕적으로 좋거나 나쁘게 만드는지에 관한 도덕 원리를 포함한다. 우리는 일반 원리에 기대어 특수한 판단을 설명하거나 정당화할 수 있고, 일반 원리들이 어떻게 정합하는 도덕 이론으로서 함께 걸리는 사례들에 관한 특수한 판단들과 들어맞는지를 보여줌으로써 설명하거나 정당화할 수 있다. 어떤 철학자는 방금 말한 점이 도덕적 진리에 관해 말해야 할 전부라고 생각한다. 궁극적으로 어떤 도덕적 믿음을 참이게 만드는 것은 그것이 다른 믿음들과 함께 걸리는 방식일 뿐이고, 어떤 도덕적 믿음을 거짓이게 만드는 것은 그것이 다른 믿음들과 함께 걸리기에 실패하는 방식일 따름이다.

정합론자들은 또한 문제의 믿음 체계가 범위의 측면에서 **포괄적**이어야 한다고 요구하는 경향이 있다. 여기서 믿음 체계는 모든 주제를 포괄하는 체계를 이루어야 한다. 이 요건은 알맞게(suitably) 정합하는 어떤 믿음 체계든 거기에 포함된 믿음들을 담을 수 있는 모든 주

---

1   예컨대 콰인이 『이론과 사물』(1981)에서 이렇게 생각한다.

장에 대한 참값들을 결정할 것임을 보장한다.

왜 진리를 정합성으로 생각해야 하는가? 브랜드 블랜셔드[2]는 「진리의 본성으로서 정합성」(1939)에서 이유를 분명히 말했다. 그의 논증은 다음과 같다.

(4) 어떤 주장의 진리를 시험하는 유일한 기준은 그 주장이 우리가 (이상적으로) 믿는 나머지와 얼마나 들어맞거나 정합하는지 보는 것이다. 우리는 (관찰을 통해 얻는 믿음을 포함한) 우리의 믿음들과 정합하는 주장들을 참으로 받아들이고, 우리의 다른 믿음들과 모순을 빚는 주장들은 거짓으로 거부한다. (Our only test of the truth of a claim is to see how well it fits or coheres with the rest of what we (ideally) believe; we accept as true claims that do cohere with our beliefs (including those we gain through observation), and we reject as false claims that contradict our other beliefs.)

(5) 참이라는 것은 우리의 진리 시험 기준을 통과한다는 것이고, 거짓이라는 것은 우리의 진리 시험 기준 통과에 실패하는 것이다. (To be true is to pass our test for truth, and to be false is to fail it.)

---

2   브랜드 블랜셔드(Brand Blanshard, 1892~1987)는 이성과 합리론, 주지주의를 옹호한 미국 철학자다. 누구 말을 들어도 철학 논쟁에서 정중하고 우아하게 처신한 '합리적 기질'의 모범을 보였던 강력한 논객이었다.

(6) 그러므로 참이라는 것은 우리가 (이상적으로) 믿는 나머지와 정합하는 것이다. (Therefor, to be true is to cohere with the rest of what we (ideally) believe.)

위 논증의 첫째 전제는 우리가 '이상적으로' 믿는 것을 거론한다. 이를 거론하는 것은 누구의 어떤 **실제** 믿음들도 일관되거나 포괄적이지 않기 때문이다. 주장이 참이 아니면서도 어떤 사람의 실제 믿음들과 정합할 여지는 아주 많다. 그렇더라도 블랜셔드의 견해에 근거하면 어떤 주장이든 진리를 시험할 유일한 방법은 그 주장이 우리가 믿는 것과 들어맞는지를 보는 것이고, 시간이 흐르면서 우리는 믿음 체계를 전반적으로 정합성과 포괄성을 갖춘 이상에 점점 근접하도록 조정한다. 진리의 관념은 우리가 목표로 삼고 있는 이상적 믿음 체계의 한 부분이라는 생각이다. (The idea of truth is the idea of being a part of the ideal system of belief we are aiming for).

4.3 정합론의 문제

정합론에 제기된 가장 중요한 반론은 **대안 정합 체계** 문제(the *alternative coherent systems* problem)다. 세계가 존재했을 수도 있는 방식이 하나 이상이라고 가정하는 한, 생겨나는 문제다. 예를 들어 냉장고에 우유가 있더라도, 이것은 형이상학적으로 필연적이지 않다. 세계는 냉장고에 우유가 없거나, 심지어 냉장고가 없는 상황을 포함해 다양한 방식으로 달리 존재했을 수 있다.

세계에 대한 두 가지 완전한 기술을 상상한 다음, 하나는 **밀키**(MILKY)라고 부르고, 다른 하나는 **드라이**(DRY)라고 부르기로 하자. 냉장고에 우유가 있는 경우, 세계가 모든 점에서 존재할 방식에 대한 완전한 기술은 **밀키**다. 냉장고에 우유가 없는 경우, 세계가 모든 점에서 존재할 방식에 대한 완전한 기술은 **드라이**다. 밀키와 드라이는 둘 다 포괄적이고 정합하는 가능한 믿음 체계들이다.

정합론의 문제는 이렇다. 다음 주장을 보자.

(7) 냉장고에 우유가 있다. (There is milk in the refrigerator.)

(7)은 **밀키**와 들어맞는다. 밀키는 알맞게 포괄적이고 정합하는 믿음 체계이므로, 정합론에서 (7)이 참이라는 결론이 따라 나온다. 하지만 (7)은 또한 **드라이**와 들어맞지 않으며, 드라이도 알맞게 포괄적이고 정합하는 믿음 체계다. 그래서 정합론을 가정하면, (7)은 또한 거짓일 수밖에 없다. 따라서 우리는 "냉장고에 우유가 있다"라는 주장이 참이면서 거짓이 되는 부조리한 상황에 놓인다. (마찬가지로 "냉장고에 우유가 없다"라는 주장이 드라이와 들어맞지만 밀키와 들어맞지 않아서 참이면서 거짓이 된다.)

우리는 이 문제를 일반화할 수 있다. 거의 어떤 비-모순 주장에 대해서든 저 주장을 포함하는 포괄적이고 정합하는 가능한 믿음 체계

뿐만 아니라 그것의 부정 주장을 포함하는 가능한 믿음 체계도 있다. 결과적으로 정합론은 거의 모두 참이고 거의 모두 거짓임을 함축하는 것처럼 보인다. 여기에 잘못된 점이 있다는 것은 분명하다.

이 문제를 피하려면, 정합론자들은 어떤 하나의 특별한 믿음 체계를 확인할 필요가 있고, 저 믿음 체계와 정합하고 다른 어떤 체계와도 정합하지 않음이 진리를 구성한다. 저것은 어떤 믿음 체계인가? 가장 인기 있는 두 선택지는 **누구의 실제 믿음들**(the beliefs one actually has)과 **이상적 믿음 체계**(the ideal set of beliefs)다.

누구의 실제 믿음들은 현재 목적에 이바지할 수 없다. 누구의 어떤 실제 믿음들도 일관되면서 포괄적이지 않다. 모든 사람이 적어도 모순된 믿음들을 약간 가지며, 모든 주장에 대해 참값을 가려내 의견을 내는 사람은 없다. 정원에 있는 풀포기가 소수(a prime number)라는 주장을 살펴보자. 방금 말한 주장과 이를 부정한 주장은 둘 다 나의 나머지 믿음과 똑같이 잘 들어맞는다.

브랜드 블랜셔드의 전략은 누구의 실제 믿음들이 아니라 '이상적' 믿음 체계에 호소한다. 저런 접근법의 주요 문제는 두 가지다.

첫째, 무엇이 믿음 체계를 이상적인 것으로 만드는지에 대한 설명이 필요하다. 설명은 믿음 체계의 정합성과 포괄성 같은 내부적 특징의 문제일 수 없는데, 상충하는 믿음 체계들이 저런 점에서 똑같이 좋게 평가받을 수 있기 때문이다. 그러나 우리가 사물이 현실적으로 존재하는 방식에 대응함, 혹은 유일하게 포괄적인 **참** 믿음들의 체계가 있다는 것 같은 믿음 체계의 외부적 특징을 고려하게 되면, 진리 정합론을 완전히 포기해야 할 것이다.

버트런드 러셀[3]이 「진리와 허위(Truth and Falsity)」(1912)에서 지적했듯, 정합론자들은 하나의 믿음 체계를 '이상적' 체계라고 가려낼 임의적이지 않은 방안이 없다. 밀키(MILKY)가 이상적 체계라고 가정하라. 그러면 밀키가 이상적 체계임은 참이다. 정합론을 가정하면, 밀키가 저 경우에 이상적 체계임이 참이라고 말하는 것은 다음과 같은 (8)을 의미할 수 있다는 것이 전부다.

(8) '밀키는 이상적 체계다'라는 문장은 밀키와 들어맞는다.
('MILKY is the ideal system' fits with MILKY.)

그래서 어쨌다는 것인가? 결국 '드라이는 이상적 체계다'라는 문장도 드라이와 아주 잘 들어맞는다. 밀키 자체가 이상적이라는 사실은 밀키에 관해 특별한 것이 아니며, 동등하게 정합하고 포괄적인 무한한 체계들에서 진리를 구성하는 유일한 믿음 체계로 밀키를 골라

---

3   버트런드 러셀(Bertrand Russell, 1872~1970)은 영국 수학자이자 논리학자, 뛰어난 철학자이자 사회 현실에 적극적으로 참여한 지식인이다. 수학과 논리학, 집합론, 언어학에 상당한 영향을 미쳤다. 분석철학의 여러 분야, 특히 수리철학과 언어철학, 인식론과 형이상학에 공헌했다. 20세기 초 걸출한 논리학자 가운데 한 사람이었고, 프레게와 무어, 비트겐슈타인과 함께 분석철학의 기초를 놓았다. 러셀은 무어와 함께 당시에 유행하던 관념론 철학을 비판했고, 화이트헤드와 함께 고전 논리학 발전의 이정표이자 수학을 논리학으로 환원하려는 시도를 대표하는 『수학 원리』를 저술했다. 러셀의 논문 「지시하기에 관하여」는 철학의 모범으로 평가받았다. 또한 러셀은 제국주의와 전쟁에 반대한 평화주의자였고, 무신론자이자 자유주의자로서 인류애를 실천했다.

낼 건전한 기초가 아니다. 러셀이 지적하듯, 골칫거리는 정합론이 무엇이 참인지를 결정하면서 세계 자체가 하는 역할의 여지를 남기지 않는다는 점이다.

믿음의 '이상적 체계'(an 'ideal system' of belief)에 호소하는 전략의 다른 문제는 브랜드 블랜셔드의 첫째 근거를 그럴듯하지 않게 만든다는 점이다. 어떤 믿음의 진리를 시험함은 그 믿음이 우리가 실제로 믿는 것과 얼마나 잘 들어맞는지 점검함을 요구한다고 생각할 좋은 이유가 있지만, 블랜셔드의 논증에서 첫째 전제는 믿음이 어떤 이상적 믿음 체계와 얼마나 잘 들어맞는지를 우리가 알아본다고 말한다. 저런 이상적 믿음 체계는 우리가 실제로 갖지 않은 믿음을 포함하고, 거짓으로 드러난 우리의 실제 믿음들을 배제해야 할 것이다. 주장들이 우리가 믿는 것과 얼마나 잘 들어맞는지 봄으로써 주장들을 시험하는 것이 그럴듯하더라도, 블랜셔드가 펼친 논증의 첫째 전제는 주장들이 우리가 믿지 않는 것들과 얼마나 잘 들어맞는지를 봄으로써 주장들을 시험한다고 내세운다. 저것은 잘못된 전제인 듯하다.

정합론에 찬성한 블랜셔드의 논증은 틀린 전제를 적어도 하나 분명히 포함하고 있는 듯하다. 우리가 실제로 믿는 많은 것은 거짓이다. 그래서 진리는 단지 우리가 실제로 믿는 것과 들어맞음이라는 시험 기준을 통과함과 분명히 다른 어떤 것이다. 만약 진리 시험 기준이 우리의 실제 믿음과 믿음이 얼마나 잘 정합하는지를 보는 문제라면, 블랜셔드의 논증에서 둘째 전제는 거짓이다. 말하자면 진리는 저 시험 기준을 통과함과 같지 않다. 만약 우리가 이상적 믿음 체계에 호소하고 그것과 들어맞음이 진리를 충분히 구성한다면, 블랜셔드의 논증에서 첫째 전제는 거짓으로 드러난다. 우리는 진리에 대한 주장들을 우리가 믿지 않는 것들과 얼마나 잘 들어맞는지를 봄으로써 시험하지 못한다. 만약 우리의 진리 시험 기준들이 믿음들이 서로 정합하는지를 점검하기에 해당한다면, 유일하게 그럴듯한 선택지는 문제의 믿음들이 우리가 실제로 품은 믿음들이라는 점이다.

위에서 말한 문제들은 진리 정합론이 생존할 힘이 없음을 보여준다. 그런데 정합론은 유일한 진리 인식 이론이 아니다. 실용론이 대안을 제공한다.

4.4 진리 실용론

실용주의는 미국의 철학자 찰스 퍼스[4]와 윌리엄 제임스, 다른 몇 사람과도 밀접하게 연관된 일련의 견해다. 실용주의를 구별하는 특징 가운데 하나는 개념들에 대한 이론이다. 퍼스는 다음과 같이 말한다.

---

4   찰스 퍼스(Charles Sanders Peirce, 1839~1914)는 미국 철학자이자 논리학자, 수학자, 과학자로 때때로 '실용주의의 창시자'로 불리기도 한다. 논리학 분야에 주로 공헌했는데, 그가 다룬 논리학의 주제는 이제 인식론과 과학철학으로 불리는 많은 부분을 포함한다. 수리 귀납법과 연역 추리를 엄밀한 공식으로 표현했을 뿐만 아니라 가설 추리(abductive reasoning) 개념을 정의했다.

우리 개념의 대상이 실천적으로 관련되었을 수도 있는 어떤 결과를 가진다고 우리가 생각하는지를 고려하라. 그러면 이런 결과에 대한 우리의 개념이 대상에 대한 개념을 이루는 전부다.[5] (Consider what effects, which might have practical bearing, we conceive the object of our conception to have. Then our conception of these effects is the whole of our conception of the object.)

달리 말해 어떤 개념의 의미는 그 개념을 어떤 사물에 적용하거나 적용하지 못하게 만드는 실천적 차이에 있다. 실천적 차이는 사물이 우리의 행위들로 드러나게 될 방식의 차이다(A practical difference is a difference in how things would turn out for our actions).

찰스 퍼스는 방금 말한 발상을 단단함의 개념으로 설명한다. 만약 어떤 사물이 단단하다고 생각한다면, 우리가 그 사물과 상호 작용했을 수도 있는 다양한 방식이 일정하게 드러날 것이라고 가정한다. 여러 다른 물질로 그것을 긁으려는 시도는 실패하고, 우리가 만질 때 부서져 가루가 되지 않을 것이다. 이 밖에도 다른 시도를 해볼 수 있다. 퍼스의 견해에 따르면 이처럼 단단함의 '실천적' 결과가 우리의

---

5   찰스 퍼스, 「관념 명료화 방법」 (1878/1982), 『실용주의: 고전 저술』, H. S. 사이어 엮음, 88쪽.

단단함이라는 개념을 남김없이 설명한다.

이와 유사한 방식으로 진리 개념을 설명할 수 있다고 퍼스는 생각한다. 주장이 참임의 실천적 결과는 무엇인가(What are the practical consequences of a claim's being true)? 퍼스는 다음과 같이 답한다. 만약 우리가 부지런히 열린 마음가짐으로 주장들을 탐구하면, 마침내 우리는 모두 주장을 승인하게 될 것이다. "탐구하는 모든 사람이 궁극적으로 동의하도록 정해진 의견이 우리가 진리로 의미하는 것이고, 이와 같은 의견으로 표상되는 대상이 참으로 현실적인 것(the real)이다."[6] 요점은 우리가 모두 사실상 믿는 것이 아니라 모든 탐구의 이상적 끝에 이르러 우리가 믿을 것인 셈이다. 우리가 모든 일을 철저하게 탐구하고 우리의 의견이 의심할 여지가 없는 합의로 수렴할 때 이상적인 끝에 도달한다.

찰스 퍼스는 브랜드 블랜셔드와 마찬가지로 진리란 우리의 진리 시험 기준들을 통과하는 문제라고 가정하고서 작업한다. 하지만 퍼스에게 저런 시험 기준들은 진행 중인 과학적 탐구의 실천으로 구현되고, 그런 기준을 통과함은 이상적으로 장기간에 걸쳐 주장들을 과학적으로 탐구하는 모든 사람의 승인을 얻는다는 뜻이다. 퍼스는 진리가 우리의 시험 기준을 통과함의 문제라는 발상의 근거를, 어떤 개념이든 그것의 의미는 개념을 어떤 사물에 적용하게 만드는 실천적

---

6   찰스 퍼스, 「관념 명료화 방법」 (1878/1982), 『실용주의: 고전 저술』, H. S. 사이어 엮음, 97쪽.

차이의 문제라는 더 일반적인 관념에 둔다. 주장을 과학적으로 탐구함은 주장이 참이라면 우리의 행위가 현실적으로 차이를 만드는 방법을 보여주는 것이다. 따라서 우리는 정합론에 찬성하는 블랜셔드의 논증과 유사한, 퍼스의 진리 실용론에 찬성하는 논증을 다음과 같이 짜 맞출 수 있다.

(9) '참'의 의미는 주장의 참임에 대한 실천적 결과로 남김없이 설명되고, 주장의 참임에 대한 실천적 결과는 단지 주장이 우리의 시험 기준들을 통과하리라는 것이므로, 우리의 진리 시험 기준을 통과함이 진리에 있는 전부다. (Since the meaning of 'true' is exhausted by the practical consequences of a claim's being true, and the practical consequences of a claim's being true is just that it will pass our tests, all there is to truth is passing our tests for truth.)

(10) 주장이 우리의 진리 시험 기준을 통과한다는 것은 주장이 이상적 탐구의 끝에 이르러, 철저히 탐구되고 의견이 의심할 여지 없는 합의로 수렴했을 때 모든 사람이 믿게 될 것인 셈이다. (For a claim to pass our tests for truth is for it to be one that everyone would believe at the ideal end of inquiry, when it had been investigated thoroughly and opinions had converged to a consensus free from doubt.)

(11) 그러므로 주장이 참이라는 것은 이상적 탐구의 끝에 이르러

모든 사람이 믿게 될 것인 셈이다. (Therefore, for a claim to be true is for it to be one everyone would believe at the ideal end of inquiry.)

퍼스식 실용주의자는 이상적 '탐구의 끝'에 호소한다는 입장에 선다. 이와 같은 호소는 과학적 합의가 될 때마다 진리가 바뀌는 부조리한 결과를 피하려면 필요할 수도 있다. 코페르니쿠스 이전에 탐구자들의 합의는 태양이 정지한 지구의 주위를 하루에 한 번 돈다는 것이었다. 이후 합의는 지구가 자전하고 태양의 주위를, 궤도를 그리며 돈다는 것이었다. 이상적 '탐구의 끝'에 호소함은 과학적 합의가 바뀔 때 지구와 태양의 운동도 바뀐다고 말하는 것을 피하도록 허용한다.

그렇더라도 이상적 탐구의 끝이란 정확히 무엇인지 이해하기 어렵고, 특히 탐구가 충분히 열린 마음가짐으로 사람들이 충분히 긴 기간에 걸쳐 수행되었다고 치더라도, 우리가 왜 사람들의 의견이 최종적으로 어떤 합의로 수렴할 것이라고 상상해야 하는지 알아보기 어렵다. 공간이나 시간이 아주 멀리 떨어져 있는 진리의 경우에 특히 그렇다. 마지막 공룡은 죽기 10분 전에 이가 하나 빠졌는가? 추정해보건대 이가 빠졌거나 빠지지 않았지만, 얼마나 많은 탐구를 하든 어느 쪽이 맞는지 결정하거나 합의로 이끌 수 있다고 생각할 이유는 없다.

퍼스는 이 문제를 알아챘지만, 응답은 취약했다. 퍼스의 주장은 다음 같다.

> (어떤 명료한 의미든 지닌) 주어진 어느 문제와 관련해 만약 탐
> 구를 충분히 수행한다면, 탐구가 해결책을 내놓지 못하리
> 라고 가정하는 것은 철학적이지 않다.[7] (unphilosophical to
> suppose that, with regard to any given question (which has any
> clear meaning), investigation would not bring forth a solution
> of it, if it were carried far enough.)

'철학적이지 않음(unphilosophicalness)'이 어떤 견해를 잘못된 것
으로 생각할 이유일지라도, 만약 탐구자들이 어떤 문제든 충분히 오
래 노력하면 언제나 문제를 해결할 수 있으리라는 가정도 똑같이 철
학적이지 않을 것이다.

윌리엄 제임스의 진리 실용론은 찰스 퍼스의 견해와 다르지만, 진
리 개념의 의미는 주장이 참이라는 것에 뒤따르는 실천적 결과로 구
성된다는 같은 발상에 기대고 있다. 그렇더라도 제임스는 진리의 실
천적 결과를 퍼스와 다른 것으로 본다. 제임스의 견해에 따르면, '진
리'는 우리가 믿음에 따라 행위를 할 때 성공한다는 뜻에서 믿음의
효과를 우리가 발견했기 때문에, 믿음에 붙이는 꼬리표다. 그는 다음

---

7   찰스 퍼스, 「관념 명료화 방법」 (1878/1982), 『실용주의: 고전 저술』(1982), H. S. 사이
어 엮음, 98쪽.

과 같이 말한다.

> '참인 것'은 우리의 사고 방식에서 편의일 뿐이고, '옳은 것'
> 이 행동 방식에서 편의일 뿐인 것과 마찬가지다. 거의 모든
> 방식에서 편의이고, 물론 장기적이고 전반적으로 편의다. 시
> 야에 들어오는 모든 경험을 편의상 충족하는 것이 필연적으
> 로 멀리 떨어진 모든 경험을 똑같이 만족스럽게 충족하지 못
> 할 것이다.[8] ("The true" is only the expedient in the way of our
> thinking, just as "the right" is only the expedient in the way
> of behaving. Expedient in almost any fashion; and expedient
> in the long run and on the whole, of course; for what meets
> expediently all the experience in sight won't necessarily meet
> all farther experiences equally satisfactorily.)

제임스의 견해는 탐구의 끝에서 탐구자들의 합의에 호소함을 피
하지만, 자체의 고유한 심각한 문제들에 직면한다. 그 견해에 제기된
공통된 반론은 아주 퉁명스럽게 말해 거짓 믿음들이 편의를 자주 제
공하고, 참 믿음들은 우리에게 자주 나쁘다는 것이다. 그래서 진리는
편의일 수 없다.

---

8   윌리엄 제임스, 「실용주의의 진리 개념」(1907a), 『실용주의 및 다른 저술』, New York,
NY: Penguin, 2000.

스티븐 스티치[9]가 말한 가엾은 해리의 사례를 살펴보자. 해리의 비행기는 산에 추락해 탑승자 전원이 사망했다.[10] 언제 비행기가 이륙할지에 관한 해리의 참 믿음은 '장기적이고 전반적으로' 그에게 편의를 전혀 제공하지 않았다. 그는 비행기에 탈 자격이 충분했으나, 비행기를 놓치는 편이 더 나았다. 일반적으로 거짓 믿음보다 참 믿음에 따라 행위를 함으로써 우리의 목적을 더욱 달성할 법하더라도, 진리를 제임스의 방식으로 편의와 같다고 말하는 것은 잘못이다.

4.5 진리 인식 이론과 동치 원리

두 이론의 권리 면에서 정합론도 실용론도 진리 이론으로서 그럴듯하지 않아 보인다. 우리는 두 이론의 실패를 동치 도식, '만약 __이라면, 그리고 오로지 그런 경우에만, __이라는 것은 참이다(It is true that __ if, and only if, __ .)'라는 도식으로 보여줄 수 있다. 만약 정합론이 올바르다면, 우리는 다음과 같이 동치 도식의 '참이다'에 '정합하고 포괄적인 믿음 체계와 들어맞는다'를 대체할 수 있어야 한다.

---

9   스티븐 스티치(Stephen P. Stich, 1943~)는 럿거스대학교 철학과 인지과학 석좌 교수이자 셰필드대학 철학과 명예 교수다. 심리철학, 인식론, 도덕 심리학을 주로 연구한다. 1983년 『민속 심리학에서 인지과학으로: 믿음에 반대하는 논거(From Folk Psychology to Cognitive Science: The Case Against Belief)』를 발표해 마음에 관한 제거적 유물론을 지지하며 주목받았다. 1996년에 출간한 『마음 해체하기(Deconstructing the Mind)』에서 제거적 유물론을 포기했다.

10   스티븐 스티치, 『이성의 파편화: 인지 평가 실용 이론의 시작』(1990)

(12) 만약 ＿ 이라면, 그리고 오로지 그런 경우에만, ＿ 이라는 주장은 정합하고 포괄적인 믿음 체계와 들어맞는다. (The claim that ＿ fits with a coherent and comprehensive system of beliefs if, and only if, ＿.)

그리고 우리는 동치 도식 (12)의 사례들이 올바르리라고 기대해야 한다.

대안 정합 체계 문제 덕분에, 동치 도식 (12)의 올바르지 않은 사례들을 제시하는 일은 아주 쉽다. 논리적으로 일관된 무엇이든 정합하고 포괄적인 어떤 믿음 체계의 일부다. 따라서 만약 우리가 빈칸을 "스미스는 쉐보레 차를 소유한다"와 "스미스는 쉐보레 차를 소유하지 않는다"로 채우면 다음 같은 동치 도식의 사례를 얻을 것이다.

(13) 만약 스미스가 쉐보레 차를 소유한다면, 그리고 오로지 그런 경우에만, 스미스가 쉐보레 차를 소유한다는 주장은 정합하고 포괄적인 믿음 체계와 들어맞는다. (The claim that Smith owns a Chevrolet fits with a coherent and comprehensive system of beliefs if, and only if, Smith owns a Chevrolet.)

(14) 만약 스미스가 쉐보레 차를 소유하지 않는다면, 그리고 오로지 그런 경우에만, 스미스가 쉐보레 차를 소유하지 않는다

는 주장은 정합하고 포괄적인 믿음 체계와 들어맞는다. (The claim that Smith does not own a Chevrolet fits with a coherent and comprehensive system of beliefs if, and only if, Smith does not own a Chevrolet.)

"스미스는 쉐보레 차를 소유한다"와 "스미스는 쉐보레 차를 소유하지 않는다"라는 두 문장은 다 정합하고 포괄적인 믿음 체계들과 들어맞으므로, 우리는 스미스가 쉐보레 차를 소유하면서 스미스는 쉐보레 차를 소유하지 않는다고 결론지을 수 있다. 따라서 동치 도식과 결합한 정합론은 수많은 모순을 반드시 함의한다.

실용론의 주요 문제도 유사하다. 퍼스식 실용주의에 맞춰 해석한 동치 도식의 한 형식은 다음과 같다.

(15) 만약 ___ 이라면, 그리고 오로지 그런 경우에만, ___ 이라는 주장은 탐구의 끝에서 탐구자들의 합의가 있을 것이다. (The claim that __ would be the consensus of investigators at the end of inquiry if, and only if, __.)

그러나 아무리 많이 탐구해도 발견할 수 없는 것이 있는 한, '만약'의 방향은 성립하지 않는다. 그리고 만약 탐구자들이 실수하는 것이 가능하다면, 그들이 이상적인 장기간 이후 합의로 수렴할 때조차 '그런 경우에만'의 방향도 역시 성립하지 않는다.

제임스식 실용주의에 맞춰 해석한 동치 도식의 한 형식은 다음과
같다.

(16) 만약 __ 이라면, 그리고 오로지 그런 경우에만, __ 이라는 주장
은 믿는 것이 편의를 제공한다. (The claim that __ is expedient
to believe if, and only if, __.)

반례들(counterexamples)은 명백하다. 도식 (16)의 한 가지 사례는
다음과 같다.

(17) 만약 해리의 비행기가 오전 8시 15분에 이륙한다면, 그리고
오로지 그런 경우에만, 해리의 비행기가 오전 8시 15분에 이
륙한다는 주장은 믿음에 편의를 제공한다. (The claim that
Harry's flight takes off at 8:15 a.m. is expedient to believe if,
and only if, Harry's flight takes off at 8:15 a.m.)

해리의 비행기가 산에 추락해 탑승자 전원이 사망한다고 가정하
자. 그러면 해리의 비행기가 오전 8시 15분에 이륙한다고 믿는 것은
편의를 제공하지 않는다. 그러나 위에서 든 동치 도식의 예로부터 그
것을 믿는 것이 편의를 제공하는 경우에만, 해리의 비행기가 오전 8
시 15분에 이륙한다는 결론은 도출되지 않는다. 요컨대 우리는 해리
의 비행기가 추락할 것이므로 오전 8시 15분에 이륙하지 않는다고

결론지을 수 있을까!

4.6 진리 인식 이론, 실재론, 반실재론

어떤 진리 인식 이론을, 특히 퍼스식 실용주의를 반실재론의 한 형태와 결합해서 진리 인식 이론의 일부 문제를 완화할 수 있다. 반실재론이 특히 참인 모든 것은 인식 가능하다는 뜻에서 진리가 정신에 의존한다고 주장하는 견해임을 떠올려 보라. 퍼스식 실용주의 견해에 따르면, 주장이 참이라는 것은 탐구자들의 공동체가 이상적 탐구의 끝에서 동의하게 될 것이다. 이와 같은 견해는 분명히 참인 모든 것이 인식 가능하다고 확언한다.

반실재론은 퍼스식 실용주의에 마지막 공룡이 죽기 10분 전에 이가 하나 빠졌다는 주장처럼 인식 불가능한 주장들(unknowable claims)에 관한 반론을 다룰 선택지를 제공한다. 반실재론을 가정하면, 이 인식 불가능한 주장들은 진리 실용 견해에 반례들이 아니다. 그것들은 참값들을 갖지 않기 때문이다.

일반적으로 진리 인식 이론들은 반실재론을 확언한다. 이것은 진리 인식 이론들이 진리를 우리의 진리 시험 기준들을 통과함과 같은 것으로 여기고, 인식 가능한 주장들(knowable claims)만 그런 시험 기준들을 통과할 수 있기 때문이다. 이 사실에서 비롯한 중요한 결과는 두 가지다.

첫째, 그것은 2장에서 논의한 것과 같은 반실재론에 대한 어떤 반론이든 자동으로 진리의 본성에 대한 진리 인식 이론에 제기되는 반론이기도 함을 의미한다. 반실재론은 참값을 갖는 것처럼 보이는 몇몇 주장들이 참값을 아예 갖지 않는다고 치고, 또한 배중률 (다시 말해 "P이거나 P가 아니다") 같은 논리학의 원리를 포기하라고 요구하기 때문에 문제를 일으킨다는 점을 떠올려 보라. 더욱이 반실재론은 인식 가능성의 역설에 직면한다. 만약 모든 진리가 알 수 있는 것이라면, 모든 진리는 사실상 인식된다고 주장하는 그럴듯하지 않은 결과에 이른다.

둘째, 이와 반대로 그것은 실재론자들이 진리의 본성 이론을 다른 데서 찾아야 할 것임을 의미한다. 그들은 인식이나 우리의 진리 시험 기준들과 밀접하게 묶이지 않는 진리 이론이 필요할 것이다. 다음 장에서 우리는 실재론자의 사고방식에 특히 잘 어울리는 진리 이론들의 가족을 살펴볼 것이다. 그러나 우리는 진리 인식 이론들의 최초 동기 가운데 하나가 무엇이었는지도 명심해야 한다. 진리와 인식 사이에 관계가 밀접하지 않으면, 진리 이론이 회의론의 심각한 위협에 직면한다는 점이다.

4.7 진리 인식 이론과 진리의 가치

진리 인식 이론은 다른 문제에 직면하더라도, 진리의 가치를 특히 잘 설명한다. 사실상 윌리엄 제임스 같은 진리 인식 이론가들은 다른 무엇이 아니라 진리를 믿는 것이 좋다는 발상으로 더 많은 동기를 얻는 듯하다. "참이라는 것은 믿음의 방식으로 좋다고 입증된 무엇이든 그것에 붙인 이름이다"라고 제임스는 적었다. 또 제임스는 믿음이 좋다는 것은, 실용적인 면에서(in practical terms) 우리가 원하는 것을 얻도록 편의를 제공하거나 돕는 것이라고 논증한다. 제임스의 설명은 진리의 본성에 가치를 옳게 짜 넣는다.[11]

정합 이론들과 퍼스식 이론들은 진리의 가치에 관해 덜 명시적이지만, 두 이론의 용어들로 어떻게 진리의 가치를 설명할 수 있을지 알아보기는 어렵지 않다. 우리의 믿음을 정당화 규칙에 따라 설명할 수 있다는 발상에서 시작한다. 우리의 믿음이 정당화되지 않을 때 우리는 그른 일을 하고, 정당화될 때 옳은 일을 하는 것이다. 무엇이 믿음을 정당화된 것으로 만드는가? 인식론자들은 아주 다양한 이론을 제공했지만, 우리는 정합론자들과 퍼스식 실용주의자들이 말하기 쉬운 종류를 알아볼 수 있다. 믿음들이 서로 관련됨으로써 정당화된다고 정합론자들은 주장할 것이다. 믿음들은 알맞게(suitably) 정합하는 믿음 체계를 형성할 때 정당화되고, 어떤 이가 믿는 나머지와 정합하지 않는 믿음들은 정당화되지 않는다. 다른 한편 퍼스식 정합론자들은 믿음을 정당화할 때 경험을 배경으로 시험하는 역할을 강조

---

11   윌리엄 제임스, 「실용주의가 의미하는 것(What Pragmatism Means)」(1907b), 『실용주의: 고전 및 현대 읽을거리(*Pragmatism: Classic and Contemporary Readings*)』, H. S. 사이어 엮음, Indianapolis, IN: Hackett Publishing, 2001.

할 것이다. 우리는 믿음의 실천적/실용적 결과를 결정하고, 결과가 나오는지 봄으로써 믿음을 시험 기준에 따라 시험한다. 믿음이 시험 기준을 통과할 때, 믿음의 정당성은 증가한다.

만약 진리가 단지 정당화의 이상화나 정교화일 뿐이라면, 진리가 어떻게 규범적 속성일 수 있는지 알아보기는 쉽다. 한 사람의 믿음이 정당화됨은 당사자가 놓인 상황에서 믿는 것을 합리적으로 허용할 만하다는 것이다. 그러면 진리는 합리적 허용 가능성(rational permissibility)의 이상화나 정교화가 된다. 본질적으로 진리는 각양각색의 좋음이나 올바름일 것이다.

인식론자들은 진리가 본래, 도구로서, 궁극적으로, 목적으로서 가치를 지니는지, 혹은 진리에 신경 씀이 구성적으로 가치를 지니는지 입장을 정할 필요가 있다. 정당화된 믿음이 본래 가치를 지닌다고 생각한다면, 인식론자들은 진리에 대해서도 마찬가지로 생각하기 쉽다. 또 그럴 개연성이 꽤 높아 보이듯, 진리가 믿음의 목표라고 생각한다면, 인식론자들은 진리가 궁극적으로 가치를 지닌다고 설명할 수 있어야 하는데, 궁극 가치는 바로 이성적 존재들이 겨냥함의 문제이기 때문이다. 이것은 인식적 접근법에 이로운 점이다. 그것은 진리의 가치에 대한 다양한 설명과 일관되고, 진리가 왜 어떤 형태의 가치를 지닌 것으로 나타나는지를 명료하게 설명한다. 우리는 형성한 믿음들을 정당화 규칙들에 따라 설명할 수 있고, 참임은 바로 특별히 (혹은 이상적으로) 잘 정당화됨의 문제다.

4.8 진리 인식 이론 최종 평가

정합론과 실용론이 진리에 관해 부닥친 문제들을 가정하면, 누구든지 더 일반적인 진리 인식 이론에 끌렸을 수도 있다. 이와 같은 일반적 진리 인식 이론은 다음과 같이 말할 것이다. 만약 믿음이 믿는 사람에게 이용 가능한 증거로 정당화되거나 보증된다면, 그리고 오로지 그런 경우에만, 믿음은 참이다. 일반적인 진리 인식 이론은 심각하게 불리한 점이 있다.

첫째, 다른 사람들은 다른 것을 믿을 때 정당화되거나 보증된다. 그러면 이처럼 일반적인 진리 인식 이론은 주관적 상대주의와 가까운 친척뻘이 된다. 네가 정당한 근거를 가지고 믿는 무엇이든 그것은 너에게 참이고, 내가 정당한 근거를 가지고 믿는 무엇이든 그것은 나에게 참이다. 이런 종류의 주관주의는 지지할 수 없다. 냉장고에 우유가 있다는 주장을 예로 들어보자. 너는 (냉장고 안을 들여다보면서 서있을 때) 그 주장이 참이라는 좋은 증거가 있지만, 나는 (네가 냉장고 안을 들여다보면서 서서 우유가 없다고 내게 말했을 때) 그 주장이 참이 아니라는 좋은 증거가 있다. 이때 냉장고에 우유가 있다는 주장이 너에게 참이고 나에게 거짓이라고 가정하는 것은 부조리하다. 우유는 거기 있거나 없고, 우유의 위치는 누구든지 믿을 때 정당화되는 것에 의존하지 않는다.

둘째 문제는 첫째 문제에 함축되어 있다. 우리는 동치 원리를 만족하고, 따라서 우리가 할 수 있는 만큼 많은 T-쌍조건문을 내어놓는 진리 이론을 원한다. 이와 같은 T-쌍조건문을 하나 예로 들어보자.

(18) 만약 냉장고에 우유가 있다면, 그리고 오로지 그런 경우에만, '냉장고에 우유가 있다'라는 문장은 참이다. ('There is milk in the refrigerator' is true if, and only if, there is milk in the refrigerator.)

그러나 만약 진리가 보증된 믿음이라면, 우리는 다음과 같은 T-쌍조건문을 가질 것이다.

(19) 만약 냉장고에 우유가 있다면, 그리고 오로지 그런 경우에만, 어떤 이에게 이용 가능한 정보는 냉장고에 우유가 있다는 믿음을 보증한다. (The information available to one warrants believing that there is milk in the refrigerator if, and only if, there is milk in the refrigerator.)

하지만 쌍조건문 (19)는 틀린 것을 전달하는 듯하다. 거기에 아무것도 없을지라도 어떤 이는 냉장고에 우유가 있다고 믿을 때 보증될 수 있다. 어쩌면 마지막으로 우유를 마신 사람이 빈 통을 냉장고에 두었을지도 모른다. 그리고 아무도 거기 우유가 있다고 믿을 때 보증되지 않더라도, 냉장고에 우유가 있을지도 모른다. 일반적으로 보증은 진리의 좋은 표지거나 지표일 수도 있지만, 그것이 진리의 본질은 아니다.

진리 인식 이론들은 최종적으로 불만족스러운데, 약한 논증의 지지를 받고, 내부적 문제에 시달리며, 동치 원리의 시험 기준을 통과하지 못하고, 반실재론의 모든 문제를 물려받는다. 그렇더라도 진리 인식 이론들이 진리의 가치에 대한 몇 가지 견해와 일관되고, 진리가 믿음의 규범으로서 역할을 명료하게 해명할 수 있게 만든다는 점은 주목할 만하다. 그래서 진리 인식 이론들을 거부할 때, 우리는 또한 진리의 본성에 대한 다른 이론들이 직면할 도전의 중요성을 알아볼 수 있다. 우리는 어떻게 동치 원리와 실재론을 포기하지 않으면서 진리의 가치를 설명할 수 있는가?

+ 더 읽을거리

브랜드 블랜셔드는 「진리의 본성으로서 정합성」(1939)에서 정합론에 찬성하는 논증을 공정하고 명료하게 펼치고, 버트런드 러셀은 「진리와 허위」(1912)에서 진리 인식 이론에 제기된 몇 가지 고전적 반론의 개요를 서술한다. 프랜시스 브래들리(Francis Herbert Bradley, 1846~1924)는 『진리와 현실에 관한 소론』(1914)의 5장과 7장에서 정합론에 찬성하고, 특히 (우리가 5장에서 다룰) 대응론에 반대하는 논증을 펼친다. 러셀은 「진리의 본성에 관하여(On the Nature of Truth)」(1906)에서 브래들리의 방침을 따르는 비슷한 견해를 비판한다. 데일 도시

(Dale Dorsey)는 윌러드 콰인이 『이론과 사물』(1981)에서 제언한 윤리학이 진리 정합론을 요구한다는 견해를 아주 상세히 전개한다. 일관성 요건을 완화한 정합성의 개념화는 그레이엄 프리스트(Graham Priest)의 『진리를 의심하고 거짓말쟁이 되기』(2006)와 마이클 린치의 『하나와 여럿으로서 진리』(2009b) 8장을 보라.

찰스 퍼스의 실용주의 진리 이론의 고전 출처는 「관념 명료화 방법」(1878)이다. 힐러리 퍼트넘(Hilary Putnam, 1926~2016)은 『이성, 진리, 역사』(1981)에서 우리가 이상적 상황에서 믿을 때 정당화될 것의 측면에서 진리를 이해하는 견해를 잘 다듬는다. 진리를 이렇게 이해하는 견해는 몇 가지 점에서 퍼스식 실용주의 진리 이론과 유사하다. 윌리엄 제임스는 조금 다른 형태의 실용주의와 진리관의 개요를 「실용주의의 진리 개념」(1907a)에서 서술한다.

늘 그렇듯 인터넷으로 이용 가능한 『스탠퍼드 철학 백과사전』은 4장의 주제와 관련된 방대한 참고문헌이 달린 논문을 몇 편 포함한다. 특히 「진리」(글랜버그 2009), 「실용주의」(후크웨이 2010), 「진리 정합론」(영 2013)을 보라.

5

진리 대응 이론

Correspondence Theories of Truth

5.1 진리가 세계에 의존한다는 발상

진리 인식 이론들은 어떤 주장들이 참이고 어떤 주장들이 거짓인지 결정할 때 현실에 너무 작은 역할을 준다는 점에서 잘못된 길로 들어선다. 예를 들어 눈이 희다는 주장의 진리나 허위는 그 주장이 다른 주장들과 들어맞는 방식이나 눈에 관해 우리가 믿는 것이 아니라, 마땅히 눈에 달려 있어야 한다. 이른바 진리 '대응' 이론들은 방금 말한 발상을 아주 진지하게 받아들인다. 진리 대응 이론들은 한쪽에 주장들과 다른 쪽에 세계가 맺는 관계로 진리를 설명하고자 한다. 이와 같은 이론들은 실재론의 전통적 동맹들이자 진리 인식 이론들의 경쟁자들이었다.

5장은 세 종류의 대응 이론을 다룬다. 고전적 대응론, 인과적 대응 이론, 진리 결정자 이론이다. 진리 인식 이론을 평가했을 때와 같은 방침에 따라 세 견해를 각각 평가하겠다. 각 견해가 본래 지닌 유리한 점과 불리한 점, 동치 원리와 양립할 가능성, 실재론에 미치는 영향, 진리의 가치를 이해할 힘의 순서로 논의한다.

5.2 고전적 대응론

대응 이론들의 중심 사상은 진리가 주장이 현실에 대응함이나 '들어맞음'이나 '일치함'이라는 것이다. 하지만 저런 발상을 이해하는 몇 가지 다른 방식이 있다.

예를 들어 누구든지 '현실에 대응함'을, 어떤 심오한 형이상학적 의의도 보태지 않고 단지 '참'을 대신하는 다른 표현으로 이해할 수도 있다. 따라서 어떤 정합론자는 진리가 현실에 대응함이지만, '현실에 대응함'이 알맞게 정합하는 체계의 부분임을 의미한다고 말하기도 한다. 혹은 어떤 실용론자는 현실에 대응함이 이상적 탐구의 한 계점에 이르러 합의하게 되어 있음이라고 말하기도 한다. 대응론자들은 이것을 마음에 두고 있지 않다.

대응론자들은 '현실에 대응한다(corresponds to reality)', '사실들에 대응한다(corresponds to the facts)', '사실들에 들어맞는다(fits the facts)', '세계에 일치한다(agrees with the world)'라는 말을 포함해 이와 유사한 언어 표현을 아주 진지하게 받아들인다. 그들은 진리를 관계적 속성(relational property), 어떤 것이 다른 것과 관계를 맺음으로써 갖는 속성이라고 해석한다. 이와 같은 관계적 속성의 본성을 설명하려면, 누구든지 저런 관계 맺음이 무엇인지 설명해야 한다.

몇 가지 예를 들면 더욱 명료하게 이해할 수 있다. 속성 **배우자임**(being a spouse)을 살펴보자. 배우자임은 다른 어떤 사람과 결혼한다는 것이다. 이것은 관계적 속성이다. 속성 **동기임**(being a sibling)도 관계적이다. 동기임은 다른 어떤 사람과 같은 부모를 가진다는 것이다. 가족은 관계적 속성이 발견되는 유일한 경우가 아니다. **제일 큰 케이크 조각임**(being the biggest piece of cake)은 관계적 속성이다. 제일 큰 케이크 조각임은 다른 모든 케이크 조각보다 더 큰 케이크 조각이라는 것이다. 제일 큼이라는 속성은 단지 일정한 크기가 아니라 크기가 다른 것들의 크기보다 더 큼이다.

관계적 속성의 본성을 밝히는 이론은 두 가지를 말할 필요가 있다. 첫째로 관계를 맺는 항들이 무엇인지, 어떤 사물이 다른 사물과 관계를 맺는지 말해야 한다. 둘째로 두 종류의 사물이 그렇게 관계를 맺는다는 것이 무엇을 의미하는지 말해야 한다.

배우자임을 다시 살펴보자. 배우자임은 다른 사람과 **결혼함**의 관계를 맺는 것이다. 결혼함의 관계를 맺는 항들은 사람들이고, 두 사람이 결혼함은 두 사람이 일정한 문화 제도의 조건을 충족한다는 것이다.

이제 **운전자임**(being a driver)을 살펴보자. 운전자임은 탈것(a vehicle)과 **운전함**의 관계를 맺는 것이다. 운전함의 관계를 맺는 항들은 한쪽에 (운전하는) 사람들과 다른 쪽에 (운전되는) 탈것이다. 사람이 탈것을 운전함은 당사자가 탈것의 움직임을 제어하는 것이다. 따라서 **운전자임**은 차량의 움직임을 제어함으로써 가질 수 있는 관계적 속성이다.

대응 이론들에 따르면 진리도 관계적 속성이다. 주장은 다른 어떤 것과 '대응' 관계를 맺음으로써 참이 되지만, 어떤 것을 관계 항들로 받아들이고 관계의 본성을 어떻게 특성 짓느냐는 이론에 따라 다르다. 하지만 일반적으로 대응 이론들은 진리를, 주장들이 무엇에 **관한** 것이든 다른 대상들과 관계 맺는 방식의 효능으로 갖는 속성이라고 해석한다.

고전적 대응론들에 따르면 대응 관계를 맺는 항들은 한쪽에 주장들과 다른 쪽에 **사실들**이다. 참이라는 것은 사실에 대응하는 관계를 맺는 것이다. 따라서 이런 고전적 대응론들은 주장이 사실에 대응함이 의미하는 것뿐만 아니라 사실들이 무엇인지도 설명해야 한다.

일상 대화에서 우리는 '사실'이라는 말을 몇 가지 다른 방식으로 사용하는데, 고전적 대응론자들이 마음에 두는 것과 다른 점이 많다. 예를 들어 우리는 때때로 '사실'을 다음과 같이 '참 주장'이나 '참 명제'라는 의미로 사용한다.

(1) 앨리스는 경제에 관한 몇 가지 적합한 사실들을 진술했다.
      (Alice stated several relevant facts about the economy.)

만약 우리가 사실들을 참 주장들로 생각했다면, 우리는 사실에 '대응함'을 단순히 사실임(being a fact)으로 생각할 수도 있다. 그러나 고전적 대응론자들은 진리를 주장과 주장 자체가 아니라 세계와 관계를 맺음에서 생겨난 것으로 생각한다. (1)에서 말하는 사실들은 고전적 대응론자들이 마음에 두는 뜻의 '사실'이 아니다.

때때로 우리는 '사실'을 '의견'과 구별하고, 사실들은 논란의 여지가 없거나 논쟁할 필요가 없는 지식 항목들이지만, 의견들은 사실들에 근거할 수도 있으나 논란의 여지가 있거나 논쟁적이거나 불확실한 믿음들이라고 생각한다. 따라서 우리는 국내총생산(GDP)이 지난 6개월 동안 감소하고 있다는 것이 사실이라고 말하기도 하지만, 합리적인 사람들은 상황에 따른 최선의 반응이 무엇인지에 관해 다른 의견을 가질지도 모른다. 사람들은 때때로 이론이나 믿음이 근거할 자료로서 '사실과 수치'에 관해 말한다. 이런 뜻의 '사실'은 여전히 어떤 종류의 주장을 가리키고, 이것은 고전적 대응론자들이 마음에 두는 뜻의 사실이 아니다.

고전적 대응론자들 마음에 두고 있는 뜻은 **세계의 존재 방식**(a way the world is) 또는 **사물의 존재 방식**(a way things are)을 의미하는 '사실'이다. 그들은 세계 자체를 '사실들의 총체'[1]로 생각한 루트비히 비트겐슈타인을 따른다고 해도 좋다. 고전적 대응 관념은 어떤 참 주장이

---

[1]   루트비히 비트겐슈타인, 『논리-철학 논고』(1922), 1.1절. 루트비히 비트겐슈타인 (Ludwig Wittgenstein, 1889~1951)은 오스트리아계 영국 철학자로 논리학, 수리철학, 심리철학, 언어철학 분야에 공헌했다. 현대 분석철학의 발전에 지대한 영향을 미쳤고, 전기 철학을 대표하는 『논리-철학 논고』(1922)는 당대 논리 실증주의와 검증론에 영향을 미쳤고, 후기 철학이 담긴 『철학적 탐구』(1959)는 현대 언어철학이 화용론을 중심으로 발전하는 데 영향을 크게 미쳤다.

든 그것에 대해 세계가 존재하는 한 대응 방식이 있고, 그 주장은 세계가 저런 방식으로 있어서 참이라는 것이다. 이것은 다음과 같은 고전적 대응론의 단순한 형태로 이어진다.

(2) 만약 저 주장에 대응하는 사실이 있다면, 그리고 오로지 그런 경우에만, 어떤 주장은 참이다. (A claim is true if, and only if, there is a fact corresponding to that claim.)

(2)에서 생기는 추가 질문은 두 가지다. 첫째, 우리는 어떻게 **진리**뿐만 아니라 **허위**도 잘 설명하는가? 둘째, 무엇이 주어진 사실을 주어진 주장에 대응하도록 (또는 대응하지 않도록) 만드는가?

둘째 질문에 내놓을 자연스러운 대답은 주장이 일정한 방식으로 존재하는 세계를 **표상한다**(represent)는 것이다. 그러면 주장에 대응하는 사실은 주장이 세계를 존재하는 것으로서 표상하는 어떤 방식이다. 예를 들어 호주에 유대목 동물(marsupials)이 있다는 주장은 세계를 호주에 유대목 동물이 포함된 것으로서 표상한다. 여기서 주장에 대응하는 사실은 호주에 유대목 동물이 있다는 사실이다.

그러나 이제 다음과 같은 거짓 주장을 살펴보자.

(3) 모든 파충류는 살아 있는 새끼를 낳는다. (All reptiles bear their young alive.)

만약 우리가 참 주장들이 사실들을 표상한다고 생각한다면, 문제는 거짓 주장들이 무엇을 표상하는지 말해야 한다는 것이다. 거짓 주장들은 사실들을 표상할 수 없다. 만약 (3)이 어떤 사실을 표상한다면, 모든 파충류가 살아 있는 새끼를 낳는다는 사실과 같은 것이 있을 테고, (3)은 거짓이 아니라 참이 될 것이다. 다른 한편 거짓 주장들이 아무것도 표상하지 않는다고 말하는 것도 똑같이 잘못인 듯하다. 그렇게 말함은 두 가지 중요한 구별을 놓치는 대가를 치른다. 다음과 같은 거짓 주장을 예로 들어보자.

(4) 어떤 정사각형은 변을 세 개만 가진다. (Some squares have only three sides.)

우리는 (3)이 표상한 것을 (4)가 표상한 것과 구별할 수 있어야 한다. 그러나 만약 (3)과 (4)가 둘 다 아무것도 표상하지 않는다면, 두 주장의 구별은 사라진다. 또한 (3)과 (4)처럼 유의미하지만 거짓인 주장들과 루이스 캐럴[2]의 아래 (5)처럼 무의미한 가짜 주장들을 구별하지 못하게 될 듯하다.

---

2   루이스 캐럴(Lewis Carroll)은 찰스 도지슨(Charles Lutwidge Dodgson, 1832~1898)의 필명이다. 영국 작가이자 시인, 수학자다. 가장 유명한 작품은 『이상한 나라의 앨리스』(1865)와 『거울 나라의 앨리스』(1871)다. 말장난, 논리, 환상이 돋보이는 이야기를 엮어내 주목받았는데, 「재버워키」(1871)와 「스나크 사냥」(1876) 같은 시는 말장난이 가득한 희문(literary nonsense) 양식을 대표한다.

(5)   The mome raths outgrabe.[3]

(3)과 (4)도, (5)도 사실을 표상하지 않지만, 우리는 여전히 (3)과 (4)가 표상하는 것에 관한 어떤 것을 말할 필요가 있다. (3)과 (4)는 유의미하고, 그래서 **어떤 것**(something)을 표상하는 듯하지만, (5)는 무의미하고 아무것도 표상하지 않는다.

(3)이 표상한 것은 사실이 아니지만, (3)은 존재했을 수 있는 것인 듯하다. 세계는 모든 파충류가 살아 있는 새끼를 낳는 방식으로 존재했을 수 있다. 그래서 (3)은 세계가 **존재하는**(is) 방식이 아니라 세계가 **존재했을 수 있는**(could have been) 방식을 표상하는 것 같다.

이와 같은 고찰에 이끌려 몇몇 철학자들은 주장들이 표상한 것들로서 **사태들**(states of affairs)을 상정했다. 모든 사태가 아니라 어떤 사태들은 '성립한다.' 한 사태가 성립할 때, 그것은 사실이다. 그래서 눈이 희다는 사실의 실존은 단지 눈이 흼이라는 사태가 성립한다는 것이다. 눈이 희다는 주장은 눈이 흼이라는 사태를 표상하고, 저 사태가 성립하므로 이것은 사실이다. 그것은 '눈이 희다'라는 문장이 어떤 사실에 대응한다는 뜻이다.

어떤 사태들은 성립하지 않는다. 한 비-성립 사태(one non-

---

3   루이스 캐럴, 최인자 옮김, 『이상한 나라의 앨리스 거울 나라의 앨리스』(북폴리오, 2009), 『거울 나라의 앨리스』, 215쪽. '1장 거울 집'에 실린 무의미 시(nonsense poem) 「재버워키(Jabberwocky)」의 한 문장이다. "몸 레스들은 울붙었네"로 번역되어 있고, 주석에 따르면 "엄숙한 레스들은 꽥꽥 비명을 질렀다"라는 뜻이다. '레스'는 상상의 생명체들을 지칭하는 일반 명사다.

obtaining state of affairs)는 모든 파충류가 살아 있는 새끼를 낳는다
는 것이다. (3)이 표상한 저 사태는 사실이 아니다. (3)을 거짓으로 만
든 것은 (3)이 표상한 사태가 사실이 아니라는 점이다. 이와 반대로
(5)와 같은 무의미한 가짜 주장은 어떤 사태도 아예 표상하지 않는
다. (5)가 참이거나 거짓일 수 없는 이유는 바로 저것이다. 사태를 전
혀 표상하지 않아서, (5)는 성립 사태를 표상하지도 않고 비-성립 사
태도 표상하지도 않는다.

어떤 사태들은 **필연적**이다. 그것들은 무슨 일이 있더라도 성립하
게 마련이다. 이와 같은 사태의 한 예는 모든 독신 남자는 미혼이라
는 사태다. 다른 어떤 사태들은 불가능하다. 그것들은 실존하지만 가
능하게 성립하지 않는다. 불가능한 사태의 예는 어떤 정사각형이 변
을 세 개만 가지는 사태다. 저 사태는 성립하지 않고 성립할 수 없으
나 **실존**하고,[4] 위에서 말한 주장 (4)는 불가능한 사태를 표상한다.

만약 주장이 사태를 표상한다고 여겨진다면, 우리는 여전히 어떤
주장이 다른 사태가 아니라 어느 한 사태를 표상하게 만드는 것은
무엇이냐고 물을 수도 있다. 예를 들어 '눈은 희다'라는 문장은 왜 유
황이 노랗다는 사태가 아니라 눈이 희다는 사태를 표상하는가? 그리
고 (3)이 똑같이 거짓으로 판단되는 (4)와 다른 사태를 표상하게 만드

---

[4]   여기서 '실존한다(exist)'라는 말은 생각된 것으로서 있다는 뜻이 아니라 형이상적
대상으로서 마음과 독립적으로 있다는 뜻으로 받아들여야 한다. 사태들은 성립하든
성립하지 않은 대상들의 배열과 연관되어 있다고 생각하면 '실존한다'라는 말의 이런 사용을
이해할 수 있을 것이다.

는 것은 무엇인가?

여기서 말한 문제는 우리가 주장들을 명제들이나 문장들로 생각하느냐는 질문을 제기한다. 만약 주장들이 문장들이라면, 어떤 문장이 세계를 다른 방식이 아니라 어느 한 방식으로 표상하게 만드는 것이 무엇이냐고 물을 수 있다. 만약 주장들이 명제들이라면, 우리는 각 주장에 대해 일정한 사태를 **본질적으로** 표상한다고 생각할 수도 있는데, 명제의 동일성/정체성(identity)은 그것이 어떤 사태를 표상하느냐에 의존하기 때문이다. 예를 들어 풀이 푸르다는 주장은 눈이 희다는 사태를 도저히 표상할 수 없다. 어떤 주장이 일정한 사태를 표상하는 것이 본질적이라고 가정하더라도, 우리는 여전히 표상 관계가 무엇인지를 정확히 설명하지 못했다.

자연스럽고 인기 있는 움직임은 p라는 주장이 어떤 사실이나 사태를 표상한다고 말하면서, 우리가 그것을 p라는 사실이나 사태로서 지칭할 수밖에 없을 듯하다는 사실을 아주 진지하게 받아들이는 것이다. 예를 들어 눈이 희다는 주장은 눈이 희다는 사태를 표상한다. 태양이 전차라는 주장은 태양이 전차라는 사태를 표상한다. 밥은 거기 캐럴이 있는 경우에만 사교 모임에 갈 것이라는 주장은, 밥이 거기 캐럴이 있는 경우에만 사교 모임에 갈 것이라는 사태를 표상한다. 그리고 이렇게 계속 이어진다. 참 주장은 우리에게 사실의 그림을 제공하는 듯하다. 'p라는 사실'에서 'p' 부분의 반복은 중요한 의미가 있다. 그것은 주장들과 사태들 사이 동형성(isomorphism), 다시 말해 구조 동일성이 있음을 보여준다. 동형성은 주장이 사태를 그림으로써 표상할 수 있게 한다. 그려진 사태는 성립할 때 사실이고 주장은 참이다. 그려진 사태가 성립하지 않을 때 주장은 거짓이다.

고전적 대응론들이 누리는 중요하고 유리한 점이 몇 가지 있다. 그 이론들의 편을 들게 만드는 강력한 직관이 있다는 점이 가장 중요하고 유리하다. 어떤 주장이 참일 때, 그 주장이 세계와 (특히 주장과 관련된 세계의 부분과) 특별한 방식으로 관계를 맺기 때문에, 참이라는 직관이다. 어떤 주장이 거짓일 때, 세계는 주장이 그렇다고 말하는 방식으로 있지 않다. 아리스토텔레스는 여기서 말한 직관을 1장에서 인용한 『형이상학』의 구절로 다음과 같이 표현했다.

> 없는 것에 대해 그것이 있다고 말하거나 있는 것에 대해 그것이 없다고 말하는 것은 거짓이지만, 있는 것에 대해 그것이 있다고 말하고 없는 것에 대해 그것이 없다고 말하는 것은 참이다. (To say of what is not that it is, or of what is that it is not, is false, while to say of what is that it is, and of what is not that it is not, is true.)

고전적 대응론들은 주장의 진리나 허위가 두 가지 점에 의존한다는 발상을 정당하게 다룬다. 하나는 주장이 세계가 존재한다고 말하는 방식이고, 다른 하나는 세계가 저런 방식으로 있느냐다. 이런 대응 이론들은 무엇이 참인지 결정하는 역할을 정확히 외부 세계에 제공하는 일을 해내지만, 진리 인식 이론들은 저 역할을 외부 세계에 제공하지 못한다.

그렇더라도 고전적 대응론들은 몇 가지 심각한 문제에 직면한다. 하나는 대응 관계 자체의 본성과 관련된다. 우리는 '고양이는 깔개 위에 있다'라는 주장이 어떻게 일정한 깔개와 관련된 일정한 장소의 고양이를 포함하는 세계 속 사태에 대응하는지를 직관적으로 파악할지도 모른다. 그러나 수학, 도덕, 가능성에 관한 주장들에 이를 때, 상황은 그렇게 명확하지 않다. 세 주장을 예로 들어보자.

(6) 100의 제곱근은 10이다. (The square root of 100 is 10.)

(7) 제시 제임스가 존 쉬츠를 쐈던 짓은 그르다. (It was wrong for Jesse James to shoot John Sheets.)

(8) 간디는 아무도 죽인 적이 없었지만, 그는 죽였을 수 있다. (Gandhi never killed anyone, but he could have.)

고전적 대응론에 근거하면 이런 참 주장들은 각각 어떤 사실에 대응해야 한다. 그러나 (6), (7), 또는 (8)이 그렇게 대응한다는 것은 무엇을 의미하는가?

대응이 동형성이라고 상상해 보자. 주장들은 어떤 구조를 공유함으로써 사태들에 대응한다. 저 사태들이 성립할 때, 주장들은 참이다. 골칫거리는 현실이 문장 모양의 부분들로 다가오지 않는다는 데 있다. 문장들은 그림들이 아니고, 철학적으로 중요한 어떤 방식이든 관련된 것과 동형성을 갖지 않는다. 결국 '눈은 희다'라는 문장과 '풀은 푸르다'라는 문장은, 두 주장이 눈의 흼이나 풀의 푸름과 유사한 것보다 구조적으로 훨씬 더 유사하다.

존 오스틴[5]이 「토론회: 진리」[6]에서 논증했듯, 대응을 동형성으로 생각하는 것은 언어의 미망에 빠져 길을 잃는 것이다. 주장들과 사실들의 동일성/정체성을 확인하기 위해 우리가 사용하는 **표현들**은 구조가 유사하다. 우리는 눈이 희다는 **주장**과 눈이 희다는 **사실**에 관해 말한다. 하지만 주장과 사실이 저런 구조를 공유한다는 결론은 따라 나오지 않는다. 더욱이 주장과 사실이 어떤 구조를 공유한다고 가정하려면, 우리는 피터 스트로슨[7]이 '문장 모양의 대상들(sentence-shaped objects)'[8]로서 가치를 깎아내렸다고 평가한 것들의 방대한 집

5　　존 오스틴(John Langshaw Austin, 1911~1960)은 영국 언어 철학자이자 일상 언어철학을 선도한 대표자였으며, 화행 이론을 발전시켰다. 그는 우리가 언어를 사용해 주장할 뿐만 아니라 행위를 한다고 지적했다. 예컨대 "나는 이러저러한 것을 하기로 약속한다"라는 발언은 무언가를 주장하는 것이 아니라 어떤 일을 하는 것, 다시 말해 약속을 수행하는 것으로 이해해야 한다. 『말과 행위(How to Do Things with Words)』(1955)에서 사실 확인문과 수행문을 구별하고, 화행(speech act)을 발화 행위, 발화 수반 행위, 발화 성취 행위로 구별해 이해해야 한다고 주장했다.

6　　오스틴, 스트로슨, D. R. 커즌, 「토론회: 진리」(1950), 『아리스토텔레스 학회 회보(Proceedings of the Aristotellian Society)』, 『속편(Supplementary Volumes)』, 24권, 111-172.

7　　피터 스트로슨(Peter Frederick Strawson, 1919~2006)은 영국 철학자로 버트런드 러셀이 「지시하기에 관하여」(1905)라는 유명한 논문에서 세운 기술 이론을 비판한 「지칭하기에 관하여」(1950)라는 논문을 썼다. 철학 방법론의 측면에서 스트로슨의 연구는 주목할 가치가 있는 중요한 상호 연결된 두 가지 특징을 보인다. 첫째로 기술 형이상학의 계획과 둘째로 평소에 공유하는 개념 체계라는 생각이다. 『개체(Individuals)』(1959)에서 우리가 공유하는 인간적 개념 체계를 구성하는 다양한 개념들을 기술하려고 시도한다. 특히 우리의 기초 특수자 개념을 검토하고, 기초 특수자들에 대한 우리의 개념들이 어떻게 일반적인 시간과 공간 개념 아래 다양하게 나타나는지를 검토한다.

합체(a great collection)로서 세계라는 그럴듯하지 않은 견해를 채택해야 한다.

우리가 문장 모양의 대상들이 무엇인지에 관해 더 명료하게 이해하려고 시도할 때, 그럴듯함은 점점 더 줄어든다. 깔개가 고양이 밑에 깔린 어떤 것이라는 사태를 예로 들어보자. 그것은 고양이가 깔개 위에 있다는 사태와 같은 것인가? **고양이가 깔개 위에 있음이라는**(that the cat is on the mat) 주장의 구조는 **깔개가 고양이 밑에 있음이라는**(that the mat is something under the cat) 주장의 구조와 다른 것인 듯하다. 만약 그것들이 구조가 다른 주장이라면, 우리는 또한 그것들과 대응할 구조가 다른 두 사실이 필요한 것처럼 보인다. 하나는 고양이가 깔개 위에 있다는 사실이고, 다른 하나는 깔개가 고양이 밑에 있다는 사실이다. 유사한 문제는 (6)에도 적용된다. 10이 100의 제곱근이라는 사실은 10×10=100이라는 사실이나 5×2×2×5=99+1이라는 사실과 같은 사실인가, 다른 사실인가? 만약 그것들이 같은 사실이라면, 동형성은 주장들이 사태들을 표상하게 만드는 무엇이 아닌 것처럼 보인다. 만약 그것들이 다른 사실이라면, 사실들은 문장과 **너무 비슷해서**

---

8   리처드 로티, 「진리는 탐구의 목표인가? 데이비드슨 대 라이트」(1995), 『철학 계간(*The Philosophical Quarterly*)』, 45권, 180호, 281-300. 리처드 로티(Richard Rorty, 1931~2007)는 미국 철학자로 철학사와 현대 분석철학에 둘 다 흥미를 갖고 훈련했다. 대표 저서는 『철학과 자연의 거울(*Philosophy and the Mirror of Nature*)』(1979), 『실용주의의 결과(*Consequences of Pragmatism*)』(1982), 『우연성, 반어, 연대(*Contingency, Irony, and Solidarity*)』(1989)다. 바깥 세계 속 대상들에 대한 올바른 내부 표상이 지식에 필요한 선행 조건이라는 오래된 발상을 거부했다. 오히려 지식은 내부 및 언어의 문제로 우리 자신의 언어와 관련이 있을 뿐이라고 논증했다.

사실들을 우리의 언어에 속한 인공물들, 단지 "낱말들이 던진 그림자들"[9]과 다른 무언가로 보기 어려운 것처럼 보인다.

고전적 대응론들의 둘째 문제는 첫째 문제와 유사하다. 고전적 대응론은 과밀하고 과다한 존재론(an overcrowded and redundant ontology)을 확언하는 듯하다. 어떤 이론의 '존재론'은 그 이론이 실존한다고 말하는 것들의 집합체다. 고양이가 깔개 위에 있다는 사실뿐만 아니라 깔개가 고양이 밑에 있는 어떤 것이라는 사실, 10은 100의 제곱근이라는 사실, 10×10=100이라는 사실, 5×2×2×5=99+1이라는 사실도 있다. 만약 주장들이 사태들에 대응한다면, 우리는 주장들이 대응할 사태들이 필요하고, 많은 사태가 필요하다. 우리는 세계가 **존재하지 않는** 방식, 다시 말해 거짓 주장들이 대응하는 방식이 필요하다. '삼각형이 네 변을 가진다'라는 주장이 대응할 비-성립 사태들(non-obtaining state of affairs)이 필요하고, '삼각형은 네 변을 갖지 않는다'라는 주장이 대응할 성립 사태들(obtaining state of affairs)도 필요하다. 존재론적 과밀을 줄이고 필요한 이론적 작업을 더 적은 수의 독립체로 할 방도를 찾는 편이 낫겠다.

존재론적 과밀의 다른 종류는 고전적 대응론이 상정한 사실과 사태 가운데 일부의 신비함에서 비롯한다. 현실의 구성 요소 가운데 하나가 10이 100의 제곱근이라거나, 제시 제임스가 존 쉬츠를 쐈던 짓

---

9   데이비드 피어스, 「보편자」(1951), 『철학 계간』, 1권, 3호, 218. 데이비드 피어스(David Francis Pears, 1921~2009)는 영국 철학자로 비트겐슈타인 연구자로 유명하다.

은 그른 일이었다거나, 간디는 아무도 죽인 적이 없었지만 죽였을 수 있다는 사실이라고 말하는 것이 무엇을 의미하는지 분명치 않다. 우리가 세계를 고양이의 위치와 초목과 앙금의 색채를 포함한 덩어리들(chunks)로 나뉜다고 생각할 수 있더라도, 사실의 이런 다른 종류 가운데 어느 것이든 현실의 어떤 덩어리였을 수도 있다는 점은 더욱더 신비스럽다.

비-성립 사태들(non-obstaining states of affairs), 곧 성립하지 않는 사태들이 있다는 가정은 같은 종류의 잠재적으로 더 나쁜 문제에 직면한다. 어쩌면 우리는 한 성립 사태가 있다는 것이 무엇을 의미하는지 이해하고, 어쩌면 세계가 성립 사태들로 지어진다고 생각할 수 있을 것이다. 그러나 성립하지 않는 사태는 무엇이고, 어떤 사태가 성립하지 않지만, **실존한다**는 말은 무엇을 의미하는가? 예를 들어 에이브러햄 링컨이 달에서 태어났다는 사태를 살펴보자. 그것이 현실적이지만 비-성립 사태라는 생각을 우리가 파악할 방법은 '에이브러햄 링컨이 달에서 태어났다'라는 주장이 유의미하지만, 거짓 문장이라고 생각하는 것뿐인 듯하다. 그렇더라도 만약 우리의 목표가 비-성립 사태의 실존함으로 허위를 설명하는 것이라면, 저 방법은 우리를 돕지 못한다. 우리가 비-성립 사태들이 무엇인지를, 진리와 허위에 대한 이해를 선제함 없이 이해할 수 있을 때까지, 그것들은 우리의 존재론에 들어온 이상하고 달갑지 않은 부가물이다.

5.3 고전적 대응에서 인과적 대응으로

고전적 대응론의 아주 큰 도전 과제는 두 가지다. 하나는 사실과 사태가 무엇인지 만족스럽게 설명하는 것이고, 다른 하나는 주장이 사실에 대응함이 무엇을 의미하는지 만족스럽게 설명하는 것이다. 1970년대 이후 이른바 진리 '인과적 대응' 이론들은 두 문제를 단번에 해결하고자 했다. 진리 인과적 대응 이론가들의 일반적 전략은 두 갈래로 나뉜다. 첫째, 그들은 문장들의 진리를 **지칭**(reference) 또는 지시(designation) 관계의 용어들로 정의한다. '눈(snow)'이라는 낱말은 세계 속 어떤 것, 곧 눈을 지칭한다. 비슷한 방식으로 '희다'라는 낱말은 흼이라는 속성을 지칭하고, '에이브러햄 링컨'은 세계 속 에이브러햄 링컨을 지칭한다. 둘째, 그들은 지칭 인과론을 채택한다. 이와 같은 이론에 따르면 예를 들어 세계 속 눈과 '눈'이라는 낱말의 용법이 특별한 인과 관계를 맺음으로써 '눈'이 눈을 지칭한다.

첫째 전략은 진리를 지시 관계의 용어들로 정의하고, 수리 논리학에 관해 알프레드 타르스키가 수행한 결정적으로 중요한 연구를 이용한다. 타르스키가 수행한 계획의 세부 내용은 현재 목적에 비해 지나치게 전문적이어서, 아주 간단하게 해석한 계획의 개요를 서술하겠다. (타르스키의 저술을 읽은 사람들은 이렇게 해석한 것이 그의 계획과 어떤 방식으로 다른지, 또 그의 더욱 전문적인 장치가 왜 필요한지를 지적하는 것이 유익하다고 생각할 수도 있다.)

몇몇 명사들이나 용어들은 이름들처럼 기능한다. '눈'은 눈을 명명하고, '에이브러햄 링컨'은 에이브러햄 링컨을 명명하고, '그랜드 캐니언'은 그랜드 캐니언을 명명하기 따위로 이어진다. 방금 말한 용어들을 '단칭 명사들(singular terms)'이라고 부를 것이다. '일반 명사들(general terms)'로 알려진 다른 이름들은 개체들을 골라내거나 명명하는 것이 아니라 개체들이 갖거나 갖지 않을 수도 있는 속성들(properties)을 골라내기 위해 사용한다. 예를 들어 '희다'라는 명사는 흼이라는 속성을 골라내고, '19세기에 살았다'라는 명사는 19세기에 살았음이라는 속성을 골라내고, '깊다'라는 명사는 깊음이라는 속성을 골라낸다. 일반 명사들도 그것들이 골라내는 속성들을 지시한다고(designate) 말해보자.

우리는 방금 말한 두 종류의 명사들을 결합함으로써 단순 문장들을 구성할 수 있다. 예를 들어 우리는 '눈'과 '희다'를 (문법상 필요한 '이다'라는 존재 동사와 함께) 결합해 '눈은 희다(Snow is white)'라는 문장을 형성할 수 있다. 또한 우리는 '19세기에 살았다'를 '에이브러햄 링컨'과 결합해 '에이브러햄 링컨은 19세기에 살았다'라는 문장 따위를 계속 형성할 수 있다. 저런 문장을 '원자' 문장이라고 부른다.

우리는 원자 문장들로 더 복잡한 문장들을 만들 수 있다. 예를 들어 '눈은 희지 않다'라거나 '에이브러햄 링컨은 19세기에 살지 않았다'라고 말하기 위해 원자 문장을 부정할 수 있다. '그리고', '또는', '만약 … 그러면 …' 같은 논리적 연결사를 문장들과 결합한 복합 문장도 만들 수 있다. 이름들을 전혀 사용하지 않고, 일반 명사들과 함께 '어떤 것'과 '모든 것' 같은 이른바 '양화사(quantifiers)'를 써서 문장을 만들 수도 있다. 예를 들어 '모든 것은 희다(Everything is white)'라고 말하거나, '어떤 것은 19세기에 살았다(Something lives in nineteenth century)'라고 말하는 것이다. 덧붙이자면 우리는 유사한 논리적 장치를 써서 더 단순 명사들로 복합 일반 명사를 만들 수 있다. 예를 들어 우리는 '희다'와 '짙다'를 논리적 연결사로 결합해서 '희거나 짙다', '18세기나 19세기에 살았다', '1주일 동안 냉장고 밖에 두면 상했다', '상하지 않았다'와 같은 일반 명사들을 얻는다.

더 복잡한 문장이나 일반 명사를 만들기 위해 얼마나 많은 문장이나 일반 명사를 결합하고 재결합할 가능성에 한계는 없다. 두 문장이 아무리 복잡하더라도, '그리고', '또는', '만약 … 그러면 …' 같은 논리적 연결사를 이용해 두 문장을 결합해 더 복잡한 문장을 만들 수 있고, 두 문장을 각각 부정할 수도 있다. 일반 명사에 대해서도 마찬가지다.

우리는 지금까지 일반 명사의 두 종류, 단순 일반 명사와 복합 일반 명사를 확인했다. 다음과 같은 일곱 가지 문장 유형도 확인했다.

원자 문장(atomic sentences): 단칭 명사와 일반 명사를 결합한 문장

보편 문장(universals): '모든 것'과 일반 명사를 결합한 문장

실존/존재 문장(existentials): '어떤 것'과 일반 명사를 결합한 문장

부정 문장(negations): 문장을 부정한 문장

연언 문장(conjunctions): 두 문장을 '그리고'로 결합한 문장

선언 문장(disjunctions): 두 문장을 '또는'으로 결합한 문장

조건 문장(conditionals): 두 문장을 '만약 … 라면 …'으로 결합한 문장

이제 어떤 대상이 한 일반 명사를 '만족한다'라고 말해보자. 이때 대상은 일반 명사가 지시하는 속성을 갖는다. 눈이 흼이라는 속성을 가지므로, 눈은 '희다'라는 명사를 만족한다. 에이브러햄 링컨은 19세기에 살았으므로, 그는 19세기에 살았음이라는 속성을 만족하고, 달에 위치함이라는 속성을 갖지 않으므로, '달에 위치함'을 만족하지 않는다. 모든 문장이 위에서 목록으로 작성한 유형 가운데 하나라고 가정해 보자. 그러면 우리는 진리를 다음과 같은 방식으로 정의할 수 있다.

(9) 만약 문장이 아래와 같은 어느 하나라면, 그리고 오로지 그런 경우에만, 문장은 참이다. (A sentence is true if and only if either:

(a) 그것은 원자 문장이고, 단칭 명사가 지시하는 대상은 일반 명사를 만족한다, 또는 (it is atomic, and the object the singular term designates satisfies the general term, or)

(b) 그것은 보편 문장이고, 모든 것이 일반 명사를 만족한다, 또는 (it is universal, and everything satisfies the general term, or)

(c) 그것은 실존/존재 문장이고, 어떤 것이 일반 명사를 만족한다, 또는 (it is existential, and something satisfies the general term, or)

(d) 그것은 부정 문장이고, 부정되는 문장은 거짓이다, 또는 (it is a negation, and the sentence negated is false, or)

(e) 그것은 연언 문장이고, 결합된 문장들은 둘 다 참이다, 또는 (it is a conjunction, and both the sentences conjoined are true, or)

(f) 그것은 선언 문장이고, 그것을 합성한 문장들의 어느 하나는 참이다, 또는 (it is a disjunction, and either of the sentences composing it is true, or)

(g) 그것은 조건 문장이고, 만약 '만약' 다음 문장이 참이라면, '그러면' 다음 문장은 참이다. (it is a conditional, and if the sentence after 'if' is true, then so is the sentence after 'then'.)

'참'이라는 말이 (또는 '거짓'이라는 말이) (d)부터 (g)에 나오지만, 정의는 순환에 빠지지 않는다. 왜냐하면 모든 부정 문장, 연언 문장, 선언 문장, 조건 문장이 최종적으로 원자 주장, 보편 주장, 실존/존재 주장들로 구성되고 저 주장들의 진리는 '참'이라는 말을 전혀 사용하지 않고 정의되었기 때문이다.

이렇게 진리를 정의하는 방식은 진리가 우리의 주장들이 세계와 관계 맺는 방식의 문제라는 발상을 보존한다. 문장이 참이냐, 또는 참이 아니냐는 문제는 최종적으로 세계 속 대상이 어떤 일반 명사를 만족하느냐에 (또는 만족하는 데 실패하느냐에) 의존한다. 그러나 현실의 새로운 범주로 사실들을 도입하지 않고서 해야 할 일을 해낸다. 일반 명사를 만족함은 그것이 지시하는 속성을 가짐이다. 따라서 문장의 진리는 문장이 의미하는 것과 대상이 어떤 속성을 가지느냐에 달렸다. 진리는 주장과 현실의 관계에 의존하지만, 그 관계는 '사실들'이나 '사태들' 같은 형이상학적으로 의심스러운 독립체들에 대응하는 문제가 아니다.

방금 말한 접근법은 형이상학적으로 의심스러운 사실들이 없어도 해야 할 일을 해낼 뿐만 아니라 똑같이 의심스러운 '대응' 관계를 가정하지 않고서 해낸다. 진리 인과적 대응 이론은, 진리를 직접적으로 사실에 대응하는 관계로 이해하지 않고, 지시 관계를 진리에 중요한 문제로 다룬다. 진리는 일반적으로 한 대상이 어떤 속성을 가지느냐에 의존한다. 하지만 어떤 특정 주장의 진리는 그 주장에 속한 단칭 명사가 지시하는 대상들이 (보편 주장이나 실존/존재 주장의 경우에는 각각 모든 대상이나 일부 대상들이) 그 주장에 속한 일반 명사가 지시하는 속성들을 가지느냐에 의존한다. 우리가 지시 (또는 '지칭') 관계 이론을 갖는 한, 우리는 대응 관계 이론이 필요치 않다.

저것이 인과적 대응 이론의 둘째 부분이 제공하려고 겨냥한 점이다. 인과적 대응 이론에 따르면 지칭의 본성은 인과적이다. 명사가 대상이나 속성을 지시함은 명사가 대상이나 속성과 인과 관계를 제대로 맺는 것이다. 예를 들어 우리가 사용하는 '눈(snow)'이라는 말은 왜 풀이나 에이브러햄 링컨이 아니라 눈을 지시하는가? 지칭 인과론에 따르면, 그것은 눈이 일정한 방식으로 '눈'이라는 말을 우리가 사용하게 만든 원인이 되지만, 풀이나 에이브러햄 링컨은 저 방식으로 눈이라는 말을 우리가 사용하게 만든 원인이 되지 않기 때문이다.

철학자들은 지칭 인과론을 해석한 몇 가지 다른 견해를 내놓았고, 각 견해는 우리가 사용하는 어떤 낱말이 한 대상이나 속성과 '제대로(in the right way)' 인과 관계를 맺음이 의미할 수도 있는 측면을 해명하려고 했다. 지칭 인과론은 문제를 해결하느라 힘이 들어도, 주장이 현실에 대응하는 방식의 신비함을 제거하도록 돕는다. 만약 우리가 명사나 용어가 대상이나 속성을 어떻게 지시하는지를 명료하게 이해한다면, 완전한 주장과 사실의 관계로 생각되는 대응 이론이 더는 필요치 않을 것이다. 지칭 이론은 문장들과 세계의 관계를 설명할 것이고, 진리의 정의를 충분히 내놓을 수 있다.

5.4 인과적 대응의 문제

인과적 대응 이론은 고전적 대응론의 몇 가지 문제를 피하더라도, 자체의 난점에 직면한다. 어떤 난점은 진리를 지시와 만족으로 정의하는 방법에서 비롯하고, 다른 난점은 지칭 인과론을 확언하는 데서 생긴다. 두 난점은 5장의 뒤에서 '범위 문제'라는 소제목으로 논의할 문제의 사례다.

타르스키의 원래 작업은 진리 인과적 대응 이론을 만들려던 것이 아니었다. 오히려 타르스키의 작업에 적응하고 지칭 인과론을 덧붙인 다음, 진리 인과적 대응 이론을 처음 분명히 말했던 사람은 하트리 필드였다.[10] 타르스키의 계획은 오히려 '참 문장'을 어떻게 일정한 수학적 형식 언어로 정의할 수 있는지 보여주는 것이었다. 일반적으로 진리를 정의하는 것이 아니라 일정한 매우 특수한 속성들을 지닌 수학적 언어 L에 대해 '언어 L에서 참'을 어떻게 정의할지 보여주는 것만이 타르스키에게 정말로 중요했다. 저런 속성에는 수학적 언어의 모든 문장이 5.3절에 목록으로 작성된 일곱 가지 문장 유형의 하나였다는 점, 복합 일반 명사들은 복합 문장과 같은 방식으로 일반 명사를 '그리고,' '또는', '만약 … 그러면 …' 같은 논리적 연결사와 결합해서 만들어졌다는 점, 수학적 언어가 고유한 표현의 지시나 만족에 관해 말할 수단을 포함하고 있지 않다는 점이 있다.

진리를 정의하는 타르스키식 접근법은 복합 문장의 진리는 구성요소의 진리에 의존하거나, 적어도 어떤 대상이 주장에 포함된 단순 일반 명사를 만족하느냐에 의존한다는 발상에 달려 있다. 여기서 말하는 접근법은 5.3절에서 목록으로 작성한 일곱 가지 종류의 주장에 대해 적절하지만, 저런 유형에 들지 않는 복합 주장이 있다. 몇 가지 예를 들면 다음과 같다.

---

10   하트리 필드, 「타르스키의 진리론(Tarski's Theory of Truth)」(1972), 『철학 학술지(*The Journal of Philosophy*)』, 69권, 13호, 347-375. 하트리 필드(Hartry Field, 1946~)는 미국 철학자로 과학철학, 수리철학, 인식론, 심리철학에 주목할 만한 공헌자다.

(10) 바트가 도서관에 있었기 때문에 잭은 공원에 갔다. (Jack went to the park because Bart was in the library.)

(11) 그랜드 캐니언은 켄타우로스 별자리의 알파 별에서 온 외계인들에 의해 창조되었을 수 없다. (The Grand Canyon could not have been created by aliens from Alpha Centauri.)

(12) 에이브러햄 링컨은 미국 남북 전쟁 동안 인신 보호 영장을 중지해서는 안 되었다. (Abraham Lincoln should not have suspended habeas corpus during the America Civil War.)

비록 우리가 잭이 '공원에 갔다'를 만족하고 바트가 '도서관에 있었다'를 만족한다는 것을 알더라도, 저런 얇은 바트가 도서관에 있었기 때문에 잭은 공원에 갔는지를 말할 충분한 정보가 아니다. 그랜드 캐니언이 켄타우로스 별자리의 알파 별에서 온 외계인들에 의해 창조되지 않았다는 것은 그랜드 캐니언이 그랬을 수 있는지를 우리에게 말하지 않는다. 에이브러햄 링컨이 남북 전쟁 동안 인신 보호 영장의 권리를 중지했지만, 그것은 에이브러햄 링컨이 그렇게 해서는 안 되었는지를 충분히 결정하지 못한다.

'때문에(because)', '마땅히 이어야/해야 한다(should)', '이었을/했을 수 있다(could)'를 포함한 복합 문장 및 다양한 다른 구문은 타르스키식 방침에 따른 진리 정의에 도전한다. 우리가 이와 같은 문장들의 진리를 단순하게 지시와 만족의 용어들로 정의할 수 있을지 의심스러워 보이지만, 저런 문장은 참값을 가지는 듯하다. 골칫거리는 우리가 문장을 구성한 부분들의 지시 대상들(designations)을 고정하고, 어떤 대상들이 어떤 일반 명사들을 만족하는지 결정했을 때조차 여전히 문장들의 참값들을 충분히 고정하지 못한다는 점이다. 예를 들어 (10)이 참인지는 어쩌면 공원에 갔을 때 잭의 마음 상태와 관련된 어떤 것에 의존할지도 모르지만, 저런 어떤 것은 (10)을 구성하는 용어들로 지시되는 대상들과 속성들에 들어 있지 않다.

(10)은 참이거나 거짓이다. (11)과 (12)도 마찬가지다. 진리 인과적 대응 이론을 뒷받침하는 타르스키식 진리 정의는 (10), (11), (12)와 같은 주장들을 잘 다루지 못한다. 그렇다면 기껏해야 인과적 대응 이론은 충분한 범위의 참과 거짓 주장들을 설명하는 데 실패한다. 이와 같은 실패는 바로 진리의 본성을 밝히려는 이론에 중요한 의미가 있다.

위에서 제기한 문제를 제쳐두더라도, 인과적 대응 이론이 지칭 인과론을 응용한 데서 난점이 추가로 생겨난다. 지칭 인과론은 명사나 용어가 사물과 인과 관계를 제대로 맺음으로써 지시한 사물을 지시한다고 말한다. 하지만 몇몇 명사나 용어들은 대상들 및 속성들과 어떤 방식이든 인과 관계를 맺지 않으면서 대상과 속성을 지시하는 것처럼 보인다.

주요 예는 수들(numbers) 같은 추상체들(abstract objects)과 그릇됨 같은 도덕적 속성들을 나타내는 용어들이다. 수 12는 추상체이고, 도버 절벽, 사과, 자동차 같은 구체적인 특정 대상들과 전혀 다르다. 추상체들은 시공간에 실존하지 않는다. 우리가 물리 세계(physical world)를 철저하게 남김없이 조사하더라도, 우리는 수 12를 찾아내지 못할 것이다. 하지만 인과(causation)는 엄밀하게 물리적인 일이고, 추상체들은 인과적 교환에 관여하지 않는다. 수 12는 아무것도 하지 않고, 더군다나 무슨 일이든 일어나게 하지도 못한다. 우리가 하는 아무것도 수 12에 어떤 방식이든 영향을 미칠 수 없다. 간단히 말해 수 12는 어떤 것과도 인과 관계를 맺지 못한다. 수 12는 단지 인과 관계에 어울리지 않는 종류일 뿐이다. 결과적으로 우리가 사용하는 '12'라는 말은 어떤 방식이든 수 12와 인과 관계를 맺지 않고, 더구나 수 12를 '제대로' 지칭하지도 못한다.

마찬가지로 도덕적으로 그름이라는 속성도 충분히 현실적인 것으로 보인다. 유대인 대학살은 도덕적으로 그른 속성을 지녔고, 아기를 사랑함은 그렇지 않다. 우리는 '그르다'라는 용어를 가지고 있고, 저 용어는 도덕적으로 그름이라는 속성을 지시하는 듯하다. 지칭 인과론에 따르면 '그르다'라는 말이 이 도덕적 속성을 지시하는 까닭은 우리가 그 낱말을 사용하는 것이 어떤 특별한 방식으로 세계 속 그른 성질과 인과 관계를 맺기 때문이다. 이제 한 무리의 10대 아이들이 고양이를 재미로 괴롭히는 행동 같은 그른 행위를 살펴보자.[11] 우리는 정확히 어떤 일이 벌어졌고 결과가 어떠한지에 관한 물리적 인

11　길버트 하먼, 『도덕의 본성』(1977). 길버트 하먼(Gilbert Harman, 1938~2021)은 프린스턴대학교에서 가르쳤던 미국 철학자다. 『도덕의 본성』에서 최선의 설명 추론에 기대서 도덕 상대주의를 옹호했고, 10대 아이들이 고양이를 재미로 괴롭히는 행동을 예로 들어 분석하고 평가했다.

과 관계에 대해 말할 수 있다. 해당 사건이 어떻게 사람들이 "저것은 그르다!(That's wrong!)" 같은 것을 말하게 만든 원인인지를 우리는 완전히 물리적으로 설명할 수 있다. 저런 이야기를 할 때, 우리는 10대 아이들의 뇌에 일어난 사건들, 고양이에게 벌어진 일, 고양이에서 튕겨 나온 양자들, 목격자의 망막을 때림, "저것은 그르다!"라고 발언하도록 다양한 뇌 사건을 촉발함, 경찰에 신고함, 아이들을 체포함 따위에 관한 다양한 사건을 언급할 필요가 있을 것이다. 하지만 저런 물리적 인과 이야기는 "저것은 그르다!"라고 말한 목격자의 신체 사건을 설명할 때조차 **행위의 그름**(wrongness)을 언급하지 않을 것이다. 아이들의 행동은 그른 짓이었지만, 행동의 그름은 인과적 교환에 참여하는 것과 같은 종류의 속성이 아니다. 지칭 인과론은 우리가 어떻게 이와 같은 속성을 도대체 지칭할 수 있는지를 설명하기 어렵다.

그러면 진리 인과적 대응 이론은, 진리와 허위가 추상체와 추상체의 속성, 도덕적 속성에 관한 주장, '때문에'나 '이었을 수 있다' 또는 '마땅히 이어야 한다'와 같은 용어가 포함된 복합 주장에 적용될 때 설명 문제에 직면한다. 진리 인과적 대응 이론의 열렬한 지지자는 울며 겨자 먹기로 방금 말한 복합 주장이 참값을 지닌다는 점을 아예 부정할 수 있다. 하지만 이 과격한 조치는 무엇이든 정말 도덕적으로 옳거나 그르다는 생각, 어떤 상황에서 일어났을 수 있거나 벌어졌을 일에 관한 참 주장이 있다는 생각, 수학적 진리가 있다는 생각을 버리라고 요구한다. 그토록 많이 포기하라고 요구하는 조치는 진리에 관한 소중한 직관이 진리의 현실적 본성에 관해 우리가 배운 것과 양립할 수 없다는 정당한 발견이 아니라, 선호하는 이론을 구하려는 임시방편(ad hoc maneuver)인 듯하다.

5.5   진리 결정자

고전적 대응론과 인과적 대응 이론은 둘 다 각자의 방식으로 의미론적 진리 이론(semantic theories of truth)이다. 두 이론은 진리와 주장들에 담긴 의미들이 맺는 긴밀한 관계를 끌어낸다. 고전적 대응론에 근거하면 대응은 주장과 사태의 관계이고, 주장은 사태가 성립할 때 정확히 참이다.

다른 한편 인과적 대응 견해는 문장의 의미를 문장의 구성 요소들이 지시하는 것과 문장의 구성 요소들이 결합하는 방식의 함수로 취급하고, 진리를 지시의 용어들로 정의한다. 문장 속 단칭 명사와 일반 명사의 의미들은 (다시 말해 단칭 명사와 일반 명사가 지시하는 것은) 주장의 구조와 함께 문장이 참이 되기 위해 세계가 존재해야 할 방식을 결정한다.

최근 몇몇 철학자들은 진리를, 대응 방식과 비슷하지만 진리와 의미의 관계는 훨씬 느슨한 것으로 이해할 가능성을 모색했다. 물론 주장의 진리와 허위는 주장의 의미에 의존하지만, 이런 새로운 '진리 결정자(truth-maker)' 이론들에 따르면 진리의 본성을 이해하는 작업은 일차로 의미론적 계획이 아니라 형이상학적 계획이다.

어떤 주장의 진리 결정자는 주장을 참이게 만드는 어떤 것이다. 여기서 '결정함(making)'의 적합한 뜻은 반드시 수반함(necessitation)이다. 눈의 흼이 눈이 희다는 것을 참이게 만든다는 생각을 살펴보자. 눈의 흼이 실존함은 눈이 희다는 주장의 진리에 반드시 수반한다는 발상이다. 필연적으로 만약 눈의 흼이 실존한다면, 눈이 희다는 주장은 참이다. 진리 결정자 설명에 따르면 주장의 진리는 언제나 어떤 것의 실존함을 요구한다. 만약 어떤 주장이 참이라면, 다음 두 조건을 충족하는 어떤 것이 있다. (a) 그것은 실존하고, (b) 그것의 실존함은 주장이 참임을 반드시 수반한다.

진리 결정자 이론가들은 진리 결정 관계가 주장과 실존하는 사물의 일대일 관계일 필요가 없다고 자주 강조한다. 여러 사물이 한 주장을 참이게 만들었을 수도 있다. 예를 들어 제각기 모든 죽는 인간(each and every mortal human)이 어떤 인간들이 죽는다라는 주장에 대해 한 진리 결정자였다고 해도 된다. 그리고 단 하나의 사물이 여러 주장을 참이게 만들었을 수 있다. 예를 들어 눈의 흼은 눈이 희다는 주장뿐만 아니라 눈은 희거나 풀은 푸르다는 주장과 어떤 것은 희다는 주장도 참이게 만들었을 수도 있다. 이것이 진리 결정자 이론들이 진리의 본성에 대한 쟁점을 의미에 관한 문제와 분리하여 다루는 이유다. '눈은 희거나 정사각형은 변이 다섯 개다'라는 주장은 눈이 희거나 정사각형은 변이 다섯 개라는 것을 의미하지만, (비-실존하는) 변이 다섯 개인 정사각형이 아니라 눈의 흼에 의해 참이 된다.

고전적 대응론에 문제가 생기는 한 원천은 대응을 한쪽에 주장들과 다른 쪽에 비-성립 사태를 포함한 사태들의 관계로 취급할 필요였다. 어떤 사태가 성립하지 않으면서 실존했을 방식은 신비스러워 보이고, 대응 관계의 정확한 본성도 똑같이 신비하게 보였을 수 있다. 진리 결정자 견해는 이런 문제들을 피할 수 있다. 주장을 참이게 만드는 것은 어떤 것의 실존함이다. 그리고 진리 결정하기(truthmaking)는 반드시 수반함(necessitation)의 문제이기 때문에, '어떤 인간은 죽는다(Some men are mortal)'라는 주장을 참이게 만들 때, 세계의 역할을 이해하기 위해 우리는 "어떤 인간들은 죽는다"라는 주장이 몇몇 죽는 인간들이 실제로 있음의 효능으로 참이라는 점을 보기만 하면 된다.

진리 결정자 견해는 인과적 대응 이론의 몇몇 난점들도 피할 수 있다. '잭이 돌을 던졌기 때문에 유리창은 깨졌다'라는 주장의 진리를 설명하는 문제를 살펴보자. 인과적 대응 이론은 이런 주장으로 곤란해질 수 있는데, 그것의 진리는 단지 부분들의 참값들과 지시 대상들보다 많은 것에 의존하기 때문이다. 다른 한편 어떤 진리 결정자 이론가는 '잭이 돌을 던졌기 때문에 유리창은 깨졌다(The window broke because Jack threw a brick at it)'라는 주장의 진리를, 그 주장이 참이라는 것에 반드시 수반하는 어떤 것의 실존함, 예를 들어 유리창이 깨짐과 돌을 던짐의 인과 관계를 상정함으로써 설명할 수도 있다. 게다가 인과적 대응 이론이 추상체들에 관한 주장들의 진리를 설명하면서 생긴 문제들은 진리 결정자 이론가들에게 별로 걱정할 일이 아니다. 우리가 어떻게 소수들(prime numbers)을 용케 지칭하느냐는 문제는 언어철학의 힘든 과제일 수도 있지만, 2보다 큰 소수가 있다는 주장의 진리에 이를 때, 진리 결정자 이론가는 방금 말한 주장에 진리 결정자가 부족하지 않다고 지적할 것이다. 2보다 큰 무한히 많은 소수가 제각기 2보다 큰 소수가 있다는 것을 참이게 만든다.

하지만 진리 결정자 접근법을 괴롭히는 자체에 속한 문제들이 약간 있다. 아주 중요한 두 문제는 (a) 모든 참 주장에 진리 결정자를 제공하는 것이 우리의 존재론을 이상한 방식으로 부풀리는 듯하다는 점과 (b) 진리 결정자 이론이 진리의 본성을 밝히는 이론이 전혀 아닐 수도 있다는 점이다.

먼저 존재론적 문제를 다루기로 하자. 만약 잭이 그 사교 모임에 갔었더라면, 그는 **모노폴리 놀이**[12]에서 졌을 것이라는 주장을 살펴보자. 진리 결정자 이론에 근거하면, 만약 방금 말한 주장이 참이라면, 그것을 참이게 만드는 어떤 것이 반드시 실존해야 한다. 이것은 큰 문제가 아닐 수도 있다. 어쩌면 모노폴리 놀이, 그 사교 모임, 그리고 잭의 속성들로 구성된 어떤 복합체가 있을 것이고, 그것의 실존함이 만약 잭이 그 사교 모임에 갔었더라면 그는 그 놀이에서 졌을 것임을 반드시 수반한다. 진리 결정자 이론의 진짜 어려운 문제는 부정 주장과 보편 주장에 관해서 생긴다. 예를 들어 잭이 말을 소유하고 있지 않다는 주장이 참이라고 가정하고서 살펴보자. 진리 결정자

---

12   모노폴리(Monopoly)는 1903년 미국에서 시작된 보드게임의 한 종류다. 놀이 참가자가 주사위를 굴려 놀이판을 이동하며 부동산을 거래하고, 임대료를 받으면서 독점이라는 목표를 달성해 다른 모든 놀이 참가자를 파산시키면 승리한다.

이론은 그 주장을 참이게 만드는 어떤 것이 실존함을 요구한다. 잭과 말 사이에 성립하는 소유권 관계의 실존함이 어떻게 잭이 말을 소유한다는 것을 참이게 만드는지 알아보는 것은 간단하지만, 어떤 종류에 속한 사물의 실존함이 잭은 말을 소유하지 **않는다**는 것을 반드시 수반하는지 알아보기는 힘들다.

'잭이 소유한 말은 없다(There is a horse that is owned by Jack)'와 같은 부정 실존 주장을 살펴봄으로써 문제를 더 선명하게 드러낼 수 있다. 진리 결정자 이론에 근거하면 모든 진리는 진리 결정자를 요구하고, 그래서 실존하지 않는 것에 관한 주장도 실존하는 것들이 참이게 만들어야 한다. 그러나 어떤 종류에 속한 사물의 실존함이 어떤 종류에 속한 어떤 것이 실존하지 **않음**을 반드시 함의할 것인가?

부정 실존 문장의 문제는 보편 문장의 진리 결정자를 찾는 문제와 연결되어 있다. 모든 인간은 죽는다라는 주장을 예로 들어보자. 어떤 개별 인간의 죽음도 **모든** 인간이 죽는다는 것을 반드시 수반하지 않는다. 더욱이 잭의 죽음, 질의 죽음, 행크의 죽음, 사라의 죽음을 포함해 다른 각 사람의 죽음을 합치더라도, 방금 말한 인간들이 모든 인간이라는 추가 단서를 붙이지 않으면, 모든 인간이 죽는다는 것을 반드시 수반하지 않는다. 그런데 무엇이 저 사람들이 존재하는 모든 인간임을 참이게 만드는가? 추정해 말하자면 그것은 목록에 포함된 사람들을 제외하고 다른 인간이 없다는 사실에 이르고, 그래서 다시 한번 어떤 것이 (이번 경우는 더 많은 인간이) 실존하지 않음을 참이게 만드는 무언가의 실존을 상정할 필요가 있음을 우리는 발견한다.

진리 결정자 이론가들이 부정 주장과 보편 주장을 다루는 공통된 흔한 방법이 있다. 그들은 어떤 기초 존재론, 곧 모든 긍정 주장과 실존 주장을 참이게 만들기에 충분한 사물의 목록에 호의를 보이며 지지한다. 그들은 이 목록에 "저것이 전부다(that's all)"라는 사실을 추가하고, 그것이 기초 존재론의 외부에 아무것도 존재하지 않음을 참이게 만든다. 따라서 "저것이 전부다"라는 사실이 부정 주장과 보편 주장에 필요한 진리 결정자를 제공한다. 각 사람의 죽음을 연언 기호로 결합해서 모든 인간이 죽는다는 주장을 참이게 만든다. 잭이 소유한 것에 관한 모든 주장의 진리 결정자들을 연언 기호로 결합해서 잭이 말을 소유하지 않음을 참이게 만들 수 있다.

어떤 철학자들은 "저것이 전부다"라는 사실을 불편하게 생각한다. 한 가지 이유는 그것이 임시방편인 데다 어쩌면 도움이 되지 않는 것 같다는 점이다. 만약 우리가 마주한 문제가 무엇이 보편 주장을 참이게 만드는지 설명하는 것이라면, 그렇게 하려고 보편적 사실을 상정하는 것은 도움이 되지 않는 조치인 것처럼 보인다. 무엇이 "저것이 전부다"라는 것을 참이게 만드는가? "저것이 전부다"라는 사실이다. 그리고 "저것이 전부다"라는 사실은 무엇인가? 저것이 존재하는 전부다라는 주장을 참으로 만드는 바로 그것이다(It's the thing that makes the claim that that's all there is true).

진리 결정자 견해는 그것이 현실적으로 진리 이론이 아니라 형이상학의 원리라는 불평의 대상이기도 하다. 진리의 본성에 관한 어떤 것을 우리에게 말하지 않는 진리 결정자 견해는 단순하게 모든 참 주장이 적어도 하나의 진리 결정자를 가진다고 말한다. 이것은 유용하고 중요한 통찰일 수 있다. 진리 결정자 이론은 무엇이 참이거나 거짓이냐에 관한 견해들의 형이상학적 함축을 진지하게 받아들이라고 우리를 지도한다. 공장식 사육이 동물을 잔혹하고 비도덕적으로 다룬다는 주장이 참이라고 여러분이 생각한다고 가정하자. 진리 결정자 견해는 방금 말한 주장을 참이게 만드는 것이 실존하는지 물으라고 우리를 격려한다. 무엇이 동물을 잔혹하고 비도덕적인 방식으로 다루도록 만드는가? 이 질문에 답하기는 동물을 다룸의 강제적, 물리적 속성에 더해 특별한 도덕적 속성을 상정하도록 요구한다. 혹은 도덕적 진리의 형이상학적 기초에 대한 상세한 이론을 요구할지도 모른다. 어느 쪽이든 진리 결정자 견해는 어떤 주장을 참으로 용인하거나 그것을 거짓으로 거부할 때, 우리의 형이상학적 확언에 주목하라고 조언한다.

만약 어떤 사람이 우리의 질문, 곧 "진리는 무엇인가?"에 흥미를 갖는다면, 진리 결정자 접근법은 무엇이 참이냐는 무엇이 있느냐에 의존한다고만 우리에게 말할 따름이다. 그것은 진보일 수도 있지만 주제의 변화이기도 하다. 진리의 본성이 무엇인지를 알고자 원한다면, 우리는 어떤 것의 실존함이 **어떻게** 어떤 주장의 진리를 반드시 수반할 수 있는지를 알고자 원하는 셈이다. 여기서 진리 결정자 견해는 할 말이 거의 없으며, 진리 결정자 이론가는 그저 말할 것이 별로 없다고 주장하기 쉽다. 반드시 수반함은 엄연한 형이상학적 관계이지, 철학적 탐구의 대상이 되는 진리의 본성에 속하지 않는다. 데이비드 암스트롱[13] 같은 몇몇 현대 진리 결정자 이론가들은 비트겐슈타인 초기 철학의 통찰에서 영감을 얻는다. 비트겐슈타인은 "반드시 수반함의 본성은 무엇인가?" 또는 "진리의 본성은 무엇인가?" 같은 질문을 언어의 오용으로 보았을 것이다. 어떤 대답이든 자체로 말할 수 없는 언어의 작용에 근본적인 어떤 점을 말하려는 시도일 테고, 거울을 보지 않은 채 자기 눈을 보려는 시도와 같다. 비트겐슈타인은 다음과 같이 썼다. "말할 수 없는 것에 관해서는 침묵해야 한다(Whereof one cannot speak, one must pass over in silence)."[14]

다음 장에서 우리는 진리의 본성에 관한 이론을 세우지 않기라는 주제의 한 변형을 보게 될 것이다. 하지만 이 시점에서 진리 결정자 이론들이 전형적으로, 사물의 실존함이 주장의 진리를 반드시 수반한다고 기술하는 것을 넘어서, 진리를 결정하는 관계 자체를 설명하기보다 다양한 유형의 주장에 대한 진리 결정자 찾기를 강조한다고 논평해 두자. 이런 견해들은 진리를 결정하는 관계 자체의 본성에 관해 아주 조금만 말하기 때문에, 현실적으로 진리의 본성을 설명하지 못한다고 비난받을 여지가 있다.

---

13   데이비드 암스트롱(David Malet Armstrong, 1926~2014)은 오스트렐리아(호주) 철학자로 형이상학과 심리철학 분야의 연구로 유명하고 마음 기능주의, 외재주의 인식론, 과학적 실재론을 옹호했다.

14   루트비히 비트겐슈타인, 『논리-철학 논고』(1922), 7절. 이 책은 1절~7절로 구성되어 있다. "세계는 그렇게 있는 모든 것이다(The world is all that is the case)"로 시작하고, "말할 수 없는 것에 관해서는 침묵해야 한다"로 끝난다. 『논리-철학 논고』는 현대 기호 논리학과 명제 그림 이론, 과학과 철학 구별, 가치에 대한 견해가 모두 포함된 20세기 철학의 명저로 꼽히는 저술이다.

5.6 범위 문제

대응 이론의 모든 형태는 범위 문제(Scope Problem)로 알려진 난점에 직면한다. 이 문제는 대응 견해가 어떤 주장들에 적절해 보이지만, 다른 주장들에 부적절해 보이기 때문에 생긴다. 충분히 만족스러운 진리 이론은 충분히 일반적일 것이다. 일반적 진리 이론은 모든 참 주장이 공통으로 지닌 속성의 본성을 우리에게 말해 줄 것이다. 이상적으로 모든 거짓 주장이 공통으로 지닌 점도 밝히는 방식으로 그렇게 하겠다. 하지만 진리 대응 이론은 **모든** 진리가 지닌 특성을 밝히는 데 실패한 듯하다. 범위 문제는 대응 이론의 다양한 형태에 따라 다른 방식으로 생겨난다.

고전적 대응론을 받아들인 다음, 빌 클린턴은 살쾡이가 아니라는 주장을 살펴보자. 이 주장은 참이고, 그래서 고전적 대응론은 문제의 주장이 어떤 성립 사태에 대응할 것을 요구한다. 그것은 어떤 사태인가? 주요 선택지는 세 가지일 듯하다. 한 선택지는 클린턴이 인간임, 죽음, 포유류임 같은 사태들에 더해 클린턴은 살쾡이가 **아님**, 캥거루가 **아님**, 소수(prime number)가 **아님**과 같은 추가 사태들이 있다는 것이다. 다른 선택지는 '클린턴은 살쾡이가 아니다(Bill Clinton is not an ocelot)'라는 주장의 진리를 빌 클린턴이 살쾡이라는 사태가 불성립한다는 식으로 설명하는 것이다. 하지만 두 선택지는 여기서 좀 이상한 독립체, 다시 말해 (예를 들어 빌 클린턴이 인간임에 더해 살쾡이가 아님처럼) 성립하는 순수 부정 사태나 (빌 클린턴은 살쾡이임처럼) 성립하지 않으면서 실존하는 사태를 우리의 존재론에 들여놓으라고 요구한다.

셋째 가능한 선택지는 빌 클린턴이 인간이라는 사실을 (다시 말해 살쾡이임을 배제하는 어떤 속성을) 빌 클린턴이 살쾡이가 아니라는 주장에 대응하는 무엇으로 받아들이는 것이다. 여기서 존재론적 방탕 (ontological profligacy)을 피하지만, 셋째 선택지의 해결책은 만족스럽지 않다. '빌 클린턴은 살쾡이가 아니다'라는 주장이 빌 클린턴이 인간이라는 사태에 대응한다고 가정하자. 물론 '빌 클린턴이 인간이다'라는 주장도 저 사태에 대응한다. 그러나 우리는 같은 사태에 대응하는 두 주장은 무엇이든 정확히 같은 상황에서 참이어야 하고, 서로 함축해야 한다고 생각할 수도 있다. 그렇다면 '빌 클린턴은 살쾡이가 아니다'라는 주장은 '빌 클린턴은 인간이다'라는 주장과 같은 사태에 대응할 수 없고, 그래서 빌 클린턴이 인간임에 도저히 대응할 수 없다.

여기서 논점은 고전적 진리 대응 견해가 '빌 클린턴은 인간이다'와 같은 긍정 주장들의 진리를 설명할 때 괜찮아 보일 수도 있지만, 부정 문장들을 다루기에 부적절해 보인다는 것이다. 또한 고전적 대응 견해는 윤리학 같은 특별한 담론 영역들에서 문제가 있는 것으로 나타난다. 많은 철학자는 도덕적 속성들을 행위들에 대한 순수 기술 속성들(purely descriptive properties)을 넘어선 어떤 것으로 생각한다. 베브가 메리의 지갑을 훔쳤고, 메리가 저 짓을 그르다고 주장했다고 가정하자. 이 견해에 근거하면 '그름'이라는 속성을 분석할 길이 없어서 순수 기술 속성들의 복합 속성으로 환원한다. 저 경우 '베브가 메리의 지갑을 훔친 것은 그르다'라는 주장에 대응하는 순수 기술 사태는 없다. 도둑질과 관련된 모든 순수 기술 사태를 넘어서, 우리는 도둑질이 그르다는 주장에 대응할 도덕적 사실이 추가로 필요하다. 하지만 다시 이런 순수 도덕적 사태들이 무엇인지, 또는 그 사태들의 성립과 불성립이 정신과 독립적인 세계에 어떤 차이를 만드는지 상상하기 힘들 수도 있다.

고전적 진리 대응 견해는 모든 주장을 어떤 사태에 대응시킬 필요가 있다. 어떤 종류의 주장들에 대해 (특히 부정 주장들과 평가 주장들에 대해), 저런 논점이 대응 이론을 보존하는 것 말고 어떤 기능도 하지 않을 듯한 이상한 사태들을 상정하도록 요구한다. 고전적 대응에 대한 범위 문제는 '빌 클린턴은 살쾡이가 아니다'와 '베브가 메리의 지갑을 훔친 짓은 그르다'와 같은 주장들의 진리를 설명하기 곤란한 데서 생긴다.

인과적 대응 이론의 범위 문제도 유사하고, 어쩌면 훨씬 더 두드러져 보일 것이다. 인과적 대응 이론은 타르스키식 진리 지시 정의와 지칭 인과론을 응용할 때, 둘 다 문제를 일으킨다. 이 특징들은 일정한 주장들이 참이라는 것은 무엇을 의미하는지를 인과적 대응 이론이 꽤 잘 설명하게 만든다. 주장들은 일상적 물리 대상들과 속성들을 지칭하고, 주장들의 복잡성은 '그리고', '아니다', '또는', '어떤 것'과 같은 논리 어휘에서 생겨난다. 그러나 인과적 대응 이론은 수 같은 추상체에 관한 주장과 수학적 속성에 관한 주장이나 도덕적 속성에 관한 주장의 진리를 설명할 때 곤란을 겪는다. 왜냐하면 지칭 인과론이 수와 도덕에 관한 용어들이 어떻게 추상체와 속성 같은 것들을 지시하는지 설명할 때 곤란을 겪기 때문이다. 인과적 대응 이론은 일어났을 수도 있지만 일어나지 않았던 것에 관한 복합 주장들의 진리와 '때문에' 같은 용어를 포함한 복합 주장을 설명할 때도 곤란을 겪는다. 진리를 지시로 정의하는 타르스키의 방식이 그와 같은 주장에 걸려 머뭇거리게 되기 때문이다. 따라서 인과적 대응 이론은 모든 종류의 참 주장에 좋은 설명, 진리에 대한 충분히 일반적인 설명을 할 수 없는 것 같다.

진리 대응 이론의 진리 결정자 형태는 거의 모든 종류의 주장에 적용할 수 있다. 하지만 진리 결정자 견해는 여전히 보편 주장과 부정 주장에 관해 곤란을 겪는데, 이런 주장들은 최종적으로 그것들을 참이게 만들기 위해 "저것이 전부다"라는 사실을 가정하도록 요구한다. 하지만 다시 "저것이 전부다"라는 사실은 순전히 임시방편으로 상정한 것이고, 동기는 진리 결정자 견해가 이를 요구한다는 것뿐이다. 그러면 진리 결정자 견해의 범위 문제 형태는 부정 주장이나 보편 주장을 설명한다기보다 보편적이지 않은 긍정 주장들의 진리를 더 만족스럽게 설명한다. 진리 결정자 견해는 일반적 진리 이론으로서 잘 작동하지 않는 것 같다.

대응 이론가들은 범위 문제에 응답할 때 세 가지 주요 선택지를 이용할 수 있다. (고전적 대응론과 진리 결정자 이론에 더 효과적인) 첫째 선택지는 울며 겨자 먹기로, 어려운 문제를 일으키는 주장들이 참으로 드러나려면 필요한 어떤 종류의 사물이든 상정하는 것이다. 부정 사태들, 가치 평가 사태들, 실존하지만 성립하지 않는 사태들, 그리고 "저것이 전부다"라는 사실은 모두 이상할지도 모르지만, 대응론자는 특히 방금 말한 독립체들을 상정함이 진리 대응 이론이 작동하려면 필요해 보이므로, 단지 이상하다는 것이 이런 독립체들을 고려하지 않고 제쳐놓을 충분한 이유가 아니라고 지적할 수 있다.

둘째 선택지와 셋째 선택지는 고전적 대응론이나 진리 결정자 이론보다 인과적 대응 이론에 더 효과적이며, 문제의 주장들에 관한 실재론을 거부한다. 오히려 반실재론자의 견해를 채택할 수도 있는데, 이에 따르면 문제를 일으키는 주장들의 진리는 사람들이 믿거나 알 수 있는 것에 의존한다. 반실재론은 고전적 대응론의 설명과 진리 결정자 이론의 설명에 어려운 문제를 초래하는 "잭은 에뮤 새를 타본 적이 없었다"[15]와 같은 주장에는 그럴듯하지 않을지 몰라도, 수학적 주장들과 도덕적 주장들, 양상 주장들(필연성과 가능성에 관한 주장들), '때문에'와 같은 용어를 사용하는 설명 주장들에 대해 훨씬 더 매력적이다. 반실재론자의 견해를 활용하려면, 대응 이론가는 사람들의 믿음이 (또는 사물을 인식하는 사람들의 능력이) 어떻게 대응 이론에 필요한 것을 제공하는지를 설명해야 할 것이다. 그래서 예를 들면 인과적 대응의 옹호자는 '그르다'를 행위들 자체의 속성이 아니라, 사람

---

15   에뮤 새는 호주에 서식하는 날지 못하는 새다. "잭은 에뮤 새를 타본 적이 없었다"라는 부정 문장은 경험적으로 확인할 수 있든 없든 잭이 에뮤 새를 타본 적이 있음이라는 사실이 있는지 없는지에 따라 참이거나 거짓이 될 듯하다.

들이 행위들을 판단하는 성향에 따르는 방식들의 효능으로 행위들이 갖는 관계적 속성을 지시한다고 여겨야 하겠다.

셋째 선택지는 단순하게 문제의 주장들이 참값을 가진다는 점을 부정하는 것이다. 문제의 주장들은 참도 아니고 거짓도 아니다. 하지만 이것은 '빌 클린턴은 살쾡이가 아니다'와 같은 주장에서 참값을 박탈할 것이므로, 고전적 대응론과 진리 결정자 이론을 돕지 못할 수도 있다. 그러나 우리가 추상체들 및 속성들에 관한 주장들, 가치 평가 주장들, 설명 또는 양상 주장들을 엄밀히 말해 참도 거짓도 아닌 것으로 생각한다고만 요구하면, 셋째 선택지는 인과적 대응 이론에 효과적일지도 모른다.

어쨌든 이런 움직임들은 똑같은 반론에 직면한다. '11은 소수다 (Eleven is a prime number)', '굶주린 사람들의 음식을 훔치는 짓은 으레 그르다(It is usually wrong to steal food from hungry people)', '빌 클린턴은 살쾡이가 아니다(Bill Clinton is not an ocelot)'와 같은 주장들은 문자 그대로 그리고 정신과 독립적으로 참인 듯하다. 수학적 진리, 도덕적 진리, 부정 주장의 진리와 양립할 수 있는 진리 이론은 방금 말한 직관을 보존할 것을 요구한다. 따라서 범위 문제에 따른 이런 비-실재론자(non-realist)의 응답은 진리 대응 이론들을 구해낸다. 그러나 실재론을 대가로 치르면서 얻는 결과로, 너무 큰 대가를 치른 것일지도 모른다.

5.7 동치 원리, 실재론, 진리의 가치

진리 이론을 적당히 평가하려면, 우리는 진리 이론이 동치 원리, 실재론, 진리의 가치를 얼마나 잘 다루는지 살펴봐야 한다. 대응 이론들을 방금 말한 각 쟁점과 관련시켜 차례로 살펴보자.

언뜻 보기에 대응 이론들은 동치 원리를 잘 다루는 것처럼 보인다. '사실들에 대응한다'라는 언어 표현은 '참이다(is true)'라는 말의 단지 더 장황한 동의어로 이따금 사용한다. 따라서 '만약 __이라면, 그리고 오로지 그런 경우에만, __이라는 주장은 사실들에 대응한다 (The claim that __ corresponds to the facts if, and only if, __)'의 사례들이 '만약 __라면, 그리고 오로지 그런 경우에만, __이라는 것은 참이다(It is true that __ if and only if, __)'와 같은 것을 의미하므로 유효하다고 기대할 수도 있다. 그렇더라도 우리가 대응이 무엇인지, 주장이 사실들에 대응한다는 것이 무엇을 의미하는지에 대한 세부 사항을 알아내려고 할 때, 상황은 그다지 명료하지 않다.

고전적 대응 견해는 모든 주장(every claim)에 대해 성립한다고 주장할 어떤 사태를 가정한다. 여기까지는 좋다. 성립한 사태들이 사실들이고, 참 주장들은 성립한 사태들에 대해 사태들이 성립한다고 주장함으로써 사실들에 대응한다. 우리가 그 이론이 요구하는 부정 사실과 도덕 사실, 수학 사실과 양상 사실을 포함해 모든 사실을 기꺼이 상정하는 한, 모든 참 주장들만 사실들에 대응함이 드러날 테고 동치 원리를 만족할 것이다. 그러나 만약 우리가 요구된 사실들을 모두 상정하기를 망설인다면, 참이 아닌 몇몇 비-역설 T-쌍조건문들 (some non-paradoxical T-biconditionals)이 있을 것이다.

인과적 대응도 비슷하게 동치 원리를 잘 다루지만 완벽하지 않다. 우리가 진리 이론이 T-쌍조건문을 전달하도록 마땅히 요구해야 한다는 발상은 실제로 타르스키에서 기인한다. 그리고 타르스키의 아주 중요한 공헌 가운데 하나는 진리를 지시의 용어들로 정의함이 정의를 적용한 모든 주장에 대해, 실제로 T-쌍조건문들을 **함축한다**는 점을 보여준다는 것이었다. 하지만 인과적 대응 이론의 갖가지 범위 문제도 동치 원리와 관련해 생길 수 있는 난점을 시사한다. '잭이 망치로 쳤기 때문에 거울은 깨졌다'라는 주장을 예로 들어보자. 이것은 진리 지시 정의가 난관에 부딪치게 되는 주장이다. 다음과 같은 주장은 진리 인과적 대응 이론과 **일관될** 수도 있다.

(13) 만약 잭이 망치로 거울을 쳤기 때문에 거울이 깨졌다면, 그리고 오로지 그런 경우에만, 잭이 망치로 거울을 쳤기 때문에 거울이 깨졌다는 것은 참이다. (It is true that the glass broke because Jack hit it with a hammer if, and only if, the glass broke because Jack hit it with a hammer.)

그러나 진리 지시 정의는 (13)을 함축하지 못한다. 이유를 알아보기 위해, '거울', '깨졌다', '잭', '쳤다', 그리고 '망치'가 무엇을 지시하는지 결정했고, 그래서 '거울은 깨졌다'라는 문장과 '잭은 망치로 거울을 쳤다'라는 문장의 참값을 결정했다고 가정하자. 이렇게 가정해도 여전히 잭이 망치로 거울을 쳤기 **때문에** 거울은 깨졌는지를 말해주기에 충분치 않다. 우리는 A와 B의 진리 조건만으로 'B 때문에 A' 형식의 주장에 대한 진리 조건을 내놓을 수 없다.

하지만 충분히 적절한 진리 이론은 T-쌍조건문들과 일관될 뿐만 아니라 그것들을 마땅히 함축해야 한다. 유사한 문제는 추상체들과 속성들에 관한 주장들에 대해서도 생기며, 지칭 인과론은 그런 주장들을 처리하는 데 실패한다.

그렇더라도 동치 원리와 관련해 가장 심각한 문제에 부닥치는 이론은 진리 결정자 견해다. 진리 결정자 견해는 T-쌍조건문들과 일관되지만, 그것들이 왜 유효한지를 설명하지 못하고, 그것들을 반드시 함의하지도 않는다. 진리 결정자 견해에 따르면 주장이 참이라는 것은 주장의 진리를 반드시 수반하는 어떤 것이 실존한다. 하지만 T-쌍조건문들을 내놓으려면 더 많은 것이 필요하다.

이브가 사과를 하나 갖고 있다는 주장을 살펴보자. 진리 결정자 견해에 따르면 이브가 사과를 하나 갖고 있다는 주장은, 만약 어떤 것이 실존하고, 그것의 실존은 그 주장이 참임을 반드시 수반한다면, 그리고 오로지 그런 경우에만, 참이다. 이것만으로 다음과 같은 주장을 하기에 충분치 않다.

(14) 만약 이브가 사과를 하나 갖고 있다면, 그리고 오로지 그런 경우에만, 이브가 사과를 하나 갖고 있다는 주장은 참이다.

(The claim that Eve owns an apple is true if, and only if, Eve owns an apple.)

왜냐하면 아래 주장 (15)는 홀로 (16)을 함축하지 못하기 때문이다.

(15)　어떤 것이 실존하고 그것의 실존은 이브가 사과를 하나 갖고 있다는 주장이 참이라는 것을 반드시 수반한다.
(Something exists whose existence necessitates that the claim that Eve owns an apple is true.)

(16)　이브는 사과를 하나 갖고 있다. (Eve owns an apple.)

'이브는 사과를 하나 갖고 있다'도 홀로 '어떤 것이 실존하고 그것의 실존은 이브가 사과를 하나 갖고 있다는 주장이 참이라는 것을 반드시 수반한다'를 함축하지 못한다. 진리 결정자 견해가 T-쌍조건문들을 함축함에 필요한 이런 추가 함축을 얻으려면, 어떤 추가 가정들이 필요하다. 이 경우 아래 주장 (17)뿐 아니라 (18)도 마찬가지로 가정할 필요가 있다.

(17)　만약 이브가 사과를 하나 갖고 있다는 주장이 참이라면, 이브는 사과를 하나 갖고 있다.

(18)　만약 이브가 사과를 하나 갖고 있다면, 이브가 사과를 하나 갖고 있다는 주장은 참이다.

여기에 문제가 있다. (17)과 (18) 같은 가정을 덧붙이지 않는 한, 우리는 진리 결정자 견해만으로 T-쌍조건문을 추론할 수 없다. 하지만 (17)과 (18)을 덧붙이는 것은 T-쌍조건문을 덧붙이는 것과 마찬가지다. (17)과 (18)을 합치면 바로 '만약 이브가 사과를 하나 갖고 있다면, 그리고 오로지 그런 경우에만, 이브가 사과를 하나 갖고 있다는 주장은 참이다'라고 말하는 것이다. 이것은 진리 결정자 견해가 동치 도식의 사례들과 양립할 수 있더라도, 그것들을 설명하는 일과 아무 관계도 없으며, 그것들이 진리 결정자 이론의 논리적 결과들이 되지 않음을 보여준다.

어떤 이는 진리 결정자 견해를 조금 수정해서 이 문제를 피하려고 시도했을 수 있다. 한 주장에 대한 진리 결정자는 실존함으로써 그 주장이 참이라는 것을 반드시 수반하는 어떤 것이라고 말하는 대신에, 한 주장에 대한 진리 결정자가 그 **주장 자체**를 반드시 수반한다고 진리 결정자 이론가는 말했을 수 있다. 예를 들어 '이브는 사과를 하나 갖고 있다'라는 주장에 대한 진리 결정자는 이브가 사과를 하나 갖고 있다는 주장이 참이라는 것을 반드시 수반하는 무언가(anything)라기보다는 이브가 사과를 하나 갖고 있다는 것을 반드시 수반하는 무언가였을 것이다. 하지만 누구든지 대응 견해의 진리 결정자 형태에서 진리가 들어갔을 지점이 어디냐고 정당하게 물었을 수도 있다. 어떤 것이 이브가 사과를 하나 갖고 있다는 것을 반드시 수반함이 어떻게 이브가 사과를 하나 갖고 있다는 주장의 진리를 충분히 설명하는지를 우리는 여전히 보여줄 필요가 있겠다. 결국 이브가 사과를 하나 갖고 있음이라는 속성은 이브가 사과를 하나 갖고 있다는 주장이 참이라는 속성과 전혀 다르다. 이브의 사과 소유권을 주장의 진리와 연결하려면, 우리는 동치 원리와 비슷한 어떤 것(something)에 호소해야 하는 것처럼 보이고, 그래서 최초 문제는 그대로 남는다.

대응 이론은 동치 원리보다 실재론을 더 잘 다룬다. 실재론자의 직관은 진리 대응 이론들에 동기를 부여하는 주요 원천이다. 실재론에 따르면 어떤 주장들은 정신과 독립적으로, 말하자면 누구든지 믿거나 알 수 있는 것과 무관하게 참이다. 대응 이론들은 사물이 정신과 독립적인 세계에 존재하는 방식의 효능으로 주장이 참이거나 거짓이 될 여지를 만든다. 예를 들어 전자가 음전하를 띤다는 주장의 진리는, 주장과 우리가 생각하는 것이나 알 수 있는 것의 관계가 아니라, 주장과 전자들이 맺는 관계의 문제다. 특히 과학적 주장들이나 물리 대상들 및 속성들에 관한 주장들과 관련해, 대응 이론은 진리의 본성을 주장들과 그것들을 믿거나 단언하거나 인식하려고 시도하는 우리의 관계가 아니라, 주장들과 그것들의 주제(subject matter)가 맺는 관계로 설명하겠다고 약속한다.

그렇더라도 우리는 대응 이론의 형태들이 실재론자의 약속을 지키는 데 실패할 수 있고, 때때로 실패한다는 점을 보았다. 가치 평가, 양상, 설명, 수학, 부정, 보편 주장들은 모두 5장에서 검토한 대응 이론의 형태들에서 다루기 힘든 사례를 제공한다. 대응 이론의 옹호자들은 방금 말한 주장들과 관련해 반실재론의 관점을 선택할 수 있지만, 이 선택지는 실재론의 범위를 제한한다. 진리 대응 이론은 일부 주장들이 정신과 독립적으로 참이라는 점과 일관되지만, 아마도 여기서 말하는 일부 주장은 우리가 처음에 생각했던 만큼 많지 않을 것이다.

방금 논의한 대응 이론도 대부분의 반실재론 형태와 양립할 수 있다는 점은 지적할 가치가 있다. 누구든지 참 주장들에 대응하는 무엇이 어떤 뜻에서 정신적 독립체들이나 사물(mental entities or things)이고, 그것들의 실존이 그것들을 생각하는 방식들에 의존한다는 견해를 받아들이기만 하면 된다. 만약 어떤 사태의 성립이 사람들이 믿는 것에 의존한다면, 반실재론자의 고전적 대응 견해를 쉽고 명확하게 표현할 수 있다. 만약 우리가 사용하는 용어들이 부분적으로 우리가 생각하거나 인식했을 수 있는 대상들을 지시한다면, 반실재론자의 인과적 대응 견해는 가능하다. 마찬가지로 반실재론자의 진리 결정자 견해도 가능한데, 이에 근거하면 마음 상태들이 모든 참 주장들의 진리 결정자들이다.

우리는 4장에서 진리 인식 이론들이 실재론과 양립할 수 없다는 점을 보았다. 진리 대응 이론들은 반실재론과 양립할 수도 있고 실재론과 양립할 수도 있다. 이는 진리 대응 이론들의 자랑거리일 수 있다. 그것은 우리가 다른 유형에 속한 주장들이 정신과 독립적인지에 관한 질문을 하나씩 제기할 수 있음을 의미한다. 시작부터 진리는 언제나 마음에 의존한다고, (또는 결코 마음에 의존하지 않는다고) 선언하는 진리 이론을 내세우기보다, 우리는 진리 이론을 배경에 남겨 두고, 예컨대 재미로 아기를 괴롭히는 짓이 그르다는 주장이 객관적으로 참이냐는 질문 같은 특정 문제를 다룰 수 있다. 그러나 우리가 5장에서 보았듯, 실천할 때 일이 그렇게 쉽게 풀리지 않을지도 모른다. 예를 들어 어떤 인과적 대응 이론은 도덕에 대해 반실재론자의 견해를 채택하라고 우리에게 요구했을 수도 있다.

끝으로 대응 이론들이 진리의 가치를 얼마나 잘 설명하는지 살펴보자. 여기서 대응 이론들은 특히 설명을 잘하지 못하는 것처럼 보인다. 진리를 5장에서 논의한 이론들 가운데 하나의 뜻으로 대응이라고 가정하자. 우리의 믿음들이 저런 뜻으로 현실에 대응하는지를 왜 우리가 마땅히 신경 써야 하는지 여전히 궁금할 수도 있다. 왜 대응하는 믿음들이 대응하지 않는 믿음들보다 본래, 도구로서, 목적으로 더 좋거나 나아야 하는가? 진리 인식 이론들은 진리 개념을 좋음 개념과 아주 직접적으로 묶어 놓는다. 참인 것은 믿음의 방식으로 좋다는 제임스의 논평을 떠올려 보라. 하지만 대응 이론들에 근거하면 진리와 가치의 관계는 훨씬 더 느슨하다.

대응 이론가는 진리의 가치에 대해 **어떤** 설명을 하려고 시도했을 수 있다. 대응 관계에 관해 명백히 본래 가치를 지니지 않더라도, 대응 이론가들이 진리의 가치에 대해 믿음의 목표나 도구나 목적으로서 가치를 지닌다는 어떤 추가 설명을 채택할 여지는 충분히 있다. 으레 이런 추가 설명은 진리의 본성보다는 믿음이나 행위, 또는 주장의 본성과 관련될 것이다. 다시 말해 진리의 가치는 진리의 본성에서 직접적으로 나온다기보다 진리가 믿음이나 행위, 또는 주장을 안내할 때 맡은 역할에서 기인하겠다. 진리의 본성을 밝히는 이론이 진리의 가치에 대한 설명도 제공하기를 기대하는 사람들은 방금 말한 결과에 실망할지도 모르지만, 대응 이론가들은 바로 저런 기대가 잘못된 것이라고 답변할 수 있다. 그들은 진리의 가치는 진리의 본성과 관계 없다고 말할 수 있다.

대응 이론들은 여러 방식으로 인식 이론들을 개선할 수도 있지만, 여전히 심각한 문제들에 직면한다. 20세기에 새로운 종류의 진리 이론이 몇 가지 부상했다. 가장 인기가 높은 대안은 '수축론'이고 다음 장의 주제다.

+ 더 읽을거리

우리가 '고전적' 대응 견해들이라고 부르는 갖가지 형태는 루트비히 비트겐슈타인이 『논리-철학 논고』(1922)에서, 버트런드 러셀이 「진리의 본성에 관하여」(1906)와 「진리와 허위」(1912)에서 옹호한다. 데이비드 암스트롱은 『사태들의 세계』(1997)에서 사태의 형이상학을 상세히 설명하고, 『진리와 진리 결정자』(2004)에서 진리 결정하기 이론을 펼쳐낸다. 곤잘로 로드리게즈-페레이라(Gonzalo Rodriguez-Pereyra)의 「진리 결정자」(2006)는 진리 결정하기에 대한 좋은 논의를 제공한다.

알프레드 타르스키는 「의미론적 진리 개념과 의미론의 토대」 (1944)에서 진리를 지시로 정의하는 접근법을 정연하게 설명하고, 하 트리 필드는 「타르스키의 진리론」(1972)에서 인과적 대응 이론을 펼 쳐내기 위해 타르스키식 접근법을 확장한다. 흥미를 느끼는 독자들 은 진리를 정의하는 타르스키식 전략에 대해 훨씬 더 전문적으로 발 표한 논문들을 참고해야 한다. 전문적인 논문들은 여러 면에서 이번 장의 요약 범위를 넘어선다.

필립 키처(Philip Kitcher)는 「대응 진리의 설명적 역할에 관하여」 (2002)에서 진리 인과적 대응 이론이 참 믿음과 성공적 행위의 관계 를 설명하려면 필요하다는 견해를 옹호하고, 나는 「실천적 성공과 진리의 본성」(2011)에서 키처의 접근법에 반대하는 논증을 펼친다.

대응 이론의 비정통 접근법은 '간접적 대응'으로서 진리 이론이 다. 테렌스 호건(Terence Horgan)과 마티아슈 포토르치(Matjaž Potrč) 의 「전우주 객관주의와 간접적 대응」(2000)과 호건의 「맥락 의미론 과 형이상학적 실재론」(2001)에서 옹호한 견해다.

5장에서 다룬 더 많은 주제에 대해서는 『스탠퍼드 철학 백과사 전』의 「진리 대응론」(데이비드 2003), 「사실」(멀리건과 코레이어 2013), 「진리 결정자」(맥브라드 2013), 「사태」(텍스터 2012)와 참고문헌 목록을 보라.

6

진리 수축 이론

Deflationary Theories of Truth

6.1 진리에 관한 새로운 사고방식

진리 인식 이론들은 우리의 진리 시험 기준들이 시험한 것이 진리라는 발상에서 시작하고, 참이 무엇인지를 결정하면서 정신과 독립적으로 존재하는 현실에 너무 작은 역할을 주기 때문에 문제를 일으킨다. 진리 대응 이론들은 진리란 세계의 존재 방식에 대응함의 문제라는 발상에서 시작하고, 몇 가지 주장들의 진리를 설명할 수 없는 것처럼 보이고 회의론의 문제에 직면할 수도 있다.

20세기에 진리에 관한 새로운 사고방식이 몇 가지 부상했고, 인식 이론뿐 아니라 대응 이론의 문제들도 피하고자 했다. 영향력이 대단한 이론들의 가족은 진리 **수축론자**의 이론들(deflationist theories of truth)로 형식 논리학의 발전에서 영감을 얻었다. 수축 이론들 (deflationary theories)은 전형적으로 주장이 참이라고 말하는 것이 단순하게 주장 자체를 단언하기(asserting)와 별로 다르지 않다는 발상에서 시작한다. 나는 눈이 희다고 말하거나, 혹은 거의 같은 것을 "눈이 희다는 것은 참이다"라고 더 많은 단어로 말했을 수 있다. 저런 동치를 말하는 것이 진리에 관해 이해할 전부라면 어떠냐?

철학자들은 속성들의 본질적 본성을 자주 기술하고자 한다. 예를 들어 정의론을 세울 때, 무엇이 어떤 사태를 정의롭게 (또는 정의롭지 않게) 만드는지, 그리고 모든 정의로운 사태만이 공통으로 가지는 것은 무엇인지 철학자들은 설명하고자 한다. 수축론자들은 진리에 관여하는 한, 그처럼 본질을 찾으려는 접근법을 거부한다. 모든 참 주장을 참이게 만드는, 모든 참 주장만이 공통으로 가지는 아무것도 필요가 없다. 오히려 수축론자들은 '__은 참이다'와 같은 표현의 논리적 작동이 진리의 본성에 관해 알아야 할 전부를 있는 그대로 우리에게 말해준다고 생각한다. 진리를 이해하는 것은 '__이라는 것은 참이다'와 밑줄을 채울 모든 주장의 논리적 관계를 이해하는 것이다.

수축론(deflationism)의 다양한 여러 형태가 있으며, '__은 참이다'와 같은 표현의 논리적 기능을 설명하는 방식의 세부 내용은 서로 다르다. 수축론에 속한 영향력이 아주 큰 세 견해를 6장에서 개관할 것이다. 프랭크 램지의 중복 이론, 윌러드 콰인의 인용 부호 제거론, 폴 호위치의 최소주의다.

6.2 중복 이론

진리 수축 견해의 최초 진술은 프랭크 램지[1]의 『토론회: 사실과 명제』(1927)에서 기인한다. 램지는 우리가 '직접적' 진리 속성 부여(a 'direct' truth attribution)와 '간접적' 진리 속성 부여(a 'indirect' truth attribution)라고 부르는 두 경우를 고찰했다. 직접적 진리 속성 부여의 경우는 누구든지 주장을 명시적으로 모두 적고, 주장이 참이라고 말한다. 다음과 같은 사례를 들 수 있다. '눈이 희다는 것은 참이다.' '카이사르가 암살당했다는 주장은 참이다.' '살쾡이가 육식성임은 사실이다.' 이와 반대로 간접적 진리 속성 부여의 경우는 누구든지 주장의 내용을 명시적으로 모두 적지 않는다. 간접적 진리 속성 부여는 다른 방식으로 주장을 확인하고, 주장이 참이라고 말한다. 몇 가지 예는 다음과 같다. '지방의 영양 가치에 관한 잭 스프랫의 최근 주장은 참이다.' '브루투스가 너에게 어제 말했던 것은 참이다.' '페아노 산술의 모든 정리는 참이다.'

직접적 진리 속성 부여의 경우에, 램지는 '참이다'라는 표현을 (그리고 변형 표현을) 엄밀히 말하면 중복된 것으로 생각했다. '카이사르가 암살당했다는 것은 참이다'라는 문장은 '카이사르는 암살당했다'라는 문장과 정확히 같은 것을 의미한다. 만약 우리가 장황한 공식적

---

1   프랭크 램지(Frank Ramsey, 1903~1930)는 영국 철학자이자 수학자, 경제학자로 세 학문 분야에 모두 공헌했다. 비트겐슈타인의 친구이자 학생이었으며 비트겐슈타인이 독일어로 쓴 『논리-철학 논고』를 영어로 번역했다.

표현을 사용한다면, 그것은 문체나 강조를 위한 이유일 뿐인데, 둘 사이에 의미 차이(difference in meaning)가 없기 때문이다.

램지의 견해는 만약 카이사르가 암살당했다는 것이 참이라면, 그리고 오로지 그런 경우에만, 카이사르는 암살당했다는 사소한 관찰보다 더 과감한 것이다. 램지는 '카이사르는 암살당했다'라는 문장과 '카이사르가 암살당했다는 것은 참이다'라는 문장의 관계가 '어떤 사람이 돈을 훔쳤다'라는 문장과 '돈은 어떤 사람에게 도둑맞았다'라는 문장의 관계와 대등하다고 생각했다. 그것은 엄밀한 동의어 관계고, 두 문장은 정확히 같은 의미를 갖는다.

이 주장이 현실적으로 얼마나 과감한지 보려면 '카이사르는 암살당했다'라는 문장과 '카이사르가 암살당했다는 것은 참이다'라는 문장의 겉으로 드러난 차이에 주목하라. 첫째 문장은 한 **사람**이 (바로 카이사르가) 살해당했음이라는 속성을 가진다고 말한다. 둘째 문장은 표층 구조가 전혀 다르다. 그것은 한 **주장**이 (바로 카이사르가 암살당했다는 주장이) **참임이라는** 속성을 갖는다고 말한다. 첫째 문장은 주장들이나 진리에 관해 아무것도 말하지 않고, 둘째 문장은 카이사르와 살해를 단지 불투명하게 언급할 뿐이다. 두 문장의 표층 구조들(surface structures)은 두 문장이 아주 다른 내용들을 가진다고 시사한다.

그때 '참이다'라는 표현이 중복된 것이라고 제안하면서, 램지는 이런 사례들에서 표층 구조들이 우리를 잘못된 길로 이끈다고 제안하고 있다. '카이사르가 암살당했다는 것은 참이다'라는 문장은 진리 속성(the property of truth)을 어떤 것에도 부여하지 않는다. 그것은 단지 암살당했음이라는 속성을 카이사르에게 부여하는 장황한 방식이다.

만약 모든 진리 속성 부여(truth attributions)가 직접적이라면, 우리는 ('진리 술어들'이라고 부르는) '참이다(is true)' 같은 표현들이 필요 없을 것이다. 어떤 이유든 우리가 참이라고 말하는 주장이나 주장들을 명시적으로 진술할 수 없을 때, 진리 술어(the truth predicate)는 필요하다. 그러면 **간접적** 진리 속성 부여에 따라 우리는 '그가 너에게 말했던 것은 참이다'나 '페아노 산술의 모든 정리는 참이다'와 같은 것들을 말한다. 하지만 램지는 우리가 방금 말한 진리 술어들의 사용을 이런 주장들이 어떤 속성을 주장들에 부여하는 일에 관여한다고 가정하지 않고서 설명할 수 있다고 생각한다.

램지의 견해에 근거하면 간접적 진리 속성 부여는 주장들의 무한 연언을 표현한다. '그가 너에게 말했던 것은 참이다'라는 문장은 단지 '만약 그가 너에게 ___라고 말했다면, ___이라는 것은 참이다'라는 공식의 빈칸을 채운 모든 사례 문장들의 무한 연언을 표현하는 방식이다. 이 공식에서 두 빈칸은 같은 문장으로 채워진다. 예를 들어보자.

(1) 만약 그가 너에게 물이 영양분이 풍부하다고 말했다면, 물이 영양분이 풍부하다는 것은 참이다. 그리고 만약 그가 너에게 하늘이 파랗다고 말했다면, 하늘이 파랗다는 것은 참이다. 그리고 만약 그가 너에게 피터슨이 돈을 횡령했다고 말했

다면, 피터슨이 돈을 횡령했다는 것은 참이다. 그리고 … (If he told you that water is nutritious, then it is true that water is nutritious, AND if he told you that the sky is blue, then it is true that the sky is blue, AND if he told you Peterson embezzled the money, then it is true that Peterson embezzled the money, AND …)

(1)에서 모든 문장의 오른쪽을 보라. 각 문장은 **직접적** 진리 속성 부여의 사례이고, 램지의 견해에 근거하면 여기서 '이라는 것은 참이 다'라는 표현은 중복된 것이다. 따라서 '그가 너에게 말했던 것은 참 이다'라는 표현은 다음과 같은 절을 포함하는 무한히 긴 연언과 같 은 의미를 갖는 것으로 밝혀진다.

(2) 만약 그가 너에게 물이 영양분이 풍부하다고 말했다면, 물 은 영양분이 풍부하다. 그리고 만약 그가 너에게 하늘이 파랗 다고 말했다면, 하늘은 파랗다. 그리고 만약 그가 너에게 피 터슨이 돈을 횡령했다고 말했다면, 피터슨은 돈을 횡령했다. 그리고… (If he told you that water is nutritious, then water is nutritious, AND if he told you that the sky is blue, then the sky is blue, AND if he told you Peterson embezzled the money, then Peterson embezzled the money, AND …)

램지의 접근법에서 철학적으로 아주 중요한 측면은 진리 술어 사용에 대해 '__은 참이다'를 사물의 속성으로 여기지 않고서 설명한 것처럼 보인다는 점이다. 만약 램지의 제안이 효과가 있다면, 진리 술어의 논리와 용법을 실제로 진리 같은 어떤 속성이든 있다고 가정하지 않고서 설명할 방법을 보여주지 않는가! '이라는 것은 참이다(It is true that)'와 이것의 변형 표현들은 '어떤 것', '아무것도 아님', '그리고'와 무척 비슷한 일상적 논리 어휘의 한 부분이 되었다.

만약 위에서 말한 내용이 전부 올바르다면, 진리의 본성에 대해 이해해야 할 문제는 없는 셈이다. 카이사르의 암살이 충분히 설명되자마자, 카이사르가 암살당했다는 주장의 진리에 관해 설명해야 할 다른 아무것도 없다. '카이사르가 암살당했다는 주장의 진리'는 카이사르의 암살당했음 이상도 이하도 아니기 때문이다.

하지만 중복 견해(redundancy view)가 간접적 진리 속성 부여에 효과적일 수 없다고 생각할 강력한 이유가 있다. 어떤 이는 주장들의 무한 연언이라는 발상이 정말 말이 되느냐고 의혹을 제기한다. 우리는 오로지 유한하게 많은 구성 요소를 가진 주장들과 오로지 유한하게 긴 연언에 익숙하다. 중복 이론(redundancy thory)은 간접적 진리 속성 부여가 **무한히** 긴 연언이라고 주장하지만, 아무도 저런 연언을 발언하거나 이해한 적이 없었다. 그때 우리가 간접적 진리 속성 부여를 이해하는 것은 어떻게 가능했을 수 있는가?

중복 이론의 다른 문제도 간접적 진리 속성 부여를 이해할 우리의 능력과 관계가 있다. 다음과 같은 주장을 살펴보자.

(3) 존스의 『어류학』 42쪽의 셋째 문장은 참이다. (The third sentence on page 42 of Jones's *Ichthyology* is true.)

직관적으로 나는 (3)을 존스의 『어류학』 42쪽의 셋째 문장이 무엇인지를 전혀 몰라도 완벽하게 잘 이해할 수 있을 듯하다. 그러나 문제의 셋째 문장이 (4)라고 상상해 보자.

(4) 어떤 원양 어류는 난태생이다. (Some pelagic fish are ovoviviparous.)

(4)는 내가 이해할 수 있는 문장이 아니고, 그것이 문제가 생기는 지점이다. 중복 이론에 따르면 (3)은 아래 (5)와 같은 형식의 빈칸을 채운 주장들의 무한 연언을 표현한다.

(5) 만약 존스의 『어류학』 42쪽의 셋째 문장이 __이라고 말한다면, __ . (If the third sentence on page 42 of Jones's *Ichthyology* says that __, then __.)

(5)의 빈칸을 채운 사례 문장들의 무한 연언의 결정적 연언지는 아래 주장 (6)이다.

(6) 만약 존스의 『어류학』 42쪽의 셋째 문장이 어떤 원양 어류
   는 난태생이라고 말한다면, 어떤 원양 어류는 난태생이다.
   (If the third sentence on page 42 of Jones's *Ichthyology* says that
   some pelagic fish are ovoviviparous, then some pelagic fish are
   ovoviviparous.)

나는 (4)를 이해할 수 없으므로, (6)도 이해할 수 없다. 그러나 (6)
은 (3)이 표현하는 무한 연언의 가장 중요한 연언지다. (3)은 (6)의 전
건(antecedent)이 담고 있는 유일한 것이다. 중복 이론을 가정하면,
나는 (6)을 이해함 없이 (3)을 이해할 수 없다. 그리고 나는 (6)을 이
해할 수 없는 까닭에, (3)을 전혀 이해할 수 없다는 결론이 따라 나온
다. 중복 이론은 어떤 사람이 어떻게 간접적 진리 속성 부여를 그것
이 말하는 주장의 참을 이해할 수 없어도 이해할 수 있는지를 설명
할 때 문제를 일으킨다.

방금 말한 문제는 직접적 진리 속성 부여까지 확장된다. 나는 '어
떤 원양 어류가 난태생이라는 주장은 참이다'라는 문장을 '어떤 원
양 어류는 난태생이다'라는 문장을 이해하지 못해도 이해할 수 있다.
만약 진리 술어가 중복된 것이라면, 나는 진리 속성 부여를 진리가
부여된 그 주장을 이해하지 못하면서 이해할 수 없을 것이다.

이와 관련된 문제는 증거에 관한 고찰에서 생긴다. (3)에 대한 증
거일 수도 있는 것이 어떤 종류인지 살펴보자. 저 증거의 일부는 존
스 자신이 실수를 거의 하지 않는 대단히 존경받는 세심한 어류학

자라는 사실, 언급된 책이 면밀하게 점검받고 전문가들로 구성된 평가단의 재검토를 받았다는 사실, 출판사가 42쪽의 바로잡기를 포함하지 않은 책의 정오표(errata)를 발행했다는 사실 따위를 포함한다고 해도 된다. 우리는 42쪽의 셋째 문장이 참이라는 많은 증거를, 셋째 문장이 말한 것을 모르거나 어류학 자료를 이용하지 못해도 수집할 수 있을 것이다. 다른 한편 방금 말한 사실들 가운데 아무것도 어떤 원양 어류가 난태생이라는 증거가 아닌 듯하다. 어떤 원양 어류든 난태생인지 발견하려면, 우리는 어류에 관한 책의 출판 이력이 아니라 어류에 관해 알 필요가 있다. 하지만 중복 이론에 근거하면, (3)은 결국 '어떤 원양 어류는 난태생이다'라는 문장이 되거나, 또는 (5)의 빈칸을 채운 사례 문장들의 무한 연언을 표현한다. 전자의 경우 우리는 존스의 『어류학』 출판 이력에 관한 증거를 원양 어류가 있는지에 관한 증거로 여긴다고 확언할 테지만 그것은 잘못인 듯하다. 후자의 경우에도 우리는 별로 나아지지 않는다. 책의 출판 이력은 어떤 원양 어류가 난태생이라는 증거가 아니라, 어떤 원양 어류는 난태생이거나 존스의 『어류학』 42쪽의 셋째 문장이 어떤 원양 어류는 난태생이라고 말하지 않는다는 증거로 드러날 테고, 그것도 역시 반직관적인 것처럼 보일 수도 있다.

중복 이론은 설명에 관한 문제에도 직면한다. 특히 만약 우리가 실재론자의 경향을 보인다면, 다음과 같이 가정하는 것이 자연스럽다.

(7) 물이 실내 온도에서 액체이기 때문에 '물은 실내 온도

에서 액체다'라는 문장은 참이다. ('Water is a liquid at room temperature' is true because water is a liquid at room temperature.)

하지만 중복 이론에 근거하면, (7)은 아래 (8)과 같은 내용을 의미한다.

(8) 물은 실내 온도에서 액체이기 때문에 물은 실내 온도에서 액체다. (Water is a liquid at room temperature because water is a liquid at room temperature.)

골칫거리는 (7)이 올바른 설명인 듯하지만, (8)은 거짓이거나 기껏해야 순환에 빠지고 아무 정보도 주지 못하는 것 같다는 데서 생긴다. 하지만 만약 (7)과 (8)이 같은 것을 의미한다면, (8)이 참이거나 정보를 제공하지 않는 한, (7)도 그럴 수 없다. 중복 이론을 받아들인다면, 우리는 (7)을 (8)만큼 용인할 수 없거나, (8)을 (7)만큼 용인할 수 있다고 결론지을 수밖에 없을 듯하다. 어떤 선택지도 매력적이지 않다.

6.3 인용 부호 제거론

중복 이론(redundancy theory)의 가까운 친척뻘 견해가 인용 부호 제거론(disquotationalism)이다.[2] 이 견해를 두드러지게 옹호한 철학자는 윌러드 콰인과 하트리 필드다. 콰인은 프랭크 램지와 마찬가지로 진리 술어가 순수하게 논리적 기능을 한다고 주장했다. 직접적 진리 속성 부여 사례에서 진리 술어의 기능은 '인용 부호 제거(disquotation)'나 '의미론적 하강(semantic descent)'이다.

인용 부호 제거론자들은 문장이 기본 진리 담지자라고 생각한다. 다양한 이유로 우리는 때때로 문장들에 관해 말하고, 그렇게 하려면 문장에 이름을 붙이는 방법이 필요하다. 한 가지 방법은 인용 부호를 사용하는 것이다. 아래 문장 (9)~(11)을 보라.

(9) 물은 실내 온도에서 액체이다. (Water is a liquid at room temperature.)

(10) '물은 실내 온도에서 액체이다'라는 문장은 낱말 일곱 개를 갖는다. ('Water is a liquid at room temperature' has seven words.)

(11) '물은 실내 온도에서 액체이다'라는 문장은 영어 문법에 맞는

---

2   'disquotation'은 흔히 '탈인용'이라고 번역되지만, 뜻을 명확하게 전달하기 위해 조금 길지만 '인용 부호 제거'로 옮겼다. 언어 사용자들은 대체로 겹따옴표와 홑따옴표를 인용 부호로 사용한다. 물론 겹따옴표와 홑따옴표는 강조하기 위해 사용되기도 하지만, 인용 부호는 대체로 누군가의 발언을 직접 인용할 때 넣는다. 분석철학에서는 문장에 인용 부호를 넣어 문장의 이름을 만든다. 인용 부호를 벗기거나 제거하는 것은 인용된 발언을 실제 진술(actual statement)로 되돌린다는 뜻이다. 실제 진술은 세계에서 성립하거나 성립하지 않는 사태에 관한 내용을 전달하기 위해 사용된 문장이다.

다. ('Water is a liquid at room temperature' is grammatical in English.)

(9)는 물에 관한 어떤 것을 말하지만, (10)과 (11)은 물에 관해 말하지 않는다. (10)과 (11)은 둘 다 '물은 실내 온도에서 액체이다'라는 문장에 관해서 말한다. 인용 부호의 효과는 문장의 이름을 새로 만드는 것이다.

콰인이 말했듯 진리 술어는 인용 부호의 효과를 취소한다. 아래 문장 (12)를 말한다고 치자.

(12) '물은 실내 온도에서 액체다'라는 문장은 참이다. ('Water is a liquid at room temperature' is true.)

(12)에서 '참이다'라는 진리 술어의 사용은 인용 부호가 원래 했던 일을 하지 않는다. 그것은 문장들에 관한 대화에서 다시 한번 세계에 관한 대화로 우리를 하강하게 만든다. 콰인은 다음과 같이 말한다. "… 진리 술어는 이를테면 문장을 통해서 현실을 가리킨다. 문장들이 언급되지만, 현실이 여전히 온전한 요점이라고 상기시키는 것이 진리 술어의 역할이다."[3]

---

[3]   윌러드 콰인, 『논리 철학(Philosophy of Logic)』(1970), 11쪽. 원문은 다음과 같다. " … the truth predicate serves, as it were, to point through the sentence to the reality; it serves as a reminder that though sentences are mentioned, reality is still the whole

여기까지 말한 내용은 중복 이론과 흡사해도 미묘한 차이가 있다. "'물은 실내 온도에서 액체이다'라는 문장은 참이다"라는 문장이 '물은 실내 온도에서 액체이다'라는 문장과 **같은 것을 의미한다**고 중복 이론가는 말할 것이다. 다른 한편 콰인 같은 인용 부호 제거론자는 의미 문제에 침묵하고, 두 문장의 의미가 어떤 관계를 맺든 ('물은 실내 온도에서 액체다'라는 문장의 의미를 가정하면) "'물은 실내 온도에서 액체이다'라는 문장은 참이다"라는 문장이 '물은 실내 온도에서 액체이다'라는 문장과 논리적 동치(logical equivalence)라고 지적하는 것으로 만족할 수 있다.

이와 같은 차이에 담긴 뜻을 파악하기 위해 세 사람, 앨리스와 밥, 캐럴이 다음 두 문장, (13)과 (14)의 관계에 대해 벌인 상상의 논쟁을 살펴보자.

(13) 병은 비어 있다. (The bottle is empty.)

(14) 병이 비어 있지 않다는 것은 사실이 아니다. (It's not the case that the bottle is not empty.)

앨리스는 두 문장이 다른 것을 의미한다고 생각한다. 앨리스의 말은 이렇다. (13)은 병이 비어 있다고 주장하고 (14)는 병이 비어 있지 않다는 것을 부정한다. 밥은 의견이 다르다. 밥에 따르면 문장과 문

---

point."

장의 이중 부정은 정확히 같은 것을 언제나 의미한다. 그래서 밥의 견해에 근거하면 (13)은 (14)와 같은 것을 의미한다. 끝으로 캐럴은 (13)과 (14)가 같은 것을 의미하느냐는 질문이 쓸데없다고 강력히 주장한다. 어떤 문장과 그 문장의 이중 부정이 서로 논리적 동치이고, 제각기 다른 것을 반드시 함의하는 까닭이다.

램지 같은 중복 이론가는 밥과 유사한 입장을 받아들인다. 램지는 '물은 실내 온도에서 액체이다'라는 문장과 '물이 실내 온도에서 액체라는 것은 참이다'라는 문장이 같은 것을 의미한다고 생각한다. 콰인 같은 인용 부호 제거론자는 적어도 지금 말하는 맥락에서 두 문장이 같은 것을 의미하느냐는 질문이 쓸데없다고 생각할 수도 있다. ('물은 실내 온도에서 액체다'라는 문장의 의미를 가정하면) 두 문장이 각각 다른 문장을 반드시 함의한다는 점을 알아보자마자, 두 문장의 관계 맺음에 관해 중요한 전부를 우리는 알아보았다.

이 차이는 수축론의 두 유형이 간접적 진리 속성 부여를 처리하는 방식에 중요하다. 인용 부호 제거론자는 간접적 진리 속성 부여가 중복 이론에 일으키는 몇 가지 문제를 피한다. 6.2에서 말한 (3) '존스의 『어류학』 42쪽 셋째 문장은 참이다'를 다시 살펴보자. 중복 이론가는 (3)을 (5)〔만약 존스의 『어류학』 42쪽 셋째 문장이 __이라고 말한다면, __.〕의 문장 사례들을 연언 기호로 결합한 무한 연언을 표현한다고 여길 것이다. 인용 부호 제거론자는 다른 방침을 따를 수 있다. 인용 부호 제거론자에게, (3)에 관해 중요한 것은 (3)이 존스의 『어류학』 42쪽 셋째 문장과 논리적으로 교체될 수 있다는 점이다.

어떤 것이든지 거기에 주어진 문장과 (3)은 서로 반드시 함의한다. 마찬가지로 '페아노 산술의 모든 정리는 참이다'라는 문장은 페아노 산술의 모든 정리를 (그것들이 페아노 산술의 모든 정리라는 취지의 배경 가정을 받아들이면) 반드시 함의하고, 그것들에 의해 반드시 함의된다. 이런 종류의 논리적 동치는 의미 같음과 다른데, 인용 부호 제거론자는 의미 같음에 관한 어떤 주장도 할 필요가 없다.

콰인은 진리 술어가 우리의 제한된 자원 탓에 우리가 달리 말할 수 없게 될 것들을 말하기 위한 기제(a mechanism)를 제공한다고 강조한다. 예를 들어 페아노 산술의 무한히 많은 정리가 있고, 우리는 무한히 많은 정리를 하나씩 모두 주장할 수 없다. 그렇더라도 우리는 저 정리 모두에 관해 **일반화**하고 페아노 산술의 모든 정리가 이러저러하다고 말할 수 있다. 진리 술어는 페아노 산술의 정리들인 그 **문장들**을 일반화하고, 그런 다음 인용 부호를 한꺼번에 제거해서 수들에 관한 문장들에 대해 처음 말한 것을 제외하면 말할 수 없는 수들에 관한 어떤 것을 말하도록 허용한다.

인용 부호 제거론은 중복 이론과 마찬가지로 진리 술어가 논리 어휘에 속한 일부이고 '푸르다(is green)'와 같은 술어가 아니라 '모든', '그리고', '아니다'와 같은 말과 더 비슷하게 기능한다는 발상을 아주 진지하게 받아들인다. 연언과 보편적 일반화의 논리를 넘어서 우리가 이해할 '연언의 본성', '일반화의 본성' 같은 것은 없다. 인용 부호 제거론자에게 진리 술어에 대한 우리의 이해를 넘어서 우리가 이해할 '진리의 본성' 같은 것도 없다. 게다가 인용 부호 제거론자는 진리 술어의 논리가 인용 부호 제거의 논리라고 믿는다. '＿은 참이다 (＿ is true)'라는 문장 형식은 '＿'을 어떤 문장으로 채우든 그것의 문장 사례와 동치고, '이러저러하다는 모든 문장은 참이다'라는 문장 이, 이러저러하다는 모든 문장을 (늘 그렇듯 이 문장들이 이러저러한 문장 들이라는 배경 가정을 받아들이면) 반드시 함의하고, 저 모든 문장에 의 해 반드시 함의된다고 말하자마자, 우리는 진리에 관해 이해할 전부 를 이해했다.

하지만 인용 부호 제거론은 중복 이론의 모든 문제를 해결하지 못 한다. 첫째, 하트리 필트의 논증에 따르면 인용 부호 제거론자들은 그들이 이해하지 못한 문장들에 대한 진리 속성 부여의 의미를 현실 적으로 이해하지 못한다고 용인해야 한다. '프란츠의 위원회 증언은 참이었다(Franz's testimony to the commission was true)'라는 문장을 예로 들고, 프란츠의 위원회 증언은 내가 모르는 독일어였다고 가정 하자. 인용 부호 제거론자의 견해에 근거하면, '프란츠의 위원회 증 언은 참이었다'라는 문장을 이해하는 것은 그 문장이 프란츠의 증언 을 반드시 함의하고, 증언에 의해 (그것이 프란츠의 증언이라는 배경 가정 을 받아들인다면) 반드시 함의된다는 것을 평가하는 문제다. 하지만 프 란츠의 증언을 이해하지 못하므로, 나는 프란츠의 증언이 무엇이든 (anything) 반드시 함의하거나 무언가에 의해 반드시 함의되는지를 평가할 위치에 있지 않다. 그래서 '프란츠의 위원회 증언이 참이었 다'라는 문장에 대한 나의 이해는 기껏해야 불완전하다.

어떤 인용 부호 제거론자들은 이것이 아주 심각한 문제가 아니라고 생각하기 쉽다. 진리 술어를 가진다는 요점은 우리가 달리 말할 수 없는 것들을 말하도록 허용하는 것이라는 점을 상기하라. 으레 인용 부호 제거론자들은, 진리 술어가 우리의 유한성으로 단언하지 못하는 주장들이나 주장들의 집합체를 단언하게 한다고 지적한다. 하지만 그들은 진리 술어의 다른 유용한 기능을 지적했을 수도 있다. 진리 술어는 우리가 이해하지 못하는 주장들을 단언하도록 (혹은 적어도 동의하도록) 허용한다.

인용 부호 제거론자의 가능한 다른 반응은 번역에 호소하는 것이다. 내가 '눈은 희다'라고 말할 때, 내가 이해하지 못하는 어떤 독일어 문장과 논리적으로 동치인 어떤 말을 나는 했다. 하지만 그것이 경보를 울릴 문제는 아닌데, 왜냐하면 우리가 영어 문장과 독일어 문장을 상호 번역할 수 있는 것으로 생각하기 때문이다. 만약 내가 독일어 문장의 영어 번역어를 이해한다면, 내가 독일어 문장을 이해하지 못한다고 한들 누가 신경 쓰겠는가? 인용 부호 제거론자는 지금 말한 상황이 간접적 진리 속성 부여와 같다고 말할지도 모른다. 만약 내가 (영어로) '프란츠의 위원회 증언은 참이었다'라는 문장을 말한다면, 나는 프란츠의 증언에 대한 영어 번역 문장과 논리적으로 동치인 어떤 것을 말했고, 영어 번역 문장을 이해할 (또 그것이 프란츠의 증언에 대한 번역 문장임을 이해할) 나의 능력은 내가 진리 속성 부여에 대해 충분히 이해할 수 있게 한다.

번역 문장들에 호소함은 이른바 '번역 불확정성(indeterminacy of translation)' 문제에 곧장 뛰어드는 것이다.[4] 여기서 번역 불확정성 문제는 우리가 기본 진리 담지자이자 문장의 의미로서 명제에 호소하지 않은 한, 한 언어에서 다른 언어로 문장을 번역할 하나 이상의 방식이 있고, 생겨난 번역 문장들이 서로 논리적 동치가 아닐 것이라는 (논란의 여지가 많은) 견해다. 윌러드 콰인과 하트리 필드가 둘 다 받아들이는 번역 불확정성을 고려하면, 내가 프란츠의 증언이 참이었다고 말할 때 내가 말했던 것은 **불확정적인** 것으로 드러날 터다. 다시 말해 내가 말했던 것이나 나의 주장이 참인지에 대한 사실은 없을 것이다. 어떤 이는 독일어를 영어 '표준' 번역 문장으로 번역하고, 그래서 나의 주장이 프란츠의 증언에 대한 표준 번역 문장과 동치라고 지적함으로써, 방금 말한 문제를 피하려고 할 수도 있다.

하지만 표준 번역 문장에 호소하는 것은 문제를 일으킨다. 첫째로 번역 불확정성을 가정하면, 한 번역 문장을 표준 번역으로 만드는 유일한 것은 우리가 그 문장을 표준 번역으로 용인한다는 사실이다. 이는 일종의 진리 상대주의를 초래한다. 프란츠의 증언이 참이었느냐

---

4   '번역 불확정성' 또는 번역 '번역 비결정성' 논제는 윌러드 콰인이 『말과 대상』(1963)의 2장에서 상세히 논의했고, 이후 언어철학과 언어학 분야에서 거의 상식으로 통한다. 콰인은 모든 자연 언어의 문장과 낱말에 결정된 의미 또는 확정 의미를 제공할 가능성에 의문을 던진다. 결정된 의미 또는 확정 의미는 없고, 따라서 의미에 관한 모든 이론은 불확정적이거나 비결정적이다. 의미론 관련 이론들에 닥치는 문제를 번역 지침들에 닥치는 문제에 비유해 논의한다. 완전히 낯선 언어의 번역 지침을 만드는 현장 언어학자들의 무리를 상상해 보자. 이런 상황을 **근본 번역**(radical translation) 상황이라고 부른다. 이 상황에서 원어민 화자들의 언어 행동을 연구한 다음, 언어학자들은 양립할 수 없는 여러 번역 지침을 내놓는다. 번역 지침들은 불확정성/비결정성의 영향을 받고, 어떤 번역 지침이 올바른지에 대한 **어떤 사실도 없**다고 말하기에 이른다. 여기서 불확정성은 의미 이론뿐 아니라 지칭 이론에도 영향을 미친다. 이것은 '지칭 불가해성(inscrutability of reference)'으로 알려진다.

는 우리가 프란츠의 증언에 대한 표준 번역을 무엇으로 용인하느냐에 달려 있다. 그것은 실재론자의 경향을 보이는 사람들이 용인하기 쉽지 않은 방식으로 진리가 우리에게 의존하도록 만든다. 둘째로 내가 독일어를 말하지 못하기 때문에, 나는 독일어를 영어로 번역하는 표준 방식이 무엇인지에 대해 아무 생각도 없다. 프란츠의 증언을 영어로 번역할 방법에 대해 아무 생각이 없어서, 내가 프란츠의 증언이 참이었다고 말할 때 내가 말했던 것을 우리가 모르는 상황으로 되돌아간다.

번역 불확정성과 독립적으로 제기되는 다른 문제는 번역에 호소하는 인용 부호 제거론자의 견해가 말 앞에 마차를 두는 꼴일 수도 있다는 점이다. 직관적으로 어떤 번역을 올바르게 만드는 것은 진리와 관계가 있다. 프란츠의 증언에 대한 좋은 번역 문장은 프란츠의 최초 증언과 정확히 같은 상황에서 참이어야 한다. 그리고 만약 번역 문장의 진리 조건이 프란츠가 실제로 말했던 것의 진리 조건과 다르다면, 우리는 번역 문장을 나쁜 번역이라거나 프란츠의 의미를 보존하지 않았다고 비판할 수 있다. 하지만 우리가 진리 개념을 단지 표준 번역을 거쳐 간접적으로 적용하는 것이 아니라 직접적으로 적용할 수 없는 한, 방금 말한 직관들은 뜻이 전혀 통하지 않는다. 만약 좋은 번역이라는 개념이 외국인의 발언이 참일 수 있음을 이해하는 것에 의존한다면, 진리 술어가 어떻게 번역에 호소함으로써 외국인의 발언에 적용되는지를 우리는 설명할 수 없다.

따라서 인용 부호 제거론자들에게 몇 가지 선택지가 있고, 각 선택지는 이런저런 방식으로 매력적이지 않다. 독일어를 이해하지 못하면서도 '프란츠의 위원회 증언이 참이었다'라는 문장을 내가 이해할 수 있다는 강력한 직관을 인용 부호 제거론자들은 포기할 수 있다. 그들은 '프란츠의 위원회 증언이 참이었다'라는 문장의 참값에 대해 어떤 사실도 없다고 우길 수 있다. 또한 그들은 진리를 언어와 번역 도식에 따라 상대화할 수 있다. 그래서 '프란츠의 증언을 체계 S에 따라 나의 언어로 번역한 내용은 참이다'라는 형식의 문장에 대해 확정된 참값이 있고, 그 문장이 S의 어떤 값에 대해 참이고 다른 값에 대해 참이 아니라고 허용할 수 있다. 혹은 인용 부호 제거론자들은 기본 진리 담지자이자 문장의 의미로서 명제를 상정함으로써 번역 불확정성의 문제를 피할 수 있다.

방금 말한 마지막 선택지가 최선으로 보일 수도 있지만, 인용 부호 제거론자들은 큰 대가를 치르게 된다. 인용 부호 제거론자들은 진리 술어를 문장에 관해 말하는 방식으로써 세계에 관해 말하는 논리적 장치로 본다. 만약 명제가 일차 진리 담지자라면, 인용 부호 제거론자들은 진리 이론의 요점을 놓쳤던 것처럼 보일 것이다. 우리는 즉각 명제가 참이라는 것이 무엇을 의미하느냐는 물음에 직면한다. 진리 술어가 문장과 관련해 작동하는 방식에 대한 이론은 명제에 관한 아무것도 우리에게 말해 주지 않는다.

중복 이론의 설명 문제도 인용 부호 제거론을 따라다니며 괴롭힌다. 인용 부호 제거론에 따르면 아래 (15)와 (16)은 논리적 동치다.

(15) 물은 실내 온도에서 액체이기 때문에 '물은 실내 온도에서 액체다'라는 문장은 참이다. ('Water is a liquid at room temperature' is true because water is a liquid at room temperature.)

(16) 물은 실내 온도에서 액체이기 때문에 물은 실내 온도에서 액체다. (Water is a liquid at room temperature because water is a liquid at room temperature.)

그렇더라도 분명히 (15)는 참이고 (16)은 참이 아닌 듯하며, 이것은 인용 부호 제거론과 일관되지 않는다.

인용 부호 제거론자가 방금 말한 문제에 보일 최선의 반응은, (15)가 참임을 부정하거나 (15)와 (16)이 논리적 동치임을 부정하는 것이다. (15)는 어떻게 거짓이었을 수 있는가? 인용 부호 제거론자는, 우리가 진리 술어는 순수한 논리적 장치가 아니라고 잘못 가정하기 때문에, (15)가 참인 것처럼 보일 뿐이라고 말했을 수 있다. 그 반대로 '상자 속에 아무것도 없다'라는 문장이 어떤 것에도 위치를 부여하지 않는 것처럼, (15)는 '물은 실내 온도에서 액체다'라는 문장에 진리 속성을 부여하지 않는다. '물은 실내 온도에서 액체다'라는 문장은 물이 실내 온도에서 액체이기 때문에 참인 것이 아니다. 오히려 (15)의 진리에 대한 설명은 물이 실내 온도에서 액체임에 대한 설명과 같다.

다른 대안은 (15)와 (16)이 논리적 동치임을 부정하는 것이다. (15)를 주장할 때, 우리는 다음과 같이 더 정확히 말하게 될 것을 부정확하게 말하고 있다.

(17) (a) '물은 실내 온도에서 액체다'라는 문장은 물이 실내 온도에서 액체임을 의미하고 (b) 물은 실내 온도에서 액체이기 때문에 '물은 실내 온도에서 액체다'라는 문장은 참이다. ('Water is a liquid at room temperature' is because (a) 'Water is a liquid at room temperature' means that water is a liquid at room temperature and (b) water is a liquid at room temperature.)

하지만 주장 (17)은 명백히 (16)과 동치가 아니다.

만약 (15)에 들어 있는 내용의 일부가 '물은 실내 온도에서 액체다'라는 문장이 의미한 것에 관한 주장을 포함한다고 본다면, 우리는 그것을 물이 왜 실내 온도에서 액체인지에 대한 거짓 설명과 동치라고 받아들일 필요가 없다.

6.4 최소주의

폴 호위치[5]는 『진리』(1998)에서 수축론의 셋째 형태를 옹호했고,

최소주의(minimalism)라고 부른다.[6] 이 견해는 중요한 두 가지 점에서 인용 부호 제거론과 다르다. 첫째, 최소주의는 일차 진리 담지자를 문장들이 아니라 명제들이라고 여긴다. 둘째, 최소주의는 진리가 어떤 종류의 속성이라는 견해와 양립할 수 있다. 다시 말해 최소주의는 진리 술어를 순수한 논리적 장치로 취급하지 않는다.

최소주의는 진리가 속성이라는 견해와 **양립**할 수 있지만, 저 견해를 확언하지 않는다. 최소주의는 다음과 같은 세 가지 핵심 주장을 포함한다.

(18) 진리는 기껏해야 논리적 속성이다. 특히 진리는 한 철학적 이론으로 그것의 본성이 설명되는 실체적 속성이 아니다. (Truth is a logical property at most; in particular, it is

---

5   폴 호위치(Paul Gordon Horwich, 1947~)는 영국 철학자로 과학철학과 언어철학 분야에 공헌했다. 특히 진리와 의미, 비트겐슈타인의 후기 철학에 대한 해석으로 주목받았다. 진리 수축 이론의 한 형태로서 최소주의를 옹호했다. 지칭과 진리에 호소해서 의미를 해명하는 견해에 반대하고, 자연주의적 의미 사용 이론을 지지한다. 과학적 방법론에 대한 확률론적 설명과 시간 비대칭 현상에 대한 통합 설명도 제안했다.

6   분석철학에서 진리에 대한 수축론(deflationism)과 최소주의는 진리 팽창론과 대비된다. 진리 수축론과 최소주의에 따르면, '참'이라는 술어는 콰인이 말한 의미론적 상승을 위한 편리한 장치일 뿐이고, 따라서 문장 S에 대해 진리라고 말하는 것은 단지 세계에 관해 무엇을 말하는 방식일 따름이다. 예컨대 "'눈은 희다'는 참이다"라는 문장은 이보다 단순한 "눈은 희다"라는 문장에 아무것도 보태지 않는다. 진리 팽창론에 따르면 '참'이라는 술어에 실체적 속성이 있다. 예컨대 진리 대응론자에게 '참'은 '사실에 대응함'이라는 속성을 가지고, 진리 정합론자에게 '참'은 '특정 믿음 체계와 정합함'이라는 속성을 가지고, 진리 실용론자에게 '참'은 '유용성'이라는 속성을 가진다. 20세기 후반부터 현재까지 수축론과 최소주의를 지지하는 다양한 견해가 번성했다.

not a substantive property whose nature is explained by a philosophical theory.)

(19) 진리 개념을 지배하는 규칙을 이해하자마자, 우리는 진리의 본성에 관해 이해할 모든 것을 이해했을 것이다. (Once we understand the rules that govern the concept of truth, we will have understand everything there is to understand about the nature of truth.)

(20) '만약 p라면, 그리고 오로지 그런 경우에만, p는 참이다'라는 문장 형식의 비-역설 문장 사례들에 대한 **선험적 확언**(a priori commitment)이 진리 개념의 적용을 지배한다. 여기서 말하는 문장 사례들의 집합체는 아마도 우리에게 필요한 진리 이론의 전부일 것이다. (The concept of truth is the concept whose applications are governed by an *a priori* commitment to the non-paradoxical instances of: 'The proposition that p is true if, and only if, p'. The collection of these instances is all the theory of truth we could possibly need.)

방금 말한 세 주장을 하나씩 살펴보자. 진리가 기껏해야 논리적 속성이라는 첫째 주장은 최소주의를 수축론의 한 형태로 만드는 것이다. '실체적 속성(substantive property)'은 바탕에 본성을 가진 속성이다. 실체적 속성의 바탕에 놓인 본성은 그 속성을 가진 사물이 어떻게 다른 사물과 관계를 맺는지 설명한다. 예를 들어 기온이 30도임이라는 속성을 살펴보자. 기온의 본성은 어떤 것을 구성하는 분자들의 평균 운동 에너지와 관계가 있다. 어떤 것은 30도일 때, 그것을 구성하는 분자들의 운동 에너지의 효능으로 그 온도를 가진다. 더욱이 우리는 30도인 사물이 왜 저 에너지의 측면에서 작동하는지를 설명할 수 있다. 예를 들어 우리는 분자들의 운동 에너지를 사용해서, 왜 일정한 양의 기체가 30도일 때 일정한 양의 압력을 받는지를 설명한다. 온도는 실체적 속성이다.

　최소주의자의 (그리고 현실적으로 모든 수축론자의) 견해에 근거하면, 진리는 위에서 말한 실체적 속성이 아니다. 대응 이론들과 인식 이론들의 오류는, 참 주장들이 세계의 나머지와 맺는 관계에 관해 무언가 설명할 바탕에 놓인 어떤 본성을 찾으려고 시도한 것이다. 최소주의에 따르면 찾아야 할 바탕에 놓인 본성 같은 것은 없다. 오히려 '참이다'라는 술어는 인용 부호 제거론자들과 중복 이론가들이 말한 것과 같은 종류의 논리적 기능을 위한 것이다. 진리 술어는 우리가 간접적으로 진리 속성을 부여하도록 허용한다. 우리는 간접적 진리 속성 부여로 '페아노 산술의 모든 정리는 참이다'라거나 '할머니가 너에게 돈에 관해 말했던 것은 무엇이든 참이었다'처럼 우리가 달리 말할 수 없는 것을 말할 수 있다.

　만약 진리가 실체적 속성이 아니라면, 그리고 만약 진리 술어가 순수하게 논리적 역할을 한다면, 그것은 진리가 단지 논리적 속성이거나 전혀 속성이 아니라는 뜻이다. 인용 부호 제거론과 중복 이론은 진리가 어떤 속성도 아니라고 확언한다. 최소주의 이론가들은 저런 점에 관한 그들의 견해에 동의할 수 있겠지만, 그래야 하는 것은 아니다. 최소주의자의 견해에 따르면 진리 술어는 단지 논리 연산자가 아니라 진정한 기술 술어(a genuinely descriptive predicate)일 수 있다. 최소주의에 중요한 논점은 모든 참 명제를 참이게 만드는 공통으로 지닌 어떤 본성도 없다는 것이다. 그리고 최소주의자는 방금 말한 논점이 진리가 속성이 아니라는 것을 의미하는지, 아닌지에 대해 입장을 정할 필요는 없다.

최소주의의 둘째 주장은 첫째 주장과 밀접한 관계가 있고, 수축론의 다른 형태들에서 내세운 주장들과 유사하다. 진리를 최소주의 견해에 따라 이해하려면, 우리는 진리 **개념**이 작동하는 방식을 이해하고, 특히 우리가 진리 개념을 명제들에 적용할 때 어떤 규칙의 지배를 받는지를 이해할 필요가 있다. 이것은 진리를 이해하는 것이 진리 술어의 논리적 역할을 이해하는 것일 뿐이라는 중복 이론과 인용 부호 제거론의 발상과 유사하다.

이 발상은 예를 들어 도덕적 옳음과 같은 철학적으로 중요한 다른 속성들을 이해하는 것과 상당히 다르게 진리를 이해하게 만든다. 가장 인기 있는 상위 윤리적(meta-ethical) 견해들에 근거하면, 도덕적 옳음에 대한 철학적 이론은 행위의 어떤 특징이 행위를 옳거나 그르게 만들지를 우리에게 말해 줄 필요가 있다. 따라서 결과주의 이론들은 행위를 옳거나 그르게 만드는 것이 행위의 결과에 속한 좋음이나 나쁨과 관련이 있다고 주장하고, 의무 이론들은 행위를 옳거나 그르게 만드는 것이 행위가 의무를 이행하거나 어기는지와 관련이 있다고 주장한다.

이것을 논리학의 **연언**(conjunction) 개념과 비교해 보라. 연언 개념을 이해하는 것은 다음과 같은 두 논리 문제를 이해하는 것이다. (i) 어떤 두 주장의 연언, A 그리고 B는 두 주장에서 함께 따라 나오고, (ii) 주장들, A 그리고 B의 각 주장은 두 주장의 연언에서 따라 나온다. 누구든지 저것을 이해하자마자, 연언에 관해 이해할 전부를 이해한다.

최소주의를 구성하는 셋째 주장은 어떤 규칙이 진리 개념을 지배하는지에 관한 구체적인 견해다. 여기서 최소주의는 동치 도식의 한 형태에 중심 역할을 준다. 최소주의에 따르면 다음과 같은 도식의 모든 비-역설 문장 사례들을 용인하는 우리의 성향이 진리 개념을 지배한다.

(21) 만약 P라면, 그리고 오로지 그런 경우에만, <P>는 참이다.

   (<P> is true if, and only if, P.)

여기서 '<P>'는 명제의 이름이 채워질 빈칸이고, 'P'는 그 명제를 표현하는 문장으로 채워질 빈칸이다. 우리는 (21)을 **명제 동치 도식**(Propositional Equivalence Schema) 또는 줄여서 PES라고 부를 것이다. 호위치는 방금 말한 도식의 비-역설 사례들의 집합체를 **진리 최소 이론**(minimal theory of truth)이라고 부르고, 최소주의는 진리 최소 이론이 우리가 희망할 수 있는 진리 이론의 전부라고 주장하는 견해다.

최소주의자들은 중복 이론가들 및 인용 부호 제거론자들과 마찬가지로 진리 개념의 요점이 달리 말할 수 없는 주장들을 표현하거나 생각할 수 있게 하는 것이라고 여긴다. '페아노 산술의 모든 정리는 참이다'라는 주장을 살펴보자(페아노 산술은 기초 산술에 대한 공리들로 이루어진 집합이다). 우리는 방금 말한 주장을 표현하기 위해 진리 술어가 필요한데, 페아노 산술의 무한히 많은 정리가 있기 때문이다. 명제 동치 도식과 함께 그 주장은 다음과 같은 도식의 모든 사례를 함축한다.

(22) 만약 <P>가 페아노 산술의 한 정리라면, P이다. (If <P> is a theorem of Peano Arithmetic, then P.)

진리 술어가 없다면, 우리는 (22)의 사례들을 정확히 함축하는 주장을 단언할 수 없을 테지만, 진리 술어는 이와 같은 단언을 가능하게 만든다.

((22)가 문장이 아니라 도식(Schema)이라는 점을 마음에 새기는 것은 중요하다. 'P'들은 단지 각 경우에 같은 문장으로 채워야 할 빈칸들의 이름표들이다. 우리는 그것을 '만약 ___이라는 것이 페아노 산술의 한 정리라면, ___이다'만큼 쉽게 적었을 수 있고, 전혀 문장처럼 보이지 않는다.)

호위치는 『진리』에서 명제 동치 도식의 지배를 받는 개념이 어떻게 진리 개념으로 우리가 원하는 모든 일을, 모든 참 명제가 그것의 효능으로 참이 되는 공통으로 지닌 어떤 것이 있다고 가정하도록 요

226

구하지 않으면서 할 수 있는지를 보여주려고 전력을 다한다.

최소주의는 중복 이론과 인용 부호 제거론의 문제 가운데 일부를 피한다. 문제를 일으킬 수 있는 무한히 긴 연언에 호소하지 않는 최소주의는, 어떻게 간접적 진리 속성 부여가 작동할 수 있는지 설명하기 위해, T-도식의 사례들을 우리가 용인한다는 점에 기댄다. 또한 최소주의는 진리 술어를 누구든지 이해하는 문장에 국한해 사용할 필요가 없다. 이것은 최소주의가 문장들이 아니라 명제들을 써서 말하기 때문이다. 프란츠의 위원회 증언의 경우를 다시 살펴보자. 만약 내가 '프란츠의 위원회 증언은 참이었다'라고 말한다면, 동치 도식과 나의 단언(assertion)은 아래 (23)의 모든 사례를 함축한다.

(23) 만약 프란츠가 ___이라고 위원회에서 증언했다면, ___. (If Franz testified to the commission that ___, then ___.)

내가 프란츠의 독일어 발언을 이해하지 못한다는 것은 중요하지 않다. 중요한 것은, 명제를 어떤 언어로 단언했는지와 무관하게, 내가 프란츠가 단언했던 모든 명제를 함축하는 어떤 말을 했다는 점이다.

또한 이 유연성(flexibility)은 내가 직접적으로 표현할 방법을 모르는 모든 명제를 단언할 방도를 보여준다. 내가 '존스의 『어류학』 42쪽의 셋째 문장은 참이다'라고 말하고, 42쪽의 셋째 문장은 내가 직접적으로 단언할 개념들을 갖지 못한 어류학에 관한 어떤 주장이라고 가정하자. 나는 그 명제를 간접적으로, 다시 말해 간접적 진리 속성 부여로 그럭저럭 단언했다.

이것은 최소주의가 다른 여러 수축론의 문제를 **모두** 피한다는 말이 아니다. 설명 문제와 증거 문제가 남아 있다. 다음과 같은 문장 (24)는 올바른 것인 듯하다.

(24) 물은 젖어 있기 때문에 물이 젖어 있다는 명제는 참이다.
(The proposition that water is wet is true because water is wet.)

그런데 (24)는 최소주의가 쉽게 수용할 수 없는 것이다. 저런 주장에 대해 누구든지 물의 젖어 있음과 물이 젖어 있다는 명제의 진리 사이에 성립할 설명 관계를 요구한다. 이런 어떤 설명 관계든 단지 명제 동치 도식과 그것의 사례들을 사용해 설명할 방법을 알아보기는 어렵다.

증거 문제도 유사하다. (3), 곧 '존스의 『어류학』 42쪽의 셋째 문장은 참이다'를 다시 예로 들고, 문제의 문장이 (4), 곧 '어떤 원양 어류는 난태생이다'라고 가정하자. (3)을 지지하지만 (4)를 지지한다고 여겨지지 않는 증거가 많이 있을 듯하다. 최소주의를 받아들이면, '존스의 『어류학』 42쪽의 셋째 문장은 참이다'라고 단언한 효과는 다음과 같은 도식의 모든 사례를 주장하는 것이다.

(25) 만약 존스의 『어류학』 42쪽의 셋째 문장이 _이라고 말한다

면, ___. (If the third sentence on page 42 of Jones's *Ichthyology* says that ___, then ___.)

그런 많은 사례는 (다시 말해 42쪽의 셋째 문장에 따라 단언하지 않은 어떤 문장으로 '__'(빈칸)을 채운 사례들은) 공허하게 참이다. 그러나 (4)가 존스의 『어류학』 42쪽의 셋째 문장이라면, 중요한 (25)의 사례는 다음과 같은 하나뿐이다.

(26) 만약 존스의 『어류학』 42쪽의 셋째 문장이 어떤 원양 어류는 난태생이라고 말한다면, 어떤 원양 어류는 난태생이다. (If the third sentence on page 42 of Jones's *Ichthyology* says that some pelagic fish are ovoviviparous, then some pelagic fish are ovoviviparous.)

그리고 (4)가 42쪽의 셋째 문장이 말한 것이라면, (26)에 대해 우리가 가질 수 있는 유일한 증거는 어떤 원양 어류가 난태생이라는 증거여야 한다. 골칫거리는 (3)을 용인하게 만들 수도 있는 것들이, 어떤 원양 어류든 난태생이라는 증거가 아닌, 존스의 신뢰성/신빙성과 『어류학』의 출판 이력에 중요한 것과 관련된다는 점이다.

6.5 설명 문제와 증거 문제 해결하기

앞에서 개관한 수축론의 세 가지 형태는 제각기 다른 설명 문제와 증거 문제에 직면한다. 하지만 저 문제들은 설명과 증거에 관한 어떤 가정들을 포함하고, 어떤 종류든 수축론자는 이를 거부할 수 있고 어쩌면 거부해야 할 것이다.

설명 문제는 수축론자들이 다음과 같은 주장 (27)이 어떻게 물이 젖어 있기 **때문에** 참인지에 대해 설명할 수 없다는 발상에서 생겨난다.

(27) 물은 젖어 있다. (Water is wet.)

이것은 수축론자들이 '물이 젖어 있다는 것은 참이다'라는 문장을 (27)과 동치로 여기기 때문이고, 그래서 (27)이 물이 젖어 있기 때문에 참이라고 말함은 다음과 같은 용인할 수 없는 설명, 곧 (28)을 제공하는 것에 해당한다.

(28) 물이 젖어 있기 때문에 물은 젖어 있다. (Water is wet because water is wet.)

그렇더라도 수축론자들은 물이 젖어 있기 때문에 (27)이 참이라는 얄팍한 뜻(thin sense)을 설명할 수 있지만, 그들이 설명해야 할 어떤 적법하게 더욱 강건한 뜻(robust sense)이든 있다는 것을 부정한다.

그런 설명을 할 수도 있는 한 가지 방식은 이렇다. 뜻이 통하면서 올바른 것처럼 보이는 '때문에'가 들어간 다른 주장을 살펴보면서 시작하자.

(29) 잭은 미혼 남자이기 때문에 독신 남자다. (Jack is a bachelor because he is an unmarried man.)

물론 한 가지 독해에 근거하면 (29)는 잭의 독신 남자임(Jack's bachelorhood)에 대한 설명으로 용인할 수 없다. 그는 미혼 남자이기 **때문에** 독신 남자일 수 없다. 저것은 그가 미혼 남자이기 때문에 미혼 남자라고 말하는 것과 같다. 그러나 다른 독해가 있다. 설명은 '왜' 로 시작하는 질문에 따른 대답이고, 적합한 '왜' 질문은 "'독신 남자' 라는 용어가 왜 잭에게 적용되는가?"였을 수도 있다. 저 질문에 따른 용인할 수 있는 대답은 잭의 어떤 특징이 그 낱말을 그에게 적용하게 만드는지를 명기하는 설명이었을 수 있다.

이제 '시민'이라는 말이 국내에서 태어났거나 귀화한 어떤 사람이라고 정의된다고 가정하자. 앨리스가 국내에서 태어났고, 밥은 귀화했다고 상상하라. 다시 한번 앨리스는 그녀가 국내에서 태어났기 **때문에** 시민이고, 밥은 그가 귀화했기 **때문에** 시민이라고 말하는 것은 완벽하게 사리에 맞으며 순환에 빠지지도 않는다.

두 설명 방식은 한 명사가 어떤 것에 적용되기 위한 충분조건에 대한 지적을 포함한다. 첫째 경우에 우리는 '독신 남자'라는 명사가

객에게 적용되기 위한 충분조건을 지적한다. 둘째 경우에 우리는 '시민'이라는 말이 앨리스와 밥에게 적용되기 위한 (두 사례에서 우연히 달라지는) 충분조건들을 지적한다. 수축론자는 이것이 물은 젖어 있기 때문에 (27)이 참이라는 유일하게 적법한 뜻이라고 말할 수 있다. '참'이라는 용어에 대한 우리의 사용을 지배하는 규칙들은, 만약 물이 젖어 있다면, 그리고 오로지 그런 경우에만, '참'을 (27)에 적용하도록 명령한다. (대응이나 정합에 관해 말하는 것 같은) 실체적 설명은 더는 필요치 않다.

이제 증거 문제로 넘어가자. 증거 문제를 다루려면, 우리는 '존스의 『어류학』 42쪽의 셋째 문장은 참이다'라는 문장의 증거가, 해당 문장이 '어떤 원양 어류는 난태생이다'라고 받아들이면, 어떤 어류든 난태생이라는 증거가 아니라고 가정해야 한다. 하지만 저 가정 자체가 의혹을 불러일으킬 수 있다.

무엇에 대한 증거는 대체로 사람이 이미 아는 것에 의존한다. 내가 어떤 난태생 원양 어류든 있는지를 확신하지 못하지만, 존스의 『어류학』이 있다고 말함을 알아챘다고 가정하자. 이 경우에 존스가 쓴 본문의 신뢰성/신빙성에 관해 내가 모을 수 있는 어떤 증거든 내가 원양 어류에 관한 존스의 주장을 받아들일 때 정당화를 도울 것이다. 이런 관점에서 존스가 신뢰할 만하다는 증거, 따라서 42쪽의 셋째 문장이 참이라는 증거는 현실적으로 어떤 원양 어류가 난태생이라는 주장을 내가 지지할 증거다.

다음으로 내가 존스의 책을 검토한 전문 논평자들 가운데 한 사람이라고 가정하자. 이 경우 만약 내가 존스의 평판이나 책의 이전 간행 판본의 횟수 같은 것을, 어떤 원양 어류가 난태생이라는 증거로 받아들인다면, 나는 일을 잘못하고 있는 셈이다. 나는 존스가 그렇게 말한 것과 책의 출판 이력을 떠나서 문제의 주장에 찬성하거나 반대할 어떤 증거가 있는지를 알고 싶어 하고, 어류학자들이 사용한 증거를 원하겠다. 하지만 이런 경우 주목할 점은 존스의 평판과 책의 이전 간행 판본의 횟수에 대한 고려도 42쪽 셋째 문장이 참이라는 증거가 아니라는 것이다. 이 경우에 우리가 해당 문장이 참이라는 증거로 희망할 수 있는 것은 어떤 난태생 원양 어류가 있다는 증거가 전부다.

그러면 증거 문제와 관련해 수축론자는 단순하게 뜻을 굽히지 않고, 어떤 특수 상황에 놓이든 42쪽의 셋째 문장이 참이라는 어느 사람의 증거가 어떤 원양 어류가 난태생이라는 저 사람의 증거와 정확히 같다고 고집할 수 있다. 우리가 증거를 고려중인 그 사람의 인식 상황에 관해 분명히 아는 데 실패함이 그것을 달리 보게 만들 수 있다. 평판과 출판 이력 같은 것들이 42쪽 셋째 문장의 진리에 적합한 증거(relevant evidence)일 때, 그것들은 또한 난태생 원양 어류의 실존에 적합한 증거다. 그리고 이와 같은 어류의 실존에 유일한 적합한 증거는 어류학자들이 어류학자로서 갖춘 역량으로 받아들일 수 있는 종류고, 그것은 42쪽 셋째 문장의 진리에 유일한 적합한 증거기도 하다.

6.6 수축론, 이가 원리, 실재론

수축론이 동치 원리와 실재론을 얼마나 잘 다루는지 살펴볼 시간이다. 수축론이 진리의 가치와 맺는 관계는 다음 절에서 논의하겠다.

우리의 절실한 요구가 수축론이 동치 원리와 맺는 관계라는 점은 아주 분명하다. 중복 이론이 T-쌍조건문을 쉽게 내놓는 까닭은 '_이라는 것은 참이다'라는 형식이 빈칸을 채운 문장과 같은 것을 의미한다고 여기기 때문이다. 결과적으로 '만약 __라면, 그리고 오로지 그런 경우에만, __라는 것은 참이다'라는 형식은 '만약 __라면, 그리고 오로지 그런 경우에만, __'와 같은 것을 의미하고, 후자는 만약 우리가 비-역설 문장으로 빈칸을 채우면 명백히 올바르다. 인용 부호 제거론에 따르면 '_이라는 것은 참이다'라는 형식은 빈칸을 채운 문장과 논리적 동치다. 저것은 '만약 __라면, 그리고 오로지 그런 경우에만, __'라는 형식의 사례들이 논리적으로 참이라는 말과 같은 것이 된다. '만약 아무것도 … 아니라는 것이 사실이 아니라면, 그리고 오로지 그런 경우에만, 어떤 것이 …'라는 형식이 논리적으로 참인 것과 마찬가지다. 그리고 최소주의의 경우, 진리 이론과 T-쌍조건문의 관계는 더 밀접하다. 최소주의의 진리 개념은 명제 동치 도식의 사례들에 대한 우리의 용인(acceptance)으로 구성된다. 최소주의는 실체적 진리 이론으로 시작해 T-쌍조건문을 도출하지 않고, T-쌍조건문과 함께 시작하고 실체적 진리 이론이 더는 필요 없음을 발견한다.

실재론에 관해서는 어떤가? 인용 부호 제거론과 중복 이론은 어떻게 주장들이 참이지만 인식될 수 없는지 설명하면서 곤란을 겪을 수도 있다고 생각할 어떤 이유가 있다. 우리가 이해하는 것이 가능하지 않기 때문에 인식될 수 없는 어떤 주장들이 있을지도 모른다. 이것은 저 주장들이 무의미하기 때문이 아니라, 오히려 우리의 인지적 한계 때문이다. 예측할 수 있듯 이와 같은 주장의 예를 들기는 꽤 어렵다. 일부 철학자들은 (특히 콜린 맥긴[7]은) 심신 문제의 참된 해결책이 있지만 누구든지 이해하는 것이 원리상 불가능하고, 따라서 인식하는 것도 불가능하다고 논증했다. 영어 문법의 규칙들을 완벽하게 따르지만, 너무 길고 복잡해서 아무도 우주 대폭발과 우주 대붕괴 사이 유한한 시간 내에 분석할 수 없는 어떤 문장들이 있다. 가장 짧은 진술이 저 문장 가운데 하나인 주장이 있을지도 모른다. 만약 P가 저 문장 가운데 하나라면, 우리는 그것을 가능하게 이해할 수 없기 때문에 P임을 가능하게 알 수 없다.

만약 진리 술어가 오로지 사람이 이해하는 문장들에만 적용된다면, 우리는 반실재론의 다른 형태를 확언하는 듯하다. 하지만 이 수축론 형태는 **인식할 수 있는 주장만** 참일 수 있다고 말하지 않고, **이해할 수 있는 주장만** 참값을 가진다고 말한다. 현실의 한계는 우리 인식의 한계가 아니라, 주장의 의미를 파악할 우리 능력의 한계다. 이런 종류

---

7   콜린 맥긴(Colin McGinn, 1950~)은 영국 철학자로 심리철학 분야의 연구, 특히 새로운 신비주의로 알려진 견해로 유명하다. 여기서 말하는 새로운 신비주의에 따르면 인간의 마음은 의식의 문제를 해결할 능력이 없다. 주요 저술로 『마음의 특성(*The Character of Mind*)』(1982), 『의식의 문제(*The Problem of Consciousness*)』(1991), 『의식과 의식의 대상(*Consciousness and Its Objects*)』(2004) 등이 있다.

의 견해에 근거하면, 심신 문제가 참이지만 이해할 수 없는 해결책을 갖는다는 맥긴의 입장은 단순한 모순임이 밝혀질 것이다. 우리가 이해할 수 있는 것만 참일 수 있기에, 맥긴의 해결책은 있을 수 없다.

자연스러운 반응은 두 가지다. 첫째 반응은 단순하게 울며 겨자 먹기로 반실재론자의 함축을 용인하는 것이다. 문제가 되는 다른 형태의 반실재론은 결국 2장에서 논의했던 반실재론보다 훨씬 더 온건하다. 이 견해는 인식 불가능한 진리의 가능성을, 우리가 이해할 수 있는 주장으로 표현되는 한에서 허용한다. 그것은 우리의 진리와 허위 개념이 우리가 이해할 수 없는 주장들에 적용되기에 실패한다고 말할 뿐이다. 그러나 저런 주장들을 우리가 이해할 수 없고 **표현할** 수도 없으므로, 우리는 마찬가지로 이것들을 추리할 수 없다. 다시 말해 저 주장들에서 무엇이 따라 나오는지 고려하거나, 그것들이 무엇을 따라 나오게 하는지 고려할 수 없다. 이와 같은 주장의 참값을 철회하는 것은 해롭지 않아 보일지도 모른다.

덧붙여 말하면 우리가 이해할 수 없는 주장의 참값을 부정하는 온건한 반실재론을 온건한 **실재론**의 한 종류로 기술할 수도 있다. 수축론에 근거해 우리는 다음과 같이 장담한다.

(30) 만약 __이라면, 그리고 오로지 그런 경우에만, __이라는 것은 참이다. (It is true that __ if, and only if, __.)

(30)은 우리가 이해할 수 있는 모든 (비-역설) 주장에 적용된다. 하

지만 어떤 주장을 이해하는 것은 그 주장이 참이거나 거짓인지를 아는 것보다 훨씬 더 쉽다. 골드바흐[8]의 추측을 예로 들어보자.

(31) 2보다 큰 모든 짝수는 두 소수의 합으로 표현할 수 있다. (Every even number greater than 2 can be expressed as the sum of two prime numbers.)

골드바흐의 추측은 이해하기 쉽지만, 수학자들은 입증도 반증도 하지 못한 채 그 문제에 250년 이상 공을 들였다. 골드바흐의 추측은 입증할 수도 없고 반증할 수도 없고, 그것의 긍정도 부정도 인식할 수 없다고 드러날지도 모른다. 그래도 고전 논리학의 배중률과 허위에 대한 동치 도식을 (다시 말해 '만약 ___이 아니라면, 그리고 오로지 그런 경우에만, ___이라는 것은 거짓이다'를) 용인하는 수축론자가 골드바흐의 추측이 참값을 가진다고 입증하는 것은 쉬운 일이다.

(32) 'GC'를 골드바흐의 추측에 붙인 이름이라고 하자. (Let 'GC' be a name of Goldbach's Conjecture.)

(33) 논리학의 배중률에 따라 2보다 큰 모든 짝수는 두 소수의 합이거나 2보다 큰 모든 짝수는 두 소수의 합이 아니다. (By

---

8 크리스티안 골드바흐(Christian Goldbach, 1690~1764)는 독일 수학자로 수 이론에서 주로 중요한 연구로 업적을 남겼다. 골드바흐의 추측과 골드바흐-오일러 정리로 유명하다.

the logical law of excluded middle, either every even number greater than 2 is the sum of two prime numbers, or not every even number greater than 2 is the sum of two prime numbers.)

(34) 진리에 대한 동치 원리에 따라, 만약 2보다 큰 모든 짝수가 두 소수의 합이라면, 그리고 오로지 그런 경우에만, GC는 참이다. (By the Equivalence Principle for truth, GC is true if, and only if, every even numbber greater than 2 is the sum of two prime numbers.)

(35) 허위에 대한 동치 원리에 따라, 만약 2보다 큰 모든 짝수가 두 소수의 합이 아니라면, 그리고 오로지 그런 경우에만, GC는 거짓이다. (By the Equivalence Principle for falsehood, GC is false if, and only if, every even numbber greater than 2 is the sum of two prime numbers.)

(36) 위에 제시된 (33), (34), 그리고 (35)에서 GC는 참이거나 GC는 거짓이라는 결론이 따라 나온다. (From (33), (34), and (35) above, it follows that either GC is true or GC is false.)

유사한 추리는 우리가 이해하는 어떤 알 수 없는 주장이든 참이거나 거짓임을 확립한다고 해도 좋다. (여기에 반실재론자들이 모든 주장이 참이거나 거짓이라고 자주 말하는 고전 논리학의 배중률을 거부하는 이유가 있다.) 방금 제시한 방침을 따르는 수축론자는 우리가 이해할 수 없는 주장의 참값을 부정할 수 있지만, 여전히 우리가 이해할 수 있지만 인식할 수 없는 주장이 결국 참값을 가진다고 허용할 수 있다. 이런 종류에 속한 수축론자의 입장은 우리가 이해할 수 있는 주장들과 관련된 일상적 실재론자의 견해와 다르지 않을 것이다. 두 견해의 유일한 의견의 불일치는 우리가 이해할 수 없는 주장들에 관한 것이다. 저 주장들의 이해 불가능성을 고려하면, 철저한 실재론자가 어떻게 그 주장들이 참값을 가진다고 그토록 확신할 수 있는지를 수축론자는 궁금해할 수도 있다.

우리가 이해할 수 없는 주장에 대해 참값이 필요하다고 해도 좋은 몇 가지 이유가 있다. 다시 페아노 산술의 사례를 들고, 페아노 산술의 모든 정리는 참이라고 가정하자. 이와 같은 정리는 무한히 많고, 그 가운데 일부는 어떤 사람이든 분석하거나 이해할 입장에 언젠가 놓일 수 있는 어떤 문장으로도 표현할 수 없다. 그런데 만약 진리 술어가 우리가 이해할 수 있는 문장들에만 적용되고, 우리가 페아노 산술의 정리들에서 따라 나오는 모든 문장을 이해할 수 없다면, 우리는 페아노 산술의 모든 정리가 결국 참이 아니니라고 결론 짓도록 강요받는다.

골칫거리는 페아노 산술에만 있지 않다. 우리는 다음과 같이 생각하는 경향이 있다. 만약 여러분이 어떤 주장들을 참이라고 용인한다면, 여러분은 합리적으로 그 주장들에서 따라 나오는 어떤 주장이든 역시 참이라고 용인하게 되어 있다. "그래, 그것은 어떤 참 주장들이 반드시 함의하지만, 참이 아니다"라고 말하면 모순에 빠진다. 하지만 매우 풍부한 어떤 믿음 체계든지 거의 다 우리가 용인한 논리 법칙의 반복 적용으로, 이해할 수 없는 어떤 주장들을 반드시 함의하게 마련이라는 점도 우리는 분명히 인정한다. 따라서 우리는 이해할 수 없더라도 저 주장들의 진리를 확언하는 듯하다.

이것이 우리가 이해할 수 없는 주장들의 문제에 어떤 수축 실재론자가 보였을지도 모를 둘째 반응을 이끈다. 그 수축 실재론자는 누구든지 이해하는 문장들에만 적용되는 '핵심' 진리 개념을, 다른 문장들에도 적용하도록 확장할 방도를 찾아봤을 수 있다. 예를 들어 어떤 수축 실재론자는 우리가 이해하지 못하지만, 우리가 이해하는 문장들에서 따라 나오는 문장이 참값을 가질 것이라고 허용했을 수 있다. 우리와 너무 멀리 떨어져서 우리에게 파악될 수 없을 뿐만 아니라 우리가 파악할 수 있는 어떤 문장들에서도 따라 나오지 않는 문장들이 아직 있을지도 모른다. 어떤 수축 실재론자는 핵심 진리 개념을, 이와 같은 어떤 문장이 참값을 가졌을 테지만 가설에 따라 이런 문장이 참이거나 거짓이라는 것이 무엇을 의미하는지에 대해 우리가 아무 생각도 하지 못한다고 적어도 말할 만큼 충분히 확장했을 수도 있다.

6.7 수축론과 진리의 가치

진리의 가치를 설명하는 문제는 수축론자들에게 특히 어려울 수 있다. 수축론자들이 진리가 믿음의 목표라거나, 다른 사정이 같다고 치면 참 주장을 믿는 것이 거짓 주장을 믿는 것보다 더 좋다거나 낫다고 고수할 수 없다는 것이 아니다. 오히려 수축론자의 진리 이해를 가정하면, 이와 같은 것들이 왜 그렇게 되는지를 설명하기가 대단히 어려운 것처럼 보일 수도 있다.

다른 사정이 같다고 치면, 누구든지 참 주장을 믿는 것이 거짓 주장을 믿는 것보다 더 좋거나 낫다는 주장에 집중해 보자. 수축론의 어떤 형태에 근거하든, 이 주장은 다음과 같은 (우리가 '가치 도식'이라고 부를 수 있는) 도식의 모든 사례의 집합체를 한꺼번에 주장한 것으로 해석해야 한다.

(37) 만약 __이라면, (다른 사정은 같다고 치고) __이라고 믿음은 __이 아니라고 믿는 것보다 더 좋다. (If __ , then it is better (other things being equal) to believe that __ rather than not-__.)

이 도식의 사례들은 다음과 같은 문장들이다.

(38) 만약 칭가치국이 마지막 모히칸 사람이라면, (다른 사정은 같다고 치고) 칭가치국이 마지막 모히칸 사람이라고 믿음은 칭가치국이 마지막 모히칸 사람이 아니라고 믿는 것보다 더 좋다. (If Chingachgook is the last of Mohicans, then it is better (other things being equal) to believe that Chingachgook is last Mohicans rather than that he is not.)

(39) 만약 물이 실내 온도에서 액체라면, (다른 사정은 같다고 치고) 물이 실내 온도에서 액체라고 믿음은 물이 실내 온도에서 액체가 아니라고 믿는 것보다 더 좋다. (If water is solid at room temperature, then it is better (other things being equal) to believe that water is solid at room temperature rather than that it is not.)

(40) 만약 화성에 생명체가 있다면, (다른 사정은 같다고 치고) 화성에 생명체가 있다는 믿음은 화성에 생명체가 있지 않다고 믿는 것보다 더 좋다. (If there is life on Mars, then it is better (other things being equal) to believe that there is life on Mars rather than that there is not.)

(41) 만약 2보다 큰 모든 짝수가 두 소수의 합으로 표현될 수 있다면, (다른 사정은 같다고 치고) 2보다 큰 모든 짝수가 두 소수의 합으로 표현될 수 있다고 믿음은 2보다 큰 어떤 짝수는 두 소수의 합으로 표현되지 않는다고 믿는 것보다 더 좋다. (If every even number greater than 2 can be expressed as the sum of two primes, then it is better (other things being equal) to believe that every even number greater than 2 can be expressed as the sum of two primes rather than that some are not.)

그리고 이와 같은 사례를 계속 만들 수 있다.

수축론자들은 우리가 왜 동치 도식의 사례들을 용인하는지에 관해 할 말이 있다. 수축론의 각 형태는 진리 술어의 논리가 어떻게 동치 도식의 사례들을, '만약 잭이 언덕을 올라갔다면, 잭은 언덕을 올라갔다'라거나 '모든 장미는 장미다'와 동등한 논리적 진리로 만드는 방식에 대한 견해를 내놓는다. 그러나 수축론자들은 어떻게 **가치 도식**의 사례들을 우리가 용인함을 설명할 수 있는가?

누구든지 가치 도식의 모든 사례를 용인하면서 제시할 아주 명백한 이유는, 진리를 믿는 것이 진리의 부정, 곧 허위를 믿는 것보다 더 좋다는 일반화의 호소력이다. 저 일반화는 T-쌍조건문의 적합한 사례들과 함께 우리가 원하는 가치 도식의 어떤 사례든 내놓게 할 수 있겠다. 예를 들어 아래와 같이 (42)와 (43)이 주어지면 (44)를 쉽게 도출할 수 있다.

(42) 만약 어떤 주장이 참이라면, (다른 사정은 같다고 치고) 그 주장을 믿는 것은 그것의 부정을 믿는 것보다 더 좋다. (If a claim is true, then (other things being equal) it is better to believe that claim than to believe its denial.)

(43) 만약 다이아몬드가 영원하다면, 그리고 오로지 그런 경우에만, '다이아몬드는 영원하다'라는 문장은 참이다. ('Diamonds are forever' is true if, and only if, diamonds are forever.)

(44) 만약 다이아몬드가 영원하다면, (다른 사정은 같다고 치고) 다이아몬드는 영원하다고 믿는 것은 다이아몬드가 영원하지 않다고 믿는 것보다 더 좋다. (If diamonds are forever, then it is

better (other things being equal) to believe that diamonds are forever than to believe that diamonds are not forever.)

하지만 수축론자들은 저 설명을 할 수 없다. 그들의 견해에 근거하면, 진리를 믿는 것이 진리의 부정을 믿는 것보다 더 좋다는 일반화는 단지 가치 도식의 사례들을 표현하는 한 방식일 뿐이다. 수축론자들의 고유한 확언들을 고려하면, 가치 도식의 사례들을 왜 용인할 수 있는지 설명하기 위해 저 일반화를 사용하는 것은 순환에 빠지는 셈이다. 다시 말해 만약 우리가 (37)의 모든 사례를 용인하기 때문에 (42)를 용인한다면, 우리가 왜 (37)을 용인하는지를 설명하려고 (42)를 사용할 수 없다.

모든 참 주장이 실질적으로 중요한 무엇이든 공통으로 갖고 그것의 효능으로 참이라는 점을 수축론자들은 부정한다. 주장들을 믿는 것을 좋게 만드는 어떤 강건한 속성도 없다. 오히려 수축론자들이 자주 말하듯, 물이 젖어 있다고 믿는 것을 좋게 만드는 것은 (주장의 진리가 아니라) 물의 젖어 있음이고, 7이 소수라고 믿는 것을 좋게 만드는 것은 (명제의 진리가 아니라) 7의 소수 성질이고, 이렇게 계속 이어진다. 방금 말한 두 주장이 공통으로 지닌 속성, 곧 **진리**에 의해 믿는 것이 좋게 만들어지기 때문에 믿는 것이 좋다고 수축론자는 일관되게 고수할 수 없다.

이 문제 및 그것의 친척뻘인 몇 가지 문제는 수축론에 제기된 가장 중요한 도전일지도 모른다. 여기서 말하는 문제는 다음 장에서 논의할 진리 '다원론자의' 이론들에 동기를 부여한 큰 부분이다. 하지만 그 문제에 응답하기 위한 수축론자의 몇 가지 전략이 있다.

다른 사정이 같다고 치고 참 주장들을 믿는 것이 그것들의 부정 주장들, 곧 거짓 주장들을 믿는 것보다 더 좋다는 일반화를 우리가 용인하는 경우에만, 문제가 생긴다. 수축론자는 이 주장을 다양한 근거로 단순하게 거부할 수 있다. '다른 사정이 같다고 치고'라는 자격 제한이 무의미할 정도로 모호하다고 강력히 주장할지도 모른다. 혹은 다른 사정이 같다고 치고, 참 주장을 믿는 것이 그것의 부정을 믿는 것보다 더 좋지는 **않**다고 말할 수 있다.

둘째 접근법은 처음에 별로 그럴듯하지 않아 보일 수도 있지만, 그럴듯하게 다듬을 수 있다. 우선 수축론자는 진리보다 허위를 믿는 것이 더 좋다고 말하지 않고, 다른 사정이 같다고 치고, 진리를 믿는 것이 그것의 부정을 믿는 것보다 더 좋지는 않다고 말할 뿐이다. 다음으로 수축론자는 '다른 사정이 같다고 치고'라는 절을 중요한 용도로 끼워 넣을 수 있다. 평소에 참 주장을 믿는 것은 당사자가 원하는 나머지를 성공적으로 달성해서 그것의 부정을 믿는 것보다 성과를 더 많이 올릴지도 모른다. 그러나 만약 **다른 사정이 같다고** 치면, 우리는 해당 믿음들의 비용과 혜택이 **정확히 같은 것**이라고 가정해야 한다. 또 만약 그것이 어떤 참 주장을 믿느냐, 그것의 부정을 믿느냐를 내가 신경 쓰는 다른 무언가에 아무 차이도 만들지 않는다고 가정한다면, 전자를 믿는 것이 후자를 믿는 것보다 더 좋지는 않다고 상상하기는 훨씬 더 쉽다. 그것은 정말 문자 그대로 아무 차이도 만들지 않는다.

이 접근법이 진리가 자체를 위해 가치가 있다는 견해에 대한 거부를 포함할 것이라는 점은 명백히 드러내야 한다. 여기서 일반적 전략은 진리의 가치를 참 믿음들의 도구 가치와 동일시하고, 그렇게 함으로써 다른 사정이 같다고 치고 진리들을 믿는 것이 그것들의 부정들, 곧 허위들을 믿는 것보다 더 좋다는 일반화를 부정할 원칙적 이유도 제공하는 것이다. 하지만 여전히 어떤 이는 이 문제의 친척뻘인 문제가 근처에 숨어 있다고 다음과 같이 의혹을 제기할지도 모른다. 수축론자들이 앞서 말한 일반화를 아래 (45)와 같은 도식의 사례를 표현하는 한 방식으로 취급해야 한다면, 수축론자들은 어떻게 일상적으로 진리를 믿는 것이 그것의 부정을 믿는 것보다 더 좋다는 일반화를 설명할 수 있겠는가?

(45) 일상적으로, 만약 __이라면, __임을 믿는 것은 __이 아니라고 믿는 것보다 더 이득이다. (Ordinarily, if __, then it is more beneficial to believe that __ than to believe that not-__ .)

두 방식으로 움직이는 것이 수축론자들에게 더 유망할 듯하다. 첫째 방식은 '다른 사정이 같다고 치면, 참 주장을 믿는 것은 그 부정 주장들을 믿는 것보다 더 좋다'라는 일반화를 **진리**에 관해 무언가를 말하기보다 오히려 **믿음**에 관해 무언가를 말한다고 다루는 것이다. 우리는 저 일반화가 왜 유효한지 설명할 진리 이론을 기대하지 말아야 한다. 우리는 마땅히 믿음에서 진리의 가치를 믿음의 본성과 관련된 것으로 봐야 하고, 그래서 진리를 믿는 것은 왜 그것의 부정을 믿는 것보다 더 좋은지 설명할 수 있는 믿음들의 본성에 대한 이론을 개발해야 한다. 하지만 이처럼 수축론자에게 유용한 어떤 이론은 또한 수축론과 양립할 수 있어야 한다. 특히 여기서 말하는 믿음 이론은 진리가 진리 술어의 논리를 넘어서는 본성을 지닌 실체적 속성이라고 선제해서는 안 된다. 이것은 지나친 요구이고, 수축론자들이 이 요구에 따를지는 열린 문제다.

둘째 방식은 첫째 것과 유사하지만, 믿음의 본성 이론에 기대지 않는다. 오히려 둘째 방식은 진리의 목적 가치에 집중하고(3장을 보라), 우리가 가치 도식의 사례들을 용인하려는 성향을 지녀서 이익을 본다는 점을 확립하고자 한다. 가치 도식의 모든 사례가 왜 참인지에 대한 철학적 설명을 하는 것이 아니라, 왜 우리에게 가치 도식의 어떤 사례든지 용인하려는 그토록 깊고 고집스러운 성향이 있는지를 심리학으로 설명해도 된다. 가치 도식의 사례들 가운데 어떤 사례를 용인하는 것은 그릇되고, 다른 사례를 용인하는 것은 옳을지도 모른다. 그러나 우리에게 가치 도식의 사례들을 용인하려는 그토록 강한 성향이 있기 때문에, 진리를 믿는 것이 진리의 부정, 곧 허위를 믿는 것보다 더 좋다는 일반화는 우리에게도 올바른 것으로 떠오른다.

어떤 사람들은 이 접근법이 설득력이 있다고 생각하지 않을 것이다. 우리는 왜 위에서 말한 일반화를 용인하려는 그토록 강한 성향이 있는지에 대한 설명이 아니라, 왜 그 일반화가 유효한지에 대한 설명이 필요하다고 그들은 강하게 주장한다. 하지만 이 접근법을 받아들인 수축론자는 그 일반화가 유효하다는 점을 처음부터 인정하기를 거부한다. 그 일반화는 확실히 유효한 듯한데, 목적 가치를 추구하며 움직이는 수축론자는 저 일반화가 왜 유효한지 설명한다. 이것은 수축론에 불리한 선결 문제를 요구하지 않으면서 그 일반화에 찬성할 어떤 적극적 이유들을 댈 책임은 반대자에게 돌리는 셈이다.

+ 더 읽을거리

프랭크 램지가 중복 이론을 공들여 다듬은 고전은 「토론회: 사실과 명제」(1927)다. 윌러드 콰인은 『논리 철학』(1970)과 『진리 추구』(1992)를 포함해 몇 군데서 인용 부호 제거론자의 접근법을 받아들인다. 윌러드 콰인의 논의는 인용 부호 제거론과 알프레드 타르스키의 계획, 6장에서 탐구하지 않은 주제의 관계를 공들여 다룬다. 하트리 필드의 논문집 『진리와 사실의 부재』(2001)는 필드식 인용 부호 제거론에 관한 작업과 아무도 이해하지 못하는 문장들에 진리 속성을 부여하는 문제를 붙들고 해결하려는 그의 노력을 담고 있다. 폴 호위치는 『진리』(1998)에서 최소주의의 개요를 설명하고 옹호하고, 아닐 굽타(Anil K. Gupta, 1949~)는 「최소주의」(1993)에서 최소주의에 몇 가지 중요한 비판을 제기했다. 굽타는 「수축론 비판」(2010)에서 수축론에 대해 일반적으로 다룬 몇 가지 중요한 비판을 제시했다.

필립 키처는 「대응 진리의 설명적 역할에 관하여」(2002)에서 수축론자들이 참 믿음과 성공적 행위의 관계를 설명할 수 없다고 논증한다. 키처의 반론에 맞선 수축론의 옹호에 대해서는 나의 「실천적 성공과 진리의 본성」(2011)을 보라.

수축론의 다양한 형태에 대한 상세한 논의와 비판은 볼프강 퀴네의 『진리 개념』(2003)을 보라. 『스탠퍼드 철학 백과사전』의 논문 항목, 글란즈버그의 「진리」(2009)와 스톨자(Stoljar)와 댐자노비치(Damnjanovic)의 「진리 수축 이론」(2012)도 아주 유용한 참고문헌 목록뿐만 아니라 매우 좋은 논의를 포함하고 있다.

진리 수축 이론의 많은 연구는 '이 주장은 참이 아니다'와 같은 주장으로 제기되는 역설을 다루는 방식의 문제가 이끌었다. 저 쟁점을 다룬 좋은 입문서는 알렉시스 버지스(Alexis Burgess)와 존 버지스(John Bergess)의 『진리』(2011)이고, 비올(Jc. Beall)의 『진리의 삼각 공간』(2009)은 본질상 수축론자의 개념 체계 내에서 방금 말한 역설들을 이해하는 새로운 방식을 탐색한다.

7

진리 다원론자의 이론

Pluralist Theories of Truth

7.1 진리 일원론과 진리 다원론

이제까지 개관한 모든 진리 이론은 진리 술어가 사용될 때마다 본질적으로 같은 일을 하는 것으로 다룬다는 뜻에서 **일원론적**(monistic)이다. 대응 이론과 정합 이론에 따르면, 주장을 참이라고 말함은 주장에 일정한 속성을, 다시 말해 세계에 대응함이나 주장들의 알맞은 체계와 정합함이라는 속성을 부여하는 것이다. 수축 이론은 진리 술어를 일정한 논리적 기능에 할당한다. 수축 이론에 따르면, 주장을 참이라고 말함은 주장 자체와 동치인 어떤 것을 말하는 것이다.

최근 몇몇 철학자들은 일원론이 아니라 진리 **다원론적**(pluralistic) 접근법의 전망을 탐색해 왔다. 다원론의 주요 견해는 두 가지다. 하나는 **단순 다원론**(simple pluralism)이고, 때때로 크리스핀 라이트[1]의 저작과 연결한다. 단순 다원론에 따르면 진리 술어는 '담론'이나 주제에 따라 다른 속성을 부여한다. 만약 우리가 과학적 주장들을 참이라고 말한다면, 우리는 대응과 아주 비슷한 속성을 부여해도 된다. 그러나 만약 도덕적 주장들이나 재미에 관한 주장들을 참이라고 한다면, 우리는 어떤 다른 속성을 부여하고, 이것은 정합론자들이 마음에 두었던 것과 더 비슷한 것일 수도 있다. 다원론의 둘째 형태는 **진리 기능주의**(alethic functionalism)이고, 마이클 린치가 가장 활발하게 옹호했다. 이 견해에 따르면 주장이 참이라는 것은 주장이 '진리 역할'을 하는 어떤 속성을 가진다는 것이고, 담론에 따라 다른 속성들이 저런 진리 역할을 할 수 있다.

7장은 다원론에 동기를 부여한 몇 가지 고찰을 기술하고, 단순 다원론과 진리 기능주의의 몇몇 유리한 점과 불리한 점을 각각 훑어본다. 또한 동치 원리, 진리의 가치, 실재론 및 반실재론과 관련된 확언의 측면에서 각각 평가한다.

---

1   크리스핀 라이트(Crispin Wright, 1942~)는 영국 철학자로 신프레게(신논리주의) 수리철학, 비트겐슈타인의 후기 철학을 비롯해 진리 이론과 인식론 분야에서 괄목할 만한 성과를 냈다. 주요 저작은 『진리와 객관성』(1992)이고, 여기서 '**최상급 단언 가능성**(superassertibility)'이라는 개념으로 진리 술어의 의미와 기능을 설명했다. 만약 술어가 어떤 정보 상태에서 '단언 가능'하고 정보 상태가 확장되거나 개선되더라도 그대로 남아 있다면, 그리고 오로지 그런 경우에만, 술어는 최상급 단언 가능성이 있다.

7.2 범위 문제 다시 보기

진리 인식 이론과 진리 대응 이론에 공통된 중요한 약점으로 범위 문제가 있다. 다음과 같은 네 주장을 살펴보자.

(1) 지구와 태양의 평균 거리는 9천 600만 마일[154,497,024㎞] 이다. (The mean distance between the earth and the sun is 96 million miles.)

(2) 「고스트버스터즈」는 「쉰들러 리스트」보다 더 재미있는 영화 다. (*Ghostbusters* is a funnier movie than *Schindler's List*.)

(3) 쉽게 막았을 수 있는 고통을 허용하는 것은 그르다. (It is wrong to allow suffering one could easily have prevented.)

(4) 거울은 깨지지 않았지만, 깨졌을 수 있다. (The mirror didn't break, but could have.)

우리는 이 주장들을 분별력 있게(sensibly) 참이거나 거짓이라고 말할 수 있다. 만약 (2)나 어쩌면 (3)과 같은 주장들에 집중한다면, 진리 인식 이론이 그럴듯하게 보일 수도 있겠다. 저것은 주로 반실재론이 이런 주장들에 대해 그럴듯하기 때문이다. (2)의 익살(humor) 또는 (3)의 그름(wrongness)을 평가할 어떤 마음이나 정신도 없다면, 어떤 것이 재미있거나 그를 수 있다고 상상하기 어렵다. 다른 한편 만약 우리가 (1)과 같은 주장에 집중한다면, 진리 인식 이론들은 그럴듯하지 않은 듯하다. 태양과 지구 사이 거리는 그것을 측정할 우리의 능력과 완전히 독립적인 듯하다. 진리 대응 이론은 (1)을 잘 다루지만 (2), (3), (4)를 서툴게 다루는 것 같다.

진리 이론에 대한 범위 문제는 해당 이론이 어떤 사례에 잘 먹혀들고 다른 사례에 잘 먹혀들지 않는 것처럼 보여서 생겨난다. 대응 이론들은 인식 이론들이 서툴게 다루는 사례들을 잘 다루고, 그 반대도 마찬가지다. 그러나 어떤 접근법도 모든 사례를 잘 다룰 수 없는 것 같다. 대응 이론과 인식 이론은 둘 다 우리가 진리 이론이 설명하기를 원하는 모든 사례를 수용하는 데 실패한다. 이것이 두 접근법의 심각한 약점이다.

범위 문제가 어떻게 펼쳐지는지 상세히 살펴보자. 진리 인식 이론에 근거하면, 주장의 진리와 주장을 인식하는 우리의 능력 사이에 아주 밀접한 관계가 있다. 주장이 참이라는 말이 의미하는 일부는 우리가 적당한 상황에서 주장을 알 수 있다는 것이다. 따라서 (1)이 참이라는 말이 의미하는 일부는 우리가 적당한 상황에서 지구가 태양과 9천 600만 마일 떨어져 있음을 알 수 있다는 것이다. 물론 지구가 태양에서 얼마나 멀리 떨어져 있는지를 인식할 우리의 능력이 지구가 태양에서 얼마나 멀리 떨어져 있는지와 관련이 없는 듯하다는 점은 진리 인식 이론에 나쁜 소식이다. 지구가 태양에서 9천 600만 마일 멀리 떨어져 있다는 것이 참이냐, 거짓이냐는 문제는 어떤 마음이든 있느냐, 없느냐와 완전히 독립적인 듯하다. 어떤 마음도 없더라도, 지구가 태양에서 9천 600만 마일 멀리 떨어져 있다는 것은 여전히 참이겠다.

인식 이론가의 흔한 반응은 넓은 범위의 반실재론을 흔쾌히 받아들이면서, 진리는 (1)과 같은 주장에 대해서도 인식 가능성에 의존한다고 우기는 것이다. 만약 (1)이 참이라면, 그것은 우리가 (1)을 알 수 있기 때문이라고 이런 인식 이론가는 우기려고 할 것이다. 하지만 문제는 어떤 진리 인식 이론이든 올바르다는 것보다 지구와 태양 사이 거리가 정신과 독립적이라는 점이 직관적으로 훨씬 더 명백하다는 데 있다.

대응 이론에 근거하면, (1)의 진리를 설명하는 것이 쉬웠을지도 모르지만 (2), (3), (4)는 훨씬 어려운 문제를 제기한다. 대응 이론가는 저 (2), (3), (4)와 같은 주장들이 참이거나 거짓일 수 있다는 것을 부정해야 하거나, 아니면 저런 주장들이 어떤 종류의 것들에 대응하는지를 설명해야 한다. 세 주장들 가운데 (2)는 가장 쉽게 수용되었을 수도 있다. 어쩌면 사람들이 「쉰들러 리스트」보다 「고스트버스터즈」를 보면서 웃을 테고, 아마도 바로 그 점이 (2)에 대응하는 세계의 특징일 것이다. 하지만 그것도 충분히 만족스럽지 않았을지도 모르는데, '「고스트버스터즈」가 「쉰들러 리스트」보다 더 재미있는 영화다'라는 주장이 '사람들은 「쉰들러 리스트」보다 「고스트버스터즈」를 보면서 더 자주 웃었다'라는 주장과 같은 것을 의미하는지 분명치 않기 때문이다.

(3)과 (4)는 인과적 대응 이론들에 특히 심각한 문제를 일으킨다. 인과적 대응 이론에 근거하면 (3)의 진리는 어떤 속성, **그름**

(wrongness)의 실존을 요구하고, 그 속성은 (a) 막았을 수 있는 고통을 허용하는 행위들이 소유하고 (b) 우리가 '그르다'라는 낱말을 저 고통을 허용하는 행위들을 기술하기 위해 제대로 사용하도록 영향을 미치는 원인이다. **음전하를 띰**(having a negative charge)이나 **토끼임**(being a rabbit) 같은 몇몇 속성들이 어떻게 우리가 일정한 용어들에 적용하는 원인이 되는지를 설명할 수도 있지만, **그름**과 같은 도덕적 속성들이 어떻게 인과 질서에 들어가는지를 알아보기는 아주 힘든 일이다. 이것이 인과적 대응론자들을 딜레마 상황에 놓이게 만든다. 신비한 인과력(causal powers)을 도덕적 속성들에 부여하거나, 혹은 (3)과 비슷한 주장들이 현실적으로 유의미하고 참이거나 거짓의 대상이라는 점을 부정해야 한다. 여기서 어떤 선택지도 그다지 좋지 않다. 유사한 딜레마는 (4)와 같은 반사실적 주장들에 관해서도 생긴다. 우리는 반사실적 주장들이 참값들을 가진다는 점을 부정하거나, 혹은 일어나지 않았으나 일어났을 수 있는 것에 관한 주장들을 실제로 일어났던 것에 관한 주장들로 환원할 어떤 방도를 찾아야 한다. 다시 한번 어느 경로도 유망해 보이지 않는다.

수축론(deflationism)은 범위 문제에 직면하지 않는다. 왜냐하면 수축론자들이 진리 술어를 주장들에 어떤 속성을 부여하는 것으로 다루지 않기 때문이다. (1)을 참이라고 말함은 지구가 태양에서 9천 600만 마일 멀리 떨어져 있다고 말하는 것이다. 수축론은 (1)의 인식 가능성에 관해 아무 말도 하지 않고, (1)이 세계와 실체적 관계를 맺는다고 단언하지도 않는다. (2)를 단언함은 「고스트버스터즈」가 「쉰들러 리스트」보다 더 재미있다고 말하는 것이다. 우리는 전자가 왜 더 재미있는 영화인지, 무엇이 어떤 영화를 다른 영화보다 더 재미있다고 여기도록 만드냐고 추가 질문을 할 수 있다. 그러나 이것은 진리 이론이 미리 판단하지 못할 질문이고, (2)를 참이라고 하면서 저 논쟁에서 어느 편도 들지 않는다. (3)과 (4)에 대해서도 마찬가지다. 그름의 본성에 관한 실체적 쟁점이 있을지도 모르지만, (3)을 참이라고 함은 단지 쉽게 막았을 수 있는 고통을 허용하는 것이 나쁘다고 말하는 방식일 뿐이다. 수축론은 상위 윤리학(meta-ethics)의 실질적 쟁점에 대해 어느 편도 들지 않는다. 마찬가지로 (4)를 참이라고 함은, 반사실적 주장들의 형이상학에 관한 입장을 정하지 않고서, 거울이 깨지지 않았지만 깨졌을 수 있다고 말한다.

범위 문제를 피한다는 점은 수축론이 대응 이론과 인식 이론을 능가하는 주요 이점이지만, 다원론자들은 수축론을 용인할 만하지 않게 만드는 다른 문제가 있다고 생각한다. 다원론자의 대안은 범위 문제를 피하면서 다원론자들이 수축론에서 발견한 추가 문제도 피하려 한다.

7.3 수축론의 두 가지 문제

크리스핀 라이트는 수축론이 불안정하다고 논증했다. 그의 견해에 따르면 만약 누구든지 수축론을 진지하게 받아들인다면, 진리 술어가 결국 단지 논리적 기능 이상을 한다고 최종적으로 허용해야 한다. 그것은 어떤 속성을 부여한다. 라이트의 논증은 진리의 규범성(normativity of truth)에 대한 고찰에 기댄다. 꽤 복잡한 논증이지만, 좀 상세히 설명할 만한 가치가 있다.

크리스핀 라이트의 논증에서 중심적 역할을 하는 관념은 **보증된 단언 가능성**(warranted assertibility)이다. 어떤 주장이 보증된 방식으로 단언 가능하다는 것은 이용 가능한 정보가 주어진 경우, 누구든지 주장을 단언하는 것이 적당하다는 말이다. 예를 들어 만약 이용 가능한 증거가 고양이는 깔개 위에 있다고 보여준다면, '고양이는 깔개 위에 있다'라는 주장은 보증된 방식으로 단언할 수 있다. 만약 이용 가능한 정보가, 고양이가 다른 곳에 있다고 보여주거나 고양이가 있다는 것에 관한 무엇을 말하기에 불충분해서, 고양이가 깔개 위에 있다고 보여주지 않는다면, '고양이는 깔개 위에 있다'라는 주장을 보증된 방식으로 단언할 수 없다. 어떤 주장을 보증된 방식으로 단언할 수 있을 때, 우리는 저 주장의 단언을 **정당화된**(justified) 것이라고 할 수 있다.

라이트는 수축론이 다음과 같은 두 가지 중심 정의 주장(two central defining claims)을 확언한다고 본다.

(5)   진리 술어는 순수하게 논리적 장치이거나 문법적 장치다. 주장을 참이라고 부르는 효과는 누구든지 주장 자체를 단언함으로써 달성하게 될 것과 같다.[2] (The truth predicate is

a purely logical or grammatical device; the effect of calling a claim true is the same as what one would accomplish by asserting the claim itself.)

(6) 인용 부호 제거 도식(만약 P라면, 그리고 오로지 그런 경우에만, 'P'라는 주장은 참이다)은 진리 술어의 기능을 설명하는 데 필요한 거의 모든 것을 제공한다.[3] (The Disquotational Schema (i.e., "'P' is true if, and only if, P") provides virtually everything that is needed to explain the function of the truth predicate.)

우리는 (5)를 **의미론적 하강 원리**(Principle of Semantic Descent)라고 부르고, (6)을 **동치 도식 원리**(Equivalence Schema Principle)라고 부를 수 있다. 라이트는 (5)와 (6)은 수축론자들이 어떤 비일관된 견해를 확언하게 한다고 생각한다. 그 견해에 따르면 진리와 보증된 단언 가능성은 두 가지 다른 '단언 규범들(norms of assertion)'이면서 아니다.

'단언 규범'은 어떤 단언이 올바를 수 있거나 용인 가능한 방식이다. 분명히 보증된 단언 가능성은 단언 규범이다. 만약 어떤 주장의 단언이 이용 가능한 정보로 보증된다면, 저것이 그 주장을 단언하거나, 혹은 그 주장의 단언을 용인하거나 승인하는 이유다. 그 주장이 올바르거나 옳은 방식이 바로 그것이다.

---

2   크리스핀 라이트, 『진리와 객관성』(1922), 14쪽.

3   크리스핀 라이트, 『진리와 객관성』(1922), 14쪽.

진리가 단언의 둘째, 그리고 다른 규범이라는 점이 명백해 보였을 수도 있다. 단언은 증거로 적당히 뒷받침된다는 뜻에서 올바를 수 있을 뿐만 아니라, 세계에 관해 정확하거나 옳다는 뜻에서 올바를 수 있다.

동치 도식 원리가 주어진 경우, 보증된 방식으로 단언할 수 없으면서도 참인 몇몇 단언들이 있게 마련인 듯하다. 예를 들어 고양이가 어디에 있는지에 관해 아무 정보도 없다고 가정하자. 그때 다음과 같은 주장 가운데 어떤 것도 보증된 방식으로 주장할 수 없다.

(7) 고양이는 깔개 위에 있다. (The cat on the mat.)

(8) 고양이는 깔개 위에 있지 않다. (The cat is not on the mat.)

그렇더라도 고양이는 깔개 위에 있거나 고양이는 깔개 위에 있지 않고, 동치 도식 원리는 다음과 같은 T-쌍조건문들을 우리에게 충분히 제공한다.

(9) 만약 고양이가 깔개 위에 있다면, 그리고 오로지 그런 경우에만, '고양이가 깔개 위에 있다'라는 문장은 참이다. ('The cat is on the mat' is true if, and only if, the cat is on the mat.)

(10) 만약 고양이가 깔개 위에 있지 않다면, 그리고 오로지 그런 경우에만, '고양이가 깔개 위에 있지 않다'라는 문장은 참이다. ('The cat is not the mat' is true, if and only if, the cat is not

on the mat.)

고양이가 어디에 있든 (7)이 참이거나 (8)이 참이고, 둘 가운데 어느 하나가 참이라는 것을 보증된 방식으로 주장할 수 없다.

크리스핀 라이트는 위와 같이 수축론자들이 진리를 보증된 단언 가능성과 다른 단언 규범으로 본다고 논증한다. 진리와 보증된 단언 가능성이 같은 규범이 아닌 까닭은, 어떤 주장은 보증된 방식으로 단언할 수 없으면서도 참일 수 있기 때문이다. 하지만 수축론자들은 진리가 보증된 단언 가능성과 **같은** 규범이라고 보는 견해를 확언하게 된다고 라이트는 논증한다. 저것이 바로 라이트가 수축론이 최종적으로 비일관적이라고 생각한 이유다.

라이트는 수축론자들이 진리와 보증을 같은 규범으로 볼 수밖에 없다고 생각한다. 왜냐하면 만약 우리가 어떤 주장들을 진리나 보증에 기초해 단언하기로 결심했다면, 우리는 정확히 같은 주장들을 단언하고, 정확히 같은 주장들에 대한 단언을 용인하거나 승인하거나 허용할 것이기 때문이다. 여러분은 고양이가 깔개 위에 있다고 단언할지 결정하려고 시도하고, 그 주장이 참인지에 기초해 결정한다고 가정하자. 다시 말해 여러분은 주장이 참이라면 그것을 단언하고, 주장이 참이 아니라면 그것을 단언하지 않을 것이다. 여러분은 오로지 증거가 고양이는 깔개 위에 있다는 주장을 얼마나 잘 지지하는지를 고려함으로써만 결정을 내릴 수 있다. 만약 고양이는 깔개 위에 있다는 주장은 참이라고 여러분이 생각할 때 충분히 잘 정당화할 만큼 증거가 주장을 지지한다면, 여러분은 주장을 단언할 것이다. 그렇지 않으면 여러분은 단언하지 않을 것이다.

하지만 부분적으로 T-쌍조건문의 덕분에, 고양이가 깔개 위에 있다고 여러분이 믿을 때 정당화되는 것과 **정확히** 같은 상황에서 여러분은 고양이가 깔개 위에 있음이 참이라고 믿을 때 정당화된다. 그래서 '고양이는 깔개 위에 있다'라는 주장을 여러분이 보증된 방식으로 주장할 수 있다고 판단할 정확히 같은 경우에, 여러분은 '고양이는 깔개 위에 있다'라는 주장이 참이라고 판단할 것이다. 여러분이 단언할 것을 진리에 대한 고려로 결정하든 보증에 대한 고려로 결정하든, 여러분은 정확히 같은 단언들을 할 것이다.

라이트는 T-쌍조건문과 진리 술어의 문법만으로, 우리가 정확히 같은 주장을 두 가지 뜻에서 올바르다고 여겨야 할 때, 진리와 보증이 어떻게 올바름의 서로 다른 종류일 수 있는지 설명할 방법을 제공하지 못한다고 생각한다. 그래서 수축론자들이 진리와 보증을 올바름의 **같은** 형태, 주장의 같은 규범이라고 볼 수밖에 없다고 라이트는 생각한다. 하지만 이것은 진리와 보증이 올바름의 두 가지 **다른** 형태라는 수축론의 확언과 모순된다.

라이트의 논증에 제기될 잠재적으로 심각한 몇 가지 반론이 있는데, 다음 장(8.2절을 보라)까지 논의를 미뤄두겠다. 그 대신에 마이클 린치가 자신의 다원론 형태를 피력하면서 수축 견해에 제기한 둘째 반론을 살펴보자.

마이클 린치는 크리스핀 라이트와 비슷하게 부분적으로 진리의 규범적 측면에 대해 반성함으로써 동기를 얻는다. 특히 진리 개념의 가장 중요한 핵심이 (a) 진리는 믿음의 목표이고, (b) 진리는 가치가 있다는 점이라고 린치는 생각한다. 더욱이 훨씬 더 중요한 점으로 진리 개념이 중요한 설명 기능을 반드시 해야 한다고 린치는 생각한다. 그는 수축론이 방금 말한 어떤 점과도 양립할 수 없다고 생각한다.

진리가 믿음의 목표라는 발상에서 시작하자. 우리가 '올바르다(correct)' 또는 '올바르지 않다(incorrect)' 같은 말로 표시하는, 믿음을 가짐에 특수한 종류의 성공이나 실패가 있다는 생각이다. 체스 놀이에서 어떤 수가 놀이에서 승리함이라는 목표와 관련해 올바르거나 올바르지 않다고 할 수 있는 것과 마찬가지로, 믿음은 어떤 목표나 목적과 관련해 올바르거나 올바르지 않다. 물론 믿음은 참일 때 올바르고, 거짓일 때 올바르지 않다.

린치가 보듯 이것은 단순히 눈이 희다는 믿음을 올바르게 만드는 눈의 흼, 풀은 푸르다는 믿음을 올바르게 만드는 풀의 푸름, 17이 소수라는 믿음을 올바르게 만드는 17이 소수임의 문제가 아니다. 오히려 믿음의 내용과 무관하게 우리의 믿음에 적용되는 올바름의 개념이 있고, 그 기준은 내용이 어떻든 올바른 두 믿음에 대해 **같다**는 점이 중요하다. 믿음이 올바르거나 올바르지 않음이라는 발상의 뜻을 알려면, 우리는 모든 올바른 믿음만이 공통으로 지닌 어떤 속성이나 특징을 확인할 필요가 있다. 린치는 저 특징을 진리라고 생각한다.[4]

---

4   마이클 린치, 『하나이자 여럿으로서 진리』(2009), 12쪽.

우리는 왜 모든 올바른 믿음만이 공통으로 지닌 단일 특징이 있다고 생각하기도 하는가? 여러분이 새로운 믿음을, 예컨대 아래와 같은 믿음을 습득한다고 가정하자.

(11) 어떤 원양 어류는 난태생이다. (Some pelagic fish are ovoviviparous.)

저 믿음은 올바른 것이거나 올바르지 않은 것일 수도 있지만, 우리는 (11)이 의미하는 것을 모르더라도 그 믿음이 올바르다는 것이 무엇을 의미하는지 안다. 저것이 마이클 린치에게 중요한데, 왜냐하면 만약 내가 (11)이 무엇을 의미하는지 모르더라도, 나는 아래와 같이 (12)를 알 수 없지만, (13)을 알 수 있기 때문이다.

(12) 만약 어떤 원양 어류가 난태생이라면, 그리고 오로지 그런 경우에만, 어떤 원양 어류가 난태생이라는 믿음은 올바르다. (A belief that some pelagic fish are ovoviviparous is correct if, and only if, some pelegic fish are ovoviviparous.)

(13) 만약 그것이 참이라면, 그리고 오로지 그런 경우에만, 어떤 원양 어류가 난태생이라는 믿음은 올바르다. (A belief that some pelagic fish are ovoviviparous is correct if, and only if, it is true.)

하지만 수축론의 견해에 근거하면, (13)은 (12)와 동치이고, 그래서 수축론은 불가능한 어떤 것, 다시 말해 어떤 원양 어류가 난태생이라는 생각을 용인하지 않고서 누구든 (12)를 알 수 있다고 확언하는 듯하다. 다른 한편 만약 진리가 모든 올바른 믿음만이 공유하는 현실적 속성이라면, 아무 문제도 없다. 나는 (11)이 무엇을 의미하는지 모를 수도 있다. 그러나 만약 (11)이 참이라면, 그리고 오로지 그런 경우에만, 그런 내용을 가진 어떤 믿음이 올바르다는 것을 안다.

린치는 수축론이 설명에서 진리 개념이 맡은 역할을 밝혀낼 수 없다고 생각하기도 한다. 여기서 설명의 두 종류는 특히 중요하다. 하나는 **의미**에 대한 설명에 관한 것이다. 의미에 대한 가장 인기 있는 철학적 설명에 따르면, 한 서술 문장(a declarative sentence)이 무엇을 의미하는지 설명하는 것은 그 서술 문장이 어떤 조건에서 참이고 다른 어떤 조건에서 거짓인지를 밝히는 것이다. 그러나 이제 다음과 같은 두 문장의 진리 조건 관계를 살펴보자.

(14) 눈은 희다. (Snow is white.)

(15) 쿠키 통에 쿠키가 있다. (There are cookies in the cookie jar.)

만약 진리가 어떤 강건한 속성(a robust property)이라고 가정한다면, 방금 위에서 말한 진리 조건들이 공통으로 가진 중요한 어떤 것이 있다. 눈의 흼은 '눈은 희다'라는 주장이 저 강건한 속성을 갖기 위한 필요충분조건이고, 쿠키 통에 쿠키가 있음은 '쿠키 통에 쿠키가 있다'라는 주장이 그 **똑같은** 속성을 갖기 위한 필요충분조건이다. 우리는 문장들의 의미들을 문장들과 진리 속성의 관계로 이해한다. 하지만 수축론에 근거하면 진리는 이와 같은 설명적 역할을 할 수 없다. 어떤 문장과 그것의 진리 조건이 맺는 관계와 다른 어떤 문장이 그것의 진리 조건과 맺는 관계 사이에 공통된 흥미로운 무엇이든 있을 필요가 없다.

또한 진리 개념은 우리의 성공적 행위들에 대한 설명에서도 어떤 역할을 하는 것 같다. 너와 내가 척의 카페(Chuck's Cafe)에서 3시에 만나기로 약속했다고 가정하자. 나는 우리의 만남 시간과 위치에 관해 참 믿음을 가지고 있고, 저 믿음의 진리는 우리가 어떻게 만남에 성공하는지 설명하기 위해 중요하다. 저런 설명에 대한 수축론의 견해는, (a) 우리가 척의 카페에서 3시에 만나기로 약속하고, (b) 나는 우리가 척의 카페에서 3시에 만나기로 약속한다고 믿기 때문에 우리가 성공한다고 단순하게 말할 것이다. 저 설명이 빠뜨린 점은, 만약 우리의 약속이 다른 시간이나 장소였고, 나의 믿음이 여전히 참이었더라면, 우리가 **또한** 만남에 성공했으리라는 것이다. 수축론의 설명은 우리가 만나기로 되어 있다고 내가 믿는 시간과 장소에 관한 구체적 세부 사항에 의존한다. 이와 같은 세부 사항은 별도로 치더라도, 수축론의 설명은 우리의 만남이 성공할 때 나의 믿음이 어떤 역할을 한다는 사실에 관해 설명할 수 없다.

수축론자들은 이런 반론에 (앞 장들과 다음 장을 보라) 응답할 수 있지만, 마이클 린치는 일반적인 이론 상황을 이렇게 생각한다. 인식 이론과 대응 이론은 범위 문제에 직면하지만, 수축론은 진리가 올바름의 일종이라는 생각과 진리 개념의 설명 기능을 정당하게 다루지 못한다. 린치는 어떤 진리 다원론자의 개념이 저 문제들을 피할 수 있다고 믿는다.

7.4 단순 다원론과 라이트의 견해

범위 문제를 해결하려고 시도한 아주 간단한 방도는 **단순 다원론** (simple pluralism)이다. 단순 다원론에 근거하면 진리의 본성은 주제에 따라 다르다. 진리는 때때로 대응이고, 때때로 어떤 방식으로 인식적이다. 대체로 인용 부호 제거론을 옹호했던 콰인도 과학에서 진리 대응론과 비슷한 것이 적용되고, 윤리학은 정합론을 요구한다고 논평한 적이 있었다.[5]

크리스핀 라이트의 다원론 형태는 단순 다원론의 기본 발상을 다듬는다. 라이트는 어떤 속성을 주어진 주제, 또는 자신의 용어로 '담론(discourse)'에 대한 진리라고 여긴다는 것이 무엇인지 설명한다. 덧붙여 그는 이렇게 하면서 수축론의 불안정성에 대한 자신의 논증으로 드러난 진리의 규범적 차원(normative dimension of truth)을 설명하려고 한다.

---

5   윌러드 콰인, 『이론과 사물』(1981).

라이트의 전략은 다음과 같은 진술을 포함해 진리에 관한 몇 가지 '상투어들(platitudes)'을 확인하는 것이다.[6]

(16) 주장을 단언하는 것은 그것을 참으로 제시하는 것이다. (To assert a claim is to present it as true.)

(17) 만약 주장이 참이거나 거짓일 수 있다면, 그것은 마찬가지로 참이거나 거짓일 수 있는 부정 주장을 가진다. (If a claim is capable of being true or false, it has a negation that is likewise capable of being true or false.)

(18) 참이라는 것은 사실들에 대응하는 것이다. (To be true is to correspond to the facts.)

(19) 진술은 참이지 않으면서 정당화될 수도 있고, 그 반대도 마찬가지다. (A statement may be justified without being true, and vice versa.)

(18)에 대해 조금 명료하게 말하자면, 진리가 사실들에 대응함이라는 상투어는 질서가 있다. (18)은 어떤 진리 대응 이론을 단언한 것이 아니다. 5장에서 모든 진리 이론에 걸쳐 논란의 여지가 없고 중립적인 뜻에서 '대응'이 있다고 했음을 상기해 보라. 저런 뜻에서 '사실들에 대응한다'라는 말은 단지 '참이다'의 다른 표현일 뿐이고, 자동으

---

6   크리스핀 라이트, 『진리와 객관성』(1992), 34쪽.

로 사실들의 형이상학이나 특별한 대응 관계를 확언하는 것이 아니다. 그 상투어에 적합한 것은 이 부차적이고 논란의 여지가 없는 뜻의 대응이다.

주어진 담론에 대해 상투어들을 만족하는 어떤 속성이든 저 담론에 대한 진리 속성이라고 라이트는 생각한다. 다른 속성이 다른 담론에 대해 진리가 되는 것은 완벽하게 가능하다. 라이트가 논의하는 두 가지 가능한 진리 속성은 **최상급 단언 가능성**(superassertibility)과 내가 '강건한 대응(robust correspondence)'이라고 부르게 될 속성이다.

주장은 그것을 정당하게 단언할 어떤 정보 상태에 우리가 놓일 때 **단언할 수 있는** 것이다. 하지만 우리가 주장을 정당하게 단언하지 못할 **개선된** 정보 상태에 놓이더라도, 주장을 단언할 수 있음에 주목하라. 예를 들어 존스가 이번 주 밴쿠버에 있을 것이라고 말했다는 정보만 주어지면, 나는 존스가 밴쿠버에 있다고 단언할 때 정당화된다고 해도 좋다. 그러나 만약 내가 존스가 텍사스주 샌안토니오 알라모를 여행한다는 것도 안다면, 나의 정보 개선은 내가 존스가 밴쿠버에 있다고 주장하려고 가졌던 어떤 정당화든 무너뜨릴 것이다.

주장은 그것의 단언을 정당화할 정보 상태에 놓일 뿐만 아니라, 저런 정보 상태가 아무리 확장되거나 개선되더라도 그것의 단언이 여전히 정당화될 때, **최상급으로 단언할 수 있는** 것이다.[7] 몇몇 담론들에 대해, 최상급 단언 가능성은 진리 상투어들을 만족할 수도 있다.

---

7   크리스핀 라이트, 『진리와 객관성』, 47쪽.

라이트의 예는 희극이다. 최상급 단언 가능성이 어떻게 (16)~(19)를 만족하고, 따라서 재미가 무엇인지에 관한 담론의 진리 속성으로 기능할 수 있는지 알아보자. 특히 빌의 농담이 재미있다는 주장을 살펴보자.

농담이 **알 수 없는 방식으로**(unknowably) 재미있다거나 재미없다는 것은 그럴듯하지 않다. 만약 어떤 일이 재미있다는 것을 인식하는 일이 가능하다면, 그리고 오로지 그런 경우에만, 어떤 일은 재미있는 것이다. 게다가 인식할 수 있는 어떤 주장이든 단언할 수 있다. 방금 말한 것은 다음과 같은 내용을 함축한다고 라이트는 보여준다. 만약 빌의 농담은 재미있다는 것이 최상급으로 단언 가능하다면, 그리고 오로지 그런 경우에만, 빌의 농담은 재미있다(Bill's joke is funny if, and only if, it is superassertible that Bill's joke is funny). 이것은 최상급 단언 가능성이 (18), (적당히 해석된) 평범한 대응 견해를 만족함을 보여주기에 충분한 것 같다.

빌의 농담이 재미있다는 주장은 최상급 단언 가능성을 지니지 않으면서 정당화되었을 수 있다. 나는 빌이 농담을 모두 시끌벅적하게 웃는 군중에게 했다고 들었을 수도 있고, 나중에 내가 농담을 직접 들으니 재미없고, 최초 청중이 마치 재미있는 것처럼 훨씬 더 재미있는 어떤 반응을 하게 만드는 약에 취했었다는 것을 알게 된다. 어떤 주장은 최상급 단언 가능성을 지니지 않으면서 정당화될 수 있으므로, 최상급 단언 가능성은 (19)를 만족하는 듯하다. 최상급 단언 가능성은 서술 문장에 적용되고, 어떤 서술 문장이든 최상급 단언 가능성을 지니거나 그럴 수 없다. 최상급 단언 가능성이 (17), 참이거나 거짓일 수 있는 어떤 것이든 부정 주장도 참이거나 거짓일 수 있다는 상투어를 만족하는 이유가 이것이다.

끝으로 (16), 무엇을 단언하는 것은 그것을 참으로 제시하는 것이라는 상투어를 살펴보자. 만약 어떤 사람이 빌의 농담이 재미있다고 단언한다면, 이를 최상급 단언 가능성이 있는 것으로 제시했는가? 라이트는 그것이 가능하다고 생각한다. 답을 찾을 열쇠는 누구든지 어떤 단언을 할 때, 바로 그 단언을 정당화하는 정보를 가진다고 자처한다는 점이다. 그래서 당사자는 주장을 **적어도** 단언할 수 있는 것으로서 제시한다. 게다가 만약 어떤 주장을 단언할 때 자신의 정당화를 무너뜨릴 만한 정보 개선이 미래에 일어나리라 기대한다면, 당사자는 그것을 단언한 **지금** 정당화된 것이 아니다. 만약 내가 나중에 빌의 농담이 재미있지 않았음을 알게 되리라고 기대한다면, 나는 빌의 농담이 재미있다고 단언한 지금 정당화되지 않는다. 이 마지막 논점은 강화될 수 있다. 나는 나의 정당화를 무너뜨리지 않을 어떤 미래 정보든지 기대하지 않아야 할 뿐만 아니라 나의 정당화를 무너뜨리지 **않을** 미래 정보를 기대해야 한다. 만약 내가 나의 정당화가 미래에 무너질 수도 있다고 생각한다면, 나는 빌의 농담이 재미있다고 단호하게(flatly) 말해서는 안 된다. 나는 오히려 더욱 주의를 기울여서 '빌의 농담은 재미있는 것 같다'라거나 '빌의 농담은 아마도 재미있을 것이다'라거나 '내가 말할 수 있는 한에서, 빌의 농담은 재미있다'와 같은 어떤 것을 말해야 한다. 결과적으로 만약 내가 빌의 농담이 재미있다고 단호하게 단언한다면, 나는 빌의 농담이 재미있다는 주장을 보증된 방식으로 단언할 수 있을 뿐만 아니라 **오래도록**(durably) 그럴 수 있다는 것이다. 나는 최상급으로 단언할 수 있게 그것을 제시한다.

최상급 단언 가능성(superassertibility)은 어떤 담론들에서 진리라고 하더라도, 모든 담론에서 진리가 아닐지도 모른다. 실재론이 적당한 것처럼 보이는 담론들에 대해서 최상급 단언 가능성을 넘어선 어떤 것이 요구된다. 골드바흐의 추측은 증명할 수 없는 방식으로 참일 수도 있다. 저런 경우 골드바흐의 추측은 참이지만, 최상급 단언 가능성을 지닌 주장이 아니다. 시간이나 공간적으로 멀리 떨어진 사태에 관한 어떤 주장은 단언 가능성이 없을지라도 여전히 참일 수도 있다. 그런 담론들에서 진리는 단지 최상급 단언 가능성을 넘어선 어떤 것인 듯하다. 진리는 최상급 단언 가능성과 다른 어떤 것으로 '강건한 대응(robust correspondence)'이라는 이름을 붙일 만하다.

강건한 대응은 대응 이론가들이 마음에 두는 종류의 관계다. 진리는 사실들에 대응함이라는 공식 견해(dictum)가 단순하게 어떤 주장이 사물이 있다고 말하는 그대로 있을 때 (그리고 있을 때만) 참이라는 것보다 더 많은 무엇을 말한다고 우리가 이해할 때 가리키는 것이 저런 종류의 관계다. 강건한 대응은 중요한 두 가지 구성 요소를 포함한다. 하나는 대응 관계이고, 다른 하나는 참 주장들에 대응하는 세계 속 사실들이나 사태들이다.

우리는 왜 (예를 들어 과학 같은) 어떤 담론에 대한 진리가 단지 최상급 단언 가능성이 아니라, 강건한 대응이라고 생각하게 되는가? 크리스핀 라이트는 몇 가지 이유를 논하는데, 가장 중요한 하나는 이것이다. 어떤 담론이 관련된 것처럼 보이는 사태들, 예를 들어 재미있는 사태, 도덕적으로 옳은 사태, 화학 반응으로 발생한 많은 열, 내일 날씨 따위를 살펴보자. 저 사태들은 설명에서 어떤 역할을 하는가? 어떤 종류의 것들이 빌의 농담이 재미있음을 설명하는가? 몇 가지 가능성은 이렇다.

(20) 농담의 재미있음은 왜 모든 사람이 그것은 재미있다고 생각하는지를 설명한다. (아마도 모든 사람이 그렇다고 생각하기 때문에 그 농담이 재미있지 않다면.) (The funniness of the joke explains why everyone thinks it is funny. (Maybe-unless the joke is funny because everyone thinks it is.))

(21) 농담의 재미있음은 왜 모든 사람이 웃었는지를 설명한다. (간접적으로 그들은 그것이 재미있었다고 생각했기 때문에 웃었고, 그들은 그것이 재미있었기 때문에 그것이 재미있었다고 생각했다.) (The funniness of the joke explains why everyone laughed at it. (Indirectly-they laughed because they thought it was funny, and they thought it was funny because it was.))

(22) 농담의 재미있음은 왜 경찰관이 연회에 나타났는지를 설명한다. (간접적으로 경찰관은 재미있는 농담에 웃는 사람들이 소음을 내서 이웃이 제기한 민원에 따른 반응으로 나타났다.)

(The funniness of the joke explains why the cops showed up at the party. (Indirectly-the cops showed up in response to a neighbor's complaint about the noise from the people laughing at the funny joke.))

모든 사례에서 농담의 재미있음이 그것에 관한 사람들의 판단을 설명하거나, 혹은 다른 어떤 것을 설명한다면, **간접적으로** 농담에 관한 사람들의 판단을 설명하는 방식으로 그렇게 한다.

우리가 실재론자들에게 끌리게 되는 사례, 어젯밤 내내 비가 내렸다는 주장을 대조해 보자. 어젯밤의 비는 어떤 사람들의 어젯밤 비가 내렸다는 취지의 믿음들을 설명하지만, 다음과 같은 다른 것들을 설명할 수도 있다.

(23) 어셋밤 내내 비가 내렸기 때문에 시냇물이 넘치고 있다. (The creek is spilling over its banks because it rained all night last night.)

(24) 어젯밤 내내 비가 내렸기 때문에 진입로 끝에 웅덩이가 있다. (There is a puddle at th end of the driveway because it rained all night last night.)

(25) 어젯밤 내내 비가 내렸기 때문에 정원의 식물이 물을 듬뿍 머금었다. (The plants in the garden are well watered because it rained all night last night.)

(26) 어젯밤 내내 비가 내렸기 때문에 뜰에 지렁이가 기어다녔다.
(The earthworms have crawled onto the patio because it rained all night last night.)

이렇게 계속된다. 어젯밤 비가 내렸음은 꽤 넓은 범위에 걸친 것을, 어젯밤 비가 내렸다는 우리의 믿음과 맺는 관계와 독립적으로 설명한다. 어떤 담론이 이런 사태들을 다루는 것처럼 보일 때, 우리는 저 담론에서 진리를 단지 최상급 단언 가능성을 넘어서고, 오히려 정신과 독립적인 사실들과 강건한 대응 관계를 포함하는 것으로 생각할 이유가 있다고 라이트는 생각한다.

따라서 크리스핀 라이트가 다원론에 찬성한 전반적 논거는 몇 부분으로 나뉜다. 첫째, 수축론은 우리의 단언이 정당화될 뿐만 아니라 참이 될 것을 목표로 삼음이라는 발상을 정당하게 다룰 수 없으며, 정당화와 진리는 다른 두 가지 목표라고 라이트는 생각한다. 둘째, 재미있음에 관한 논의처럼 진리가 인식적인 듯한 담론 영역들도 있고, 과학적 사실에 대한 논의처럼 진리가 인식적이지 **않고** 대응 이론가들이 말하는 것과 더 비슷한 담론 영역들도 있다고 그는 생각한다. 셋째, 진리가 인식적으로 등장하는 담론도 있고, 진리가 대응의 형태로 등장하는 담론도 있다는 견해가 최선이라고 그는 생각한다. 라이트의 견해는 훨씬 철저한 다원론의 가능성에도 열려 있는데, 그 이론에서는 인식 진리조차 담론에 따라 달라지고, 대응 진리도 마찬가지다.

7.5 단순 다원론, 혼합 복합 문장, 혼합 추론

단순 다원론은 라이트가 다듬은 것이라도 아주 심각한 두 가지 반론에 직면한다. 여기서 제기된 문제는 마이클 린치가 라이트식 다원론을 거부하게 만든 동기고, 린치의 '기능주의' 유형의 다원론은 단순 다원론의 문제를 해결하려고 특별히 설계된 것이다.

첫째 반론은 '혼합 복합 문장(mixed compounds)'의 문제다. 라이트가 우리에게 요청하듯, 재미있음에 관한 주장들에 대해 진리는 최상급 단언 가능성이지만, 기본 요소의 원자 번호에 관한 주장들에 대해 진리는 대응이라고 가정하자. 혼합 복합 문장은 다른 두 담론의 주장들을 결합한 문장이다. 혼합 복합 문장의 예는 다음과 같은 문장이다.

(27) 관광 목장의 수녀에 관한 이야기는 아주 재미있고, 금의 원자 번호는 79다. (The one about the nun at thc dude ranch is very funny, and the atomic number of gold is 79.)

(27)과 같은 복합 문장에 대해 진리는 무엇인가? (27)은 연언 문장이다. 만약 그것의 부분 문장이 둘 다 참이라면, 그리고 오로지 그런 경우에만, (27)은 참이다. 이것은 만약 관광 목장의 수녀에 관한 이야기는 아주 재미있다는 것이 참이고, 금의 원자 번호는 79라는 것도 참이라면, 그리고 오로지 그런 경우에만, 위에서 말한 문장이 참이라

는 뜻이다.

이런 복합 문장에 대해 진리는 대응이라고 가정하자. 그러면 만약 그것의 부분이 둘 다 **대응 진리**라는 속성을 가진다면, 그리고 오로지 그런 경우에만, 연언 문장은 참일 것이다. '금의 원자 번호는 79다'라는 주장이 저 속성을 가질 수 있더라도, '관광 목장의 수녀에 관한 이야기는 아주 재미있다'라는 주장은 저 속성을 갖지 **않는다**. 후자는 사실에 대응하거나 대응하지 않는 그런 것이 없는 담론의 부분이다. 그 담론에서 진리는 인식적이다. 그래서 만약 그 복합 문장에 대해 진리가 대응이라면, 그 복합 문장은 아무래도 거짓일 것이다.

그러면 이제 복합 문장들의 진리가 최상급 단언 가능성이라고 가정하자. '관광 목장의 수녀에 관한 이야기는 아주 재미있다'라는 주장과 '금의 원자 번호는 79다'라는 주장이 둘 다 최상급으로 단언할 수 있다는 것은 그럴듯하다. 그러나 만약 우리가 둘째 연언지에 대해 알 수 없는 방식으로(unknowably) 참인 어떤 것을 대체한다면 어떨까? 예를 들어 다음과 같은 복합 문장을 어떻게 처리해야 하는가?

(28) 관광 목장의 수녀에 관한 이야기는 아주 재미있고, 지구의 광선 원뿔 바깥에 거주하는 어떤 행성이 있다. (The one about the nun at the dude ranch is very funny, and there is an inhabited outside the light cone of earth.)

(나는 그런 어떤 행성이 있다는 것이 참이고 알 수 없다고 가정하고 있다. 만

약 그것이 사실이 아니라면, 다른 어떤 알 수 없는 진리를 대체하라.) 이제 우리는 앞서 말한 것과 같은 문제를 만난다. '관광 목장의 수녀에 관한 이야기는 아주 재미있다'라는 주장은 최상급으로 단언할 수 있고, '지구의 광선 원뿔 바깥에 거주하는 어떤 행성이 있다'라는 주장은 그렇지 않다. 결과적으로 후자의 주장은 지구의 광선 원뿔의 바깥에 거주하는 행성이 있든 없든 상관없이 허위가 될 수밖에 없는 듯하다.

혼합 복합 문장들의 골치 아픈 문제는 그것들이 담론들에 따라 다른 진리 속성들을 요소 문장들과 결합하고, 어떤 담론의 진리 형태가 복합 문장에 적용되는지 결정할 만족스러운 방도가 없다는 것이다. 문제를 피하려고 써볼 한 가지 합당한 방법은 혼합 복합 문장이 이를 구성하는 요소 문장들에 대한 담론들에 속하지 않고, 자체로 다른 진리 형태를 지닌 어떤 다른 담론에 속한다고 규정하는 것이다. 예를 들어 어떤 사람은 다음과 같은 견해를 채택했을 수도 있다. (i) 희극에 관한 진리는 최상급 단언 가능성이고, (ii) 기본 요소의 원자 번호에 관한 진리는 대응이고, (iii) 혼합 복합 문장에 대한 진리는 다음과 같은 방침에 따라 최상급 단언 가능성과 대응으로 구성된 복합 속성이다.

(29) 만약 P는 희극에 관한 주장이고 Q는 화학에 관한 주장이라면, P는 최상급으로 단언할 수 있으면서 Q는 강건하게 사실에 대응한다면, 그리고 오로지 그런 경우에만, 'P 그리고 Q'는 참이다. (If P is a claim about comedy and Q is a claim

about chemistry, then 'P and Q' is true if, and only if, both P is superassertible and Q robustly corresponds to the facts.)

(30) 만약 P는 희극에 관한 주장이고 Q는 화학에 관한 주장이라면, P가 최상급으로 단언할 수 있거나, Q는 강건하게 사실에 대응한다면, 그리고 오로지 그런 경우에만, 'P 또는 Q'는 참이다.(If P is a claim about comedy and Q is a claim about chemistry, then 'P or Q' is true if, and only if, either P is superassertible or Q robustly corresponds to the facts.)

그리고 계속된다.

이와 비슷한 전략이 작동할 수 있다고 가정하자. 그러면 우리는 (줄곧 배경에 숨어 있던) 또 다른 문제, 곧 **혼합 추론의 문제**(problem of mixed inference)에 빠져들 것이다. 다음과 같은 두 논증을 살펴보자.[8]

(31) **젖은 고양이에 관한 논증**

전제1) 젖은 고양이들은 재미있다.

전제2) 태비는 젖은 고양이다.

결론) 그러므로 태비는 재미있다.

---

8 크리스틴 타플레(Christine Tappolet), 「혼합 추론: 진리 술어에 관한 다원론의 문제」(1997), 『분석』 57권 3집, 209~210쪽. 크리스틴 타플레(Christine Tappolet)는 몬트리올 대학 철학과 교수로 전문 연구 분야는 심리철학과 상위 윤리(meta-ethics), 규범 윤리다. 감정에 관한 논문과 저술을 다수 펴냈다.

(32) **수녀와 수에 관한 논증**

전제1) 관광 목장의 수녀 이야기는 아주 재미있다.

전제2) 금의 원자 번호는 79다.

결론) 그러므로 관광 목장의 수녀 이야기는 아주 재미있고,

금의 원자 번호는 79다.

혼합 추론에서 전제들은 다른 담론들에서 생겨난다. '고양이에 관한 논증'은 재미있음에 관한 전제와 태비의 젖음(이에 대해 다원론자는 진리는 대응이라고 말하기 쉽다)에 관한 전제에서 재미있음에 관한 결론을 추론한다. '수녀와 수에 관한 논증'의 결론은 혼합 복합 문장이고, 논증의 전제들도 다른 두 담론에서 생겨난다.

직관적으로 두 추론은 타당하고, 타당한 추론은 **진리를 보존하는** (truth preserving) 것이라고 가정한다. 진리 보존에 대한 흔한 (비-다원론자의) 정의는 단순하게 어떤 추론이 진리를 보존할 때, 모든 전제들의 참이 논리적으로 결론도 참임을 보증한다는 것이다. 린치 같은 몇몇 철학자는 진리 보존이라는 생각에서 타당한 추론이 문자에 충실한 뜻에서(in a literal sense) 진리를 '보존한다'라는 점이 중요하다고 생각한다. 만약 전제들이 진리 속성을 가진다면, 결론이 **똑같은** 진리 속성을 갖는다는 점을 우리는 틀림없이 보증받는다.

'젖은 고양이에 관한 논증'의 전제들은 다른 두 가지 진리 속성을 가진다. 따라서 우리가 두 전제에서 결론을 추론할 때 보존될 단일 진리 속성은 없다. 그러나 만약 이런 속성이 있다면, 추론은 진리를

보존하지 못하고, 따라서 타당하지 않으며, 바로 거기에 문제가 있다. '젖은 고양이에 관한 논증'은 타당하고, 우리의 진리 이론은 우리에게 추론이 타당하지 않다고 말하도록 요구해서는 안 된다.

'수녀와 수에 관한 논증'도 다른 진리 속성들을 갖는 전제들을 가진다. 하지만 이 논증의 결론은, '젖은 고양이에 관한 논증'과 달리 혼합 복합 문장이다. "젖은 고양이에 관한 논증"의 결론에 대한 진리 속성은 적어도 전제 가운데 하나의 진리 속성과 같지만, "수녀와 수에 관한 논증"의 결론에 대한 진리 속성은 전제 가운데 어느 쪽의 진리 속성과도 같지 않다. 결말은 이전과 같다. 전제들에서 결론으로 이행하며 보존되는 진리 속성은 없고, 그래서 논증은 부당해 보인다. 그러나 논증은 타당하고, 우리의 진리 이론은 그것이 부당하다고 말해서는 안 된다.

7.6 진리 기능주의

혼합 복합 문장의 문제와 혼합 추론의 문제에 보인 린치의 반응이 **진리 기능주의**(alethic functionalism)다. 린치 이론의 기본 발상은 진리의 단일 속성이 있지만, 참이 되는 여러 방식이 있거나 그가 선호하는 용어법을 쓰자면 진리를 **발현하는**(manifesting) 여러 다른 방식이 있다는 것이다. 진리는 어떤 담론에서 최상급 단언 가능성으로 발현하고, 다른 담론에서 인과적 대응으로 발현하기도 한다. 또 다른 담론에서 진리는 린치가 말한 '화합(concordance)'으로 발현하는데, 여기서 화합은 일종의 정합이다. 혼합 복합 문장들에서 진리는, 요소 문장들 속 진리를 발현하는 속성들의 용어들로 우리가 정의할 수 있는 어떤 복합 속성으로 발현된다.

지금 말한 견해의 중요한 특징은 두 가지다. 첫째, 주어진 어떤 담론이든 주장들이 참일 수 있는 독특한 방식이 있지만, 다른 담론들에서 주장들이 같은 방식으로 참일 필요가 없다. 이것이 린치가 "진리는 여럿이다(truth is many)"라고 생각한 뜻이다. 하지만 참이 되는 이런 모든 방식은 여전히 참이 되는 방식들(ways being true)이다. 진리를 발현하는 다양한 속성은 모두 단일 속성, 곧 진리 속성을 발현하고 있다. 이것이 린치가 "진리는 하나다(truth is one)"라고 생각한 뜻이다.

진리와 관계가 없는 세 가지 다른 유비 사례는 진리 기능주의가 작동한다고 가정되는 방식의 명료화를 도울 수 있다. 첫째로 햄릿의 역할을 살펴보자. 케네스 브래너(Kenneth Branagh), 로렌스 올리비에 경(Sir Lawrence Olivier), 멜 깁슨(Mel Gibson), 키아누 리브스(Keanu Reeves), 사라 베르나르(Sarah Bernhardt), 리처드 버비지(Richard Burbage)를 포함한 여러 다른 배우들이 햄릿을 연기했다. 다른 사람들이 셰익스피어의 희곡 『햄릿』을 기반으로 제작한 다른 작품들에서 햄릿의 역할을 한다. 그렇더라도 그것은 여기서 언급한 모든 사람이 연기하는 단일 역할이다. 햄릿이 다른 배우들이 다른 작품들에서 연기할 수 있는 역할이듯, 진리 기능주의자는 진리를 다른 속성들이 다른 담론들에서 할 수도 있는 어떤 역할로 생각한다.

둘째 유비는 **붉은색임**(being red), **심홍색임**(being crimson), **자주색임**(being scarlet)이라는 속성들의 관계에서 발견되는 것이다. **심홍색임**은 **자주색임**과 같은 속성이 아니지만, 둘 다 붉은색이 되는 방식들이다. 화합과 대응도 역시 같은 속성이 아니지만, 둘 다 (알맞은 담론들 속에서) 참이 되는 방식들이다.

셋째 유비는 심리철학에서 말하는 기능주의자의 견해에 기대는데, 린치는 여기서 '진리 기능주의'라는 이름을 끌어낸다. 기능주의에 따르면 **아픔**(being in pain) 속성 같은 마음의 속성은 생명체의 종류에 따라 다른 방식으로 실현될 수 있다. 예를 들어 아픔은 포유동물의 일정한 뇌 활동으로 실현될 수도 있고, 그것을 뇌 활동 X라고 부르자. 뇌가 없는 화성 생명체가 있고, 발에 끈적거리는 푸른색 물질을 갖는데, 그것이 포유동물의 뇌가 하는 모든 기능을 한다고 상상하자. 화성 생명체의 아픔은 끈적거리는 물질의 속성으로 실현되고, 그것을 끈적거리는 물질 속성 Y라고 부르자. 포유동물의 아픔은 뇌 상태 X이지만, 화성 생명체의 아픔은 끈적거리는 물질 속성 Y다. 그러나 두 속성 다 아픔이고, 포유동물과 화성 생명체가 둘 다 아플 때, 그들은 어떤 공통 속성을 현실적으로 가진다. 마찬가지로 한 담론에서 진리는 화합이고, 다른 담론에서 진리는 대응일 수도 있지만, 두 가지 참 주장은 어떤 공통 속성, 곧 **진리**라는 속성을 가진다.

진리 기능주의는 혼합 복합 문장의 문제와 혼합 추론의 문제를 피하면서 단순 다원론의 통찰을 보존하기 위해 설계된 것이다. 우선 진리 기능주의는 혼합 복합 문장에 대해 진리를 발현하는 것이 요소 문장들 속 진리를 발현하는 속성들을 통합한 어떤 복합 속성이라고 허용함으로써 혼합 복합 문장의 문제를 피한다. 다음으로 진리 기능주의는 진리와 진리를 발현하는 속성들을 구별함으로써 혼합 추론의 문제를 피한다. 타당한 추론은 전제들에서 결론으로 이행하면서 진리를 발현하는 것을 보존할 필요가 없고, 오히려 보존해야 할 것은 진리 자체, 곧 진리 역할을 하는 속성을 가진다는 점이다. '젖은 고양이에 관한 논증'에서 전제들의 진리는 논증의 결론이 진리의 역할을 하는 속성을 가질 것이라고 보증한다. 마찬가지로 '수녀와 수에 관한 논증'에서 전제들의 진리는 그것의 결론이 진리를 발현하는 속성을 가질 것이라고 보증한다. 비록 다른 두 가지 속성이 전제들이 원래 속한 담론들에서 진리를 발현하고 셋째 속성이 결론에 대한 진리를 발현할지라도 그렇다.

단순 다원론이 어떤 속성을 어느 담론에 대한 진리로 만드는 것이 무엇인지를 설명해야 하듯, 진리 기능주의자는 어떤 속성이 어느 담론에서 진리의 역할을 한다는 것이 무엇인지 설명해야 한다. 린치는 라이트와 마찬가지로 그가 진리 '상투어들'이라고 여긴 것을 거쳐서 문제에 접근한다. 린치는 이런 상투어들을 포괄하는 목록을 제공하지 않고, 다음과 같은 것을 포함해서 몇 가지 진리 '핵심' 상투어들이 있다고 생각한다.

(33) **객관성(Objectivity).** 만약 p라는 믿음과 관련해, 사물이 있다고

믿는 대로 있다면, 그리고 오로지 그런 경우에만, p라는 믿음
은 참이다. (The belief that p is true if and only if, with respect
to the belief that p, things are as they are believed to be.)

(34) **믿음의 규범**(Norm of Belief). 만약 p라는 명제가 참이라면, 그리
고 오로지 그런 경우에만, p라고 믿는 것은 **언뜻 보기에** 올바
르다. (It is prima facie correct to believe that p if and only if the
proposition that p is true.)

(35) **탐구의 목적**(End of Inquiry). 다른 사정이 같다고 치면, 참 믿음
들은 탐구의 가치 있는 목표다. (Other things being equal, true
beliefs are a worthy goal of inquiry.)

마이클 린치는 진리 상투어들(the platitudes)이 진리에 대해 개략
적 '직무 기술(job description)'을 제공한다고 생각하지만, 어떤 속성
이 한 담론에 대해 진리를 발현하기 위해 모든 상투어를 만족해야
한다고 생각하지 않는다. 오히려 그는 한 담론에서 진리 상투어들을
가장 잘 만족하는 어떤 속성이든 저 담론의 진리 발현자라고 생각한
다. 어떤 속성이 그 상투어들을 가장 잘 만족한다는 것이 무슨 뜻인
지 전혀 명료하지 않지만, 좋은 첫 근사치는 개연적으로 한 담론 속
주장들에 대해 **가장 많은** 상투어, 특히 진리 핵심 상투어들을 만족하
는 속성이 저 담론에 대해 진리를 발현하는 속성이다.

7.7 다원론자의 진리 이론에 제기된 반론

다원론은 진리 술어가 단지 논리적 속성보다 많은 것을 표현한다는 발상을 유지하면서, 범위 문제를 피하려고 설계된 것이다. 그렇더라도 다원론은 자체에 속한 몇 가지 문제와 마주한다. 담론들을 개별화하는 문제, 형이상학적 사치의 혐의(charge of metaphysical extravagance), 다른 진리 이론들의 약점을 물려받는다는 점이 아주 중요하다.

담론들을 '개별화'하는 것은 다른 두 문장이 같은 담론의 부분이거나 다른 두 담론의 부분이 되는 조건들을 명기하는 것이다. 직관적으로 우리는 '금은 원자 번호 79다'라는 문장과 '젖은 고양이는 재미있다'라는 문장이 다른 담론들에 속한다고 가정해도 되고, '납은 화학 원소다'라는 문장이 '금은 원자 번호 79다'라는 문장과 같은 담론에 속한다고 가정하기도 한다. 그러나 확실히 개별화가 힘든 사례들이 있다. '고양이를 고문하듯 괴롭히는 짓은 잔혹하다'라는 문장과 '고양이를 고문하듯 괴롭히는 짓은 그르다'라는 문장을 살펴보자. 두 문장은 '젖은 고양이는 재미있다'라는 문장과 같은 담론을 구성하는 부분인가? 한편으로 방금 말한 세 문장은 고양이에 관한 것이고, 그래서 고양이 담론의 부분인 듯하다. 그러나 다른 한편으로 재미있는 것들에 대한 평가가 잔혹하거나 그른 것들에 대한 평가와 같은 종류에 속하는지에 대한 철학적 합의는 없다. 심미 판단과 도덕 판단은 단순하게 더 일반적인 어떤 '가치 판단'의 일종인가, 혹은 도덕에 관한 대화와 희극에 관한 대화는 잠재적으로 다른 진리 속성을 가진 다른 담론으로 만들 만큼 충분히 중요한 방식으로 다른가? 그림 관념이 잔혹함 관념으로 구성되는지에 관해 철학적으로 논쟁할 여지가 있다. 만약 논쟁할 여지가 있다면, '고양이를 고문하듯 괴롭히는 짓은 잔혹하다'라는 문장과 '고양이를 고문하듯 괴롭히는 짓은 그르다'라는 문장은 같은 담론에 속할지도 모른다. 하지만 만약 그것이 아니라면, '고양이를 고문하듯 괴롭히는 짓은 잔혹하다'라는 문장은 고양이를 고문하듯 괴롭히는 짓에 대한 도덕적으로 중립적인 기술로 드러나고, 전혀 도덕적이지 않은 담론의 부분이 될 수도 있다.

단순 다원론과 진리 기능주의는 둘 다 다른 속성들이 다른 담론들에서 진리이거나 진리를 발현할 수 있다고 내세운다. 라이트와 린치는 둘 다 어떤 속성을 한 담론에 대한 진리로 여기는 것이 무엇인지 조금 길게 설명하지만, 어떤 주장을 한 담론에 속하고 다른 담론에 속하지 않게 만드는 것이 무엇인지는 분명치 않다. 린치는 『참된 삶: 진리가 중요한 이유』의 79~81쪽에서 주장을 구성하는 것이 개념들이 속한 종류의 문제라고 말하지만, 어떤 개념을 한 '종류'나 다른 종류에 속하게 만드는 것이 무엇인지에 대해 설명하지 않는다. (이 반론의 한 형태에 대해서는 티모시 윌리엄슨(Timothy Williamson)의 「진리와 객관성에 대한 비판적 연구」(1994)도 보라.)

이 담론 개별화는 적어도 두 가지 방식으로 다원론에 대해 문제다. 첫째, 그리고 가장 일반적으로, 담론 개념은 다원론자의 진리 접근법에 핵심적으로 중요한 부분이다. 그러면 다원론자들이 수집한 주장들을 담론으로 치게 만드는 것과 어떤 주장을 다른 담론이 아니라 한 가지 담론에 속하게 만드는 것에 관해 할 말이 있으리라고 누구라도 예상해야 한다. 그렇지 않으면 다원론자들은 무엇이 주장들을 참이거나 거짓으로 만드는지 설명하는 문제를, 무엇이 주장들을 다른 담론이 아니라 한 가지 담론에 속하게 만드는지 설명하는 문제로 간단히 교체했을 것이다. 저것은 진보가 아니었을 수도 있다.

둘째, 한 문장을 이해함이 그 문장이 참이 되는 조건들에 대한 앎을 요구한다고 가정한다면, 담론 개별화는 다원론에 문제를 제기한다. 다원론을 가정하면, 한 문장이 어떤 담론에 속하는지와 무엇이 저 담론에 대한 진리를 구성하는지를 먼저 알지 못하는 한, 우리는 그 문장이 참이 되는 조건들을 알 수 없다. (a) 진리는 순수 기술 담론에서 대응이고, (b) 도덕 담론에서 최상급 단언 가능성이거나 화합이지만, (c) 어떤 담론이 '고양이를 고문하듯 괴롭히는 짓은 잔혹하다'라는 문장을 포함한다고 우리가 확신하지 못한다고 상상하자. 어떤 담론에 속하는지 결정할 때까지, '고양이를 고문하듯 괴롭히는 짓은 잔혹하다'라는 문장이 참이 되기 위해 요구되는 것을 우리는 알 수 없다. 결과적으로 우리는 그 문장을, 어떤 담론에 속하는지를 벌써 앎이 없이 이해할 수 없다.

이것은 상황을 단단히 오해한 듯하다. 어떤 문장을 이해하는 것이 문장의 진리 조건을 아는 것이라는 가정은 이해의 이론으로서 대단히 그럴듯하고, 우리는 '고양이를 고문하듯 괴롭히는 짓은 잔혹하다'라는 문장을 도덕적 그름이 잔혹함에 본래 속하는지, 또는 진리가 도덕 담론에서 대응과 다른 어떤 것인지에 대해 입장을 정하지 않으면서도 완벽하게 이해할 수 있는 것 같다. 다원론은 문장을 이해하기 전에 너무 많이 인식하도록 우리에게 요구하는 것 같다.

다원론자는 방금 제기한 반론이 일상적 진리 개념을 진리 개념의 바탕에 놓인 다원론적 형이상학과 뒤섞는다고 응수할지도 모른다. 진리 개념을 적용하기 위해, 나는 진리 핵심 상투어들을 이해하기만 하면 된다. 다원론적 진리 형이상학을 파악하는 (또는 용인하는) 것은 진리 개념을 적용하는 데 필요치 않다. 내가 **물**이라는 개념을 능숙하게 적용하기 위해 화학에 관한 무엇이든 파악할 (또는 용인할) 필요가 없는 것과 마찬가지다. 다원론자는 어떤 주장의 진리 조건을 파악하는 것이 진리 형이상학 이론을 적용하는 것이 아니라 단순하게 일상적 진리 개념을 적용하는 문제라고 강력히 주장했을 수도 있다. 다시 말해 우리는 '고양이를 고문하듯 괴롭히는 짓은 잔혹하다'라는 문장의 진리 조건들을, 그 주장이 세계에 대응하는 것들인지, 최상급으로 단언할 수 있는 것들인지, 또는 비슷한 다른 무엇인지 결정함 없이 파악할 수 있다.

이 응답은 다원론자를 많이 돕지 못할지도 모른다. 만약 우리가 '고양이를 고문하듯 괴롭히는 짓은 잔혹하다'라는 문장의 진리 조건을, 진리 조건이 대응인지, 최상급 단언 가능성인지, 화합인지, 또는 비슷한 다른 무엇인지 몰라도 알 수 있다면, 주장의 진리 조건을 알 때 우리는 무엇을 아는가? 우리가 방금 말한 주장의 원래 담론에서 진리를 발현할 것에 대한 지식을 제거하자마자, 남는 것은 다음과 같은 것이 전부인 것처럼 보인다.

(36) 만약 고양이를 고문하듯 괴롭히는 짓은 잔혹하다면, 그리고 오로지 그런 경우에만, '고양이를 고문하듯 괴롭히는 짓은 잔혹하다'라는 문장은 참이다. ('Torturing cats is cruel' is true if, and only if, torturing cats is cruel.)

하지만 (36)은 수축론에 양보하는 셈인 듯하다. 그것은 우리가 주장을 이해할 때 관련된 것을 설명하기 위해 진리 술어를 사용할 수 있고, 그것에 의해 진리의 본성에 대한 어떤 형이상학적 이론도 확언하지 **않음**을 허용한다.

다원론자가 담론 개별화의 문제에 반응해서 보일 가장 자연스러운 움직임은 설명의 순서를 바꾸는 일이다. 두 주장을 같은 담론에 속하게 만든 것은 같은 진리 속성이 둘 다에 적용된다는 점이다. 이것은 담론들을 서로 구별하지만, 주어진 어느 주장에 어떤 진리 속성이 적용되는지를 알아내도록 우리를 돕지 못한다. 우리는 그 주장이 어떤 담론에 속하는지를 알아봄으로써 시작할 수 없다. 왜냐하면 우리는 **먼저** 주장에 어떤 진리 속성이 적용되었는지를 알아내야 비로소 주장들에 담론들을 할당할 수 있기 때문이다. 예를 들어 '고양이를 고문하듯 괴롭히는 짓은 잔혹하다'라는 문장이 도덕 담론(moral discourse)에 속하는지, 기술 담론(descriptive discourse)에 속하는지를 결정하기 위해, 우리는 먼저 그 문장의 진리가 대응이나 최상급 단언 가능성, 화합(concordance), 다른 무엇의 문제인지 알아내야 할 것이다. 이 접근법은 주장들에 담론들을 할당하는 문제를 해결할 수도 있지만, 다원론의 장점도 빼앗을 것이다. 만약 우리가 담론의 자격 조건을 어떤 속성이 개별 주장들의 진리를 구성하느냐로 설명했다면, 어떤 속성이 한 개별 주장에 대한 진리를 구성하는지를 그 주장이 어떤 담론에 속하느냐로 설명하는 것은 순환에 빠지는 셈이다.

다원론은 형이상학적 사치의 문제에도 직면한다.[9] 다시 금의 원자 번호는 79라는 주장과 젖은 고양이는 재미있다는 주장을 살펴보자. 다원론자는 진리가 방금 말한 두 주장에 대해 같은 속성이 아니라고 생각한다. 그렇다기보다 화학적 진리는 미학적 진리와 다른 속성이다. 비-다원론자들, 특히 수축론자들은 다원론이 설명 작업에 필요한 것보다 더 많은 다른 속성을 상정한다고 답변하기 쉽다. 그들의 반론에 따르면 **원자 번호 79를 가짐**(having the atomic number 79)이라는 속성과 **재미있음**(being funny)이라는 속성의 차이가 필요한 전부를 충분히 설명한다. **원자 번호 79를 가짐**은, 아무도 그것을 생각한 적이 없고 어떤 마음도 실존하지 않더라도 어떤 것이 가질 수 있는 종류의 속성이다. **재미있음**은 오로지 그것이 사람의 마음과 관계를 맺음으로써만 어떤 것이 가질 수 있는 종류의 속성이다. 이런 속성들의 차이가 주어진다면, 우리는 진리가 다른 두 주장에 대해 다른 두 속성이라고

---

9 리처드 세인스버리, 「크리스핀 라이트: 진리와 객관성」(1996). 리처드 세인스버리(Richard Mark Sainsbury, 1943~)는 영국 철학자로 철학적 논리학과 언어철학, 버트런드 러셀과 고틀롭 프레게의 철학 연구로 유명하다.

가정할 필요가 없다. 진리는 두 사례에서 인용 부호를 제거하는 것이거나, 혹은 두 사례에서 대응의 한 형태일 수도 있다. 다시 말해 '금의 원자 번호는 79다'라는 문장은 금 원자들이 79 양성자를 지닌 사태에 대응하고, '젖은 고양이는 재미있다'라는 문장은 젖은 고양이들과 사람들의 마음들이 맺는 관계를 포함한 사태에 대응한다.

형이상학적 사치 반론에 답변하기 위해, 다원론자들은 예컨대 **재미있음**과 **원자 번호 79를 가짐**과 같은 속성들의 차이가 희극과 화학과 같은 담론들에 주어진 차이를 설명하지 못한다고 가정한 이유를 댈 필요가 있다. 다원론자들이 방금 제기한 도전에 잘 대처할지는 현재 분명치 않다.

다원론에 제기된 마지막 반론은 다른 진리 이론들의 약점들에 편승하는 방법에서 비롯한다. 린치의 기능주의 견해를 예로 들어보자. 린치는 인과적 대응이 과학에서 진리를 드러내지만, 화합은 (더 까다로운 종류의 정합은) 도덕 담론에서 진리를 드러낸다고 생각한다. 따라서 린치의 설명은 인과적 대응 견해와 진리 정합론의 여러 문제를 물려받는다.

이 가운데 많은 문제는 앞선 장들에서 개관했다. 예를 들어 인과적 대응 견해는 반사실적 문장들과 '때문에'를 포함한 주장들을 다루기 어렵다. 인과적 대응 견해는 지칭 인과론을 신뢰하고, 지칭 인과론은 ($E=mc^2$이라는 철저히 과학적인 주장을 포함해서) 수를 포함하는 주장들의 진리를 설명하기 어려우며, '옳은' 지칭을 고정하는 인과 관계가 정확히 무엇인지를 설명하기도 어렵다.

정합론은 대안 체계의 문제에 직면한다. 누구든지 처음에 재미있는 것에 관한 양립할 수 없는 다른 믿음 체계들을 똑같이 참이라고 허용하는 것이 해롭지 않다고 생각할지도 모른다. 그러나 해롭지 않다는 생각은 검토를 견뎌내지 못할 수도 있다. '젖은 고양이는 재미있다'라는 문장을 예로 들고, 그것이 재미있는 것에 관한 앨리스의 믿음 체계와 정합하고, 밥의 믿음 체계와 정합하지 않는다고 가정하자. 우리는 예로 든 문장이 앨리스에 대해 참이고 밥에 대해 참이 아니라고 **말할** 수도 있지만, 현실적으로 우리는 주장을 참이거나 거짓으로 평가하기를 그만두는 것 같다. 주장이 앨리스에 대해 참이라고 말하는 것은 단지 주장이 그녀가 이미 믿는 것과 정합함을 의미하고, 주장이 밥에 대해 참이라고 말하는 것은 단지 주장이 그가 이미 믿는 것과 정합함을 의미할 뿐이다. 그것은 어쩔 수 없는데, 내가 희극에 관한 앨리스나 밥의 믿음 체계를 공유하지 않는 한, '젖은 고양이는 재미있다'라는 문장이 앨리스에 대해 참이라는 보고는 앨리스에 관한 무언가를 내게 말할 뿐이다. 그것은 젖은 고양이의 익살(humorousness)에 관한 아무것도 내게 말하지 않는다.

대안 체계의 문제는 도덕적 진리가 화합(concordance)이라는 린치의 견해에도 적용된다. 우리는 여기서 (i) 화합이 일상적 의미의 정합보다 더 적은 대안 체계를 허용하고 (ii) 서로 비일관적인데도 똑같이 화합하는 대안 믿음 체계들을 완전히 배제하지 못한다고 언급하는 것만 빼고 상세히 파고들 필요는 없다. 그러나 화합이 적어도 이와 같은 두 가지 대안 체계를 허용하는 한, 진짜 문제다. 만약 내가

'고양이를 고문하듯 괴롭히는 짓은 그르다'라는 문장이 앨리스의 체계와 화합하고 밥의 체계와 화합하지 않음을 안다면, 그 문장은 단지 앨리스와 밥에 관한 어떤 심리적 사실만이 아닌 고양이를 고문하듯 괴롭히는 짓의 그름에 관한 아무것도 내게 말하지 않는다. 그 문장은 내게 고양이를 고문하듯 괴롭히지 말아야 할 이유를 대지 못한다. 더욱이 만약 주어진 어떤 도덕적 주장이든 그것을 포함한 화합하는 믿음 체계가 있고, 그것의 부정을 포함한 다른 동등하게 화합하는 체계가 있다는 것이 밝혀진다면, 최종적으로 도덕 담론을 진리 놀이에서 완전히 배제하는 도덕 상대주의가 우리에게 남을 듯하다.

7.8 다원론의 채점표

어떤 진리 이론이든 평가하면서, 우리는 그것의 내재된 강점들과 약점들뿐만 아니라 실재론과 반실재론, 동치 원리, 진리의 가치에 대한 쟁점들과 그 이론의 관계도 마땅히 살펴봐야 한다. 다원론의 걸출한 옹호자들, 크리스핀 라이트와 마이클 린치는 저 쟁점들을 아주 진지하게 받아들이고, 그들의 견해는 방금 언급한 채점표에서 좋은 점수를 받도록 설계된 것이다.

실재론과 반실재론 쟁점부터 시작하자. 크리스핀 라이트의 작업은 이 쟁점을 다룰 때 우리가 현실적으로 특별한 주장들의 가족들에 흥미를 느낀다는 중요한 통찰에 근거한다. 우리는 과학의 주장들이나 도덕의 주장들이 정신과 독립적인지 알고자 원한다. 저런 쟁점들을 주어진 담론에 대해 진리를 단지 최상급 단언 가능성 이상으로 생각할 필요가 있는지를 살펴봄으로써 다룰 수 있다. 마이클 린치는 과학에 관해 실재론자의 입장을 옹호하는 데 흥미를 느끼지만, 윤리에 이를 때 실재론자도 아니고 도덕적 주장들의 참값을 부정하지도 않는다.

다원론은 라이트에게 실재론과 반실재론의 대결 문제를 짜 넣을 방도를 제공하고, 따라서 추상성과 일반성의 더 높은 수준이 아니라 문제를 특정 담론에 따라 다룰 방법을 제공한다. 다원론은 담론의 영역에 따라 실재론과 반실재론 논쟁의 다른 해결을 관용한다. 어쩌면 실재론은 **과학**에 대해 참이지만, 반실재론은 **희극**에 대해 참일 것이다. 다원론은 또한 마이클 린치가 찾고 있는 것을 정확히 제공한다. 진리가 언제나 진리일지라도, 진리는 때로는 대응을 요구하고 때로는 그렇지 않다는 발상이 말이 되도록 허용한다.

어떤 한도 내에서 다원론은 동치 원리와도 잘 어울린다. 다원론자는 담론에 따라 다른 진리 속성을 가질 수 있다고 생각한다. 어떤 담론에 대한 진리는 예를 들어 대응이거나, 최상급 단언 가능성, 정합이거나 화합일 수 있다. X가 주어진 한 담론에 대한 진리라고 가정하자. 그러면 X가 P를 포함한 담론에 대한 진리라고 **가정하면**, 다음과 같은 동치는 보증된다.

(37) 만약 P라면, 그리고 오로지 그런 경우에만, P라는 주장은 X

다. (The claim that P is X if, and if only if, P.)

　만약 P가 다른 담론에 속한다면, 동치는 유효하지 않을 테지만, 다원론자에게는 걱정거리가 아니다. 만약 P가 일정한 담론의 부분이라면, 그것이 다른 담론에 대한 진리 속성을 가지는지, P가 참인지와 관련이 없는 또 다른 담론에 대한 진리 속성을 갖거나 결여하는지 신경 쓸 이유는 조금도 없다.

　이제 다원론이 진리의 규범성과 가치를 얼마나 잘 다루는지 살펴보자. 어떤 속성이 한 담론에 대한 진리의 자격을 갖게 만드는 부분은 그것의 효력으로 단언들이나 믿음들이 올바르고 그것의 결여가 단언들이나 믿음들을 올바르지 않게 만드는 속성이라고 라이트와 린치는 둘 다 주장한다. 라이트는 '단언하는 것은 참으로 제시하는 것이다(To assert is to present as true)'라는 주장을 진리 상투어들의 하나로 넣고, 린치는 '진리는 믿음의 목표다'라는 주장을 핵심 상투어들에 넣는다. 따라서 다원론의 이런 형태들은 믿음이나 단언의 목표로서 진리의 역할이나 참된 믿음이나 단언이 거짓된 믿음이나 단언보다 더 좋거나 낮다는 뜻을 아무 문제 없이 설명한다. 이렇게 가치가 있음(being valuable)은 어떤 속성을 진리 속성으로 만드는 것의 일부이며, 단언하거나 믿는 것을 올바르다고 평가함은 어떤 주장을 참이라고 말함이 의미한 것의 일부이다.

　다원론은 진리를 규범적 속성으로 다룬다. 그것을 유리한 점으로 받아들이느냐는, 진리가 비-규범 속성이 아니라 우리가 신경 쓸 이유가 있는 진짜 규범적 속성이라고 (3장에서 개요를 말한 더밋의 논증이나 여기 7장에서 기술한 라이트의 논증으로) 설득되느냐에 달렸을 것이다. 다원론자는 진리가 어떤 **종류**의 가치를 지니는지, 다시 말해 본래 가치인지, 도구 가치인지, 궁극 가치인지, 구성 가치인지, 목적 가치인지에 대해 직접적으로 거의 말하지 않는다. 그렇더라도 다원론은 방금 말한 어느 가능성이라도 배제하지 않는 것처럼 보인다. 정말 다원론은 어떤 담론 영역들에서 도구로서 가치 있는 진리 속성이 존재하고, 다른 담론 영역들에서 본래 또는 궁극적으로 가치 있는 진리 속성이 존재한다는 생각과 일관된 것으로 나타난다. 결국 궁극 가치가 진정한 종류의 가치라고 가정한다면, 다원론은 어떤 진리 속성들이 오로지 궁극적으로 가치 있을 뿐이라는 가능성과도 일관된다.

그러면 내부적 문제가 있더라도, 다원론은 우리가 진리 이론들을 가늠하는 기준들을 상당히 잘 다룬다. 범위 문제에 비추어 볼 때, 진리에 접근하는 제일 그럴듯한 방법은 수축론이나 다원론이다. 다음 장은 누구든지 다원론자의 도전에 직면해서 다양한 수축론을 옹호할 수도 있는 방법을 슬쩍 보여준다.

+ 더 읽을거리

『스탠퍼드 철학 백과사전』의 논문 항목 「진리 다원론자의 이론」 (니콜라이 페더슨 & 코리 라이트, 2013)은 다원론 및 다원론의 문제에 대해 깔끔한 개요를 제공하고, 대단히 유용한 참고문헌 목록을 포함하고 있다. 또한 최근 연구에 대한 좋은 개요에 대해서는 니콜라이 페더슨(Nikolaj Jang Lee Linding Pedersen)의 「진리 다원론의 최근 연구」(2012)를 보라.

크리스핀 라이트는 『진리와 객관성』(1992)의 1장에서 수축론에 반론을 제기한다. 다원론 및 그것과 다른 진리 이론들이 맺는 관계에 대한 논의는 라이트의 「최소주의, 수축론, 실용론, 다원론」(2001)에 있다. 린치의 진리 다원론에 대한 초기 공식 진술은 린치의 「진리 기능주의자의 이론」(2001)을 보라. 린치의 기능주의에 대한 가장 넓은 공식 진술과 옹호는 『하나이자 여럿으로서 진리』(2009b)에 있다.

마크 세인스버리는 「크리스핀 라이트: 진리와 객관성」(1996)에서 범위 문제가 라이트와 린치가 생각하는 만큼 심각하지 않을지도 모른다고 논증하고 다음과 같이 제언한다. '물이 젖어 있다'라는 문장과 '동정심은 칭찬할 만하다'라는 문장이 참이 되는 방식들의 차이처럼 보이는 것은 진리 자체가 포함하는 변이가 아니라 젖음과 칭찬할 만함의 차이와 관계가 있다는 것이다. 스튜어트 샤피로(Stewart Shapiro)는 『하나이자 여럿으로서 진리』에 대한 서평에서 지시의 종류는 다양하지만 단지 한 종류의 진리가 있을지도 모른다고 제언한다.

혼합 복합 문장과 혼합 추론의 문제는 최근 많은 주목을 받았는데, 크리스틴 타폴레의 「혼합 추론: 진리 술어에 관한 다원론의 문제」(1997), 길라 셔(Gila Sher)의 「기능 다원론」(2005), 페더슨의 「혼합 추론의 문제는 진리 다원론에 관해 우리에게 무엇을 가르칠 수 있는가?」(2006), 더글러스 에드워즈(Douglass Edwards)의 「혼합 추론의 문제를 해결할 방법」(2008), 아론 코트누아르(Aaron J. Cotnoir)의 「일반적 진리와 혼합 연언 문장: 몇 가지 대안」(2009), 린치의 「진리의 가치들과 가치들의 진리」(2005a)와 『하나이자 여럿으로서 진리』(2005b)를 포함한다.

8
수축론 재고

Deflationism Revisited

8.1 논쟁 진전시키기

앞선 장들에서 "진리는 무엇인가?"라는 질문에 답하는 여러 다른 방식을 개관했다. 현대 철학자들에게 지금까지 가장 인기 있는 접근법은 인과적 대응 이론과 다양한 형태의 수축론이지만, 다원론의 인기기 상승 중이다. 어느 견해가 옳은지 판결하는 일은 각 견해의 유리한 점과 불리한 점을 가늠하고, 제각기 다른 견해보다 나은 점을 비교하는 작업을 요구한다.

지금 시작한 8장의 주요 목표는 우리가 진리의 본성에 대한 논쟁으로 계속 진보할 방법을 보여주는 것이다. 내 생각으로 그렇게 할 가장 좋은 방법은 관련 논쟁에 실제로 참여하고 공헌하는 것이다. 그것이 앞선 장들의 장단점을 따지는 접근법을 제쳐두고 8장에서 오히려 논쟁적 접근법으로 방향을 트는 이유다. 8장은 일반적으로 수축론의 진리 접근법이 인과적 대응 이론과 다원론의 접근법들보다 선호할 만하다는 점을 보여주는 몇몇 고려 사항의 개요를 서술한다. 여기서 다룰 논증들은 영원히 해결되는 것은 확실히 아니지만, 현재 벌어지는 논쟁에서 중요한 몇몇 쟁점을 해명하도록 돕는다.

논의는 수축론과 인과적 대응 이론, 다원론의 어떤 공통 근거로 시작한다. 저 공통 근거는 **방법론적 수축론**의 한 형태(a version of methodological deflationism)에 동기를 부여하도록 돕는다. 방법론적 수축론은 진리 술어를 지배하는 논리로 설명되지 않는, 진리 개념이 해야 할 작업이 있다는 것이 발견될 때까지 수축론을 용인해야 한다는 견해다. 다음으로 나는 인과적 대응 이론이 수축론에 비해 어떤 설명적 이점도 없으며, 라이트와 린치가 다원론을 수축론보다 선호하기 위해 제공한 이유가 불충분하다고 논증한다. 이런 논증들은 수축론이 제공하는 것보다 더 많이 요구하는 진리 개념에 대한 작업을 찾게 된다면, 우리는 계속 살펴야 할 필요가 있으리라는 점을 시사한다.

8.2 공통 근거와 방법론적 수축론

그럴듯한 어떤 진리 이론이든 동치 원리를 만족할 것이다. 동치 원리는 다음과 같은 비-역설 T-쌍조건문들의 올바름을 보증할 것이다.

(1) 만약 풀이 푸르다면, 그리고 오로지 그런 경우에만, '풀이 푸르다'라는 문장은 참이다. ('Grass is green' is true if, and only if, grass is green.)

(2) 만약 수소가 금속 원소라면, 그리고 오로지 그런 경우에만, 수소가 금속 원소라는 것은 참이다. (It is true that hydrogen is a metal if, and only if, hydrogen is a metal.)

더 나아가 위에서 말한 T-쌍조건문은 인용 부호 제거와 일반화에서 진리 술어의 역할을 충분히 설명한다.

예를 들어 다음과 같은 T-쌍조건문 (3)이 주어진다고 가정하자.

(3) 만약 눈이 희다면, 그리고 오로지 그런 경우에만, '눈이 희다'라는 문장은 참이다. ('Snow is white' is true if, and only if, snow is white.)

우리는 (3)의 각 요소 문장을 다른 문장들, (4)와 (5)에서 추론할 수 있다.

(4) 눈은 희다. (Snow is white.)
(5) '눈이 희다'라는 문장은 참이다. ('Snow is white' is true.)

저것이 진리 술어가 인용 부호 제거 역할을 할 수 있게 되는 방식이다. 우리는 눈의 흼에 관해 무언가를 말하기 위해 "'눈은 희다'라는 문장은 참이다", 바로 문장에 관한 문장을 사용할 수 있다. T-쌍조건문들의 가족은 또한 일반화에서 진리 술어의 역할을 한다. 진리 술어를 사용하는 문장들의 일반화와 인용 부호 제거는 달리 주장했을수 없는 세계에 관한 주장들을, 문장들에 관해 주장함으로써 하도록 허용한다.

그럴듯한 어떤 진리 이론이든 이 정도만큼 전달할 테니, 그것은 수축론자들과 인과적 대응론자들, 다원론자들의 공통 근거다. 동치 원리를 가정하면, 진리 술어가 인용 부호 제거 장치일 수 있다는 점은 논란의 여지가 없다. 이보다 수축론자들은 진리 개념이 일반화와 인용 부호 제거 이상을 요구하는 중요한 일을 하느냐는 질문에 관해, 우리가 '팽창론자들(inflationists)'이라고 부를 수도 있는 다른 견해의 옹호자들과 의견이 다르다. 수축론자들은 방금 말한 질문에 그렇지 않다고 답하고, 팽창론자들은 그렇다고 답한다.

수축론의 핵심은 진리 술어의 논리적 기능, 특히 인용 부호 제거와 일반화 장치로서 역할이 진리의 본성에 있는 전부라는 발상이다. "진리는 무엇인가?"라는 질문에 대한 수축론자의 답변은 진리 속성의 본성을 밝힌 철학적 이론이 아니라 오히려 다음과 같은 아주 사소한 것이다. 진리는 참임이고, 어떤 문장은 그것이 말한 대로 사물이 있을 때, 그리고 오로지 그럴 때만, 참이다(Truth is being true, and a sentence is true when, and only when, things are as it says). 6장이 분명히 보여주듯, 각종 수축론은 이런 발상의 세부 사항을 다르게 내어 놓지만, 저 세부 사항은 이번 8장의 논증들에 중요하지 않을 것이다.

방법론적 수축론[1]은 위에서 기술한 수축론보다 온건한 견해다. 이 견해는 진리가 본질을 갖지 않거나 진리의 본성에 진리 술어의 논리 이상 아무것도 없다고 단언하지 않는다. 오히려 방법론적 수축론은 (어쨌든 처음부터) 저런 쟁점들에 침묵한다. 방법론적 수축론자는 수축론을 작업가설로 받아들이고, 우리가 무엇 때문에 진리 팽창 개념이 필요한지를 알아보려고 시도한다. 수축 진리 개념은 해낼 수 없지만, 다원론자의 진리나 인과적 대응 진리 같은 다른 어떤 개념이 이행할 중요한 설명 과제가 나타날 수 있다. 그렇다면 우리는 진리가 수축론이 말하는 것 이상이라고 가정할 이유가 있다. 그러나 입증 부담은 팽창론자들이 져야 할 몫이다. 달리 생각할 설득력이 매우 강한 이유를 가질 때까지, 수축론이 진리에 접근하는 올바른 방법이라고 가정해야 하겠다.

수축론자는 우리가 수축론을 기본 견해로 받아들이고, 경합하는 이론 가운데 하나를 용인할 강한 이유가 있을 때만 포기하도록 권장함으로써 자신에게 유리한 포석을 까는 것처럼 보일 수도 있으나, 여기에 불공정한 점은 없다. 진리 이론을 다루는 모든 사람이 진리 술어가 인용 부호 제거와 일반화에 유용하다는 점에 동의한다. 인용 부호 제거와 일반화에서 진리 술어의 역할을 승인하는 논리를 L이라

---

1   하트리 필드, 「의미와 내용에 대한 수축론자의 견해」(1994).

고 부르자. 수축론자들은 기본적으로 L을 단지 그들의 진리 이론으로 채택할 뿐이지만, 팽창 이론은 L + X로 구성되고, 여기서 X는 진리 술어의 논리를 넘어서는 추가된 일련의 주장들이다. 그렇게 추가된 주장들은 인과적 대응 이론에 속한 것이거나 다원론자의 이론에 속한 것이다. 만약 L만으로 진리 개념이 하는 모든 작업을 설명한다면, X의 추가는 요점이 없고 한가한 소용돌이 모양의 이론적 장식물이 될 터다. 이것이 방법론적 수축론이 통하는 이유다. 방법론적 수축론은 다음과 같이 말한다. "우리가 할 수 있는 전부를 L만으로 설명하려고 시도하고, 그때 해야 할 일이 남아 있는지 보자. 만약 남아 있다면, 우리는 경쟁자로 등장한 어떤 팽창론을 지지하기 위해 수축론을 거부할 것이다. 만약 남아 있지 않다면, 우리는 수축론을 고수할 텐데, 왜냐하면 진리 팽창 견해를 용인할 어떤 좋은 이유도 없기 때문이다."

8.3 수축론과 인과적 대응 이론의 대결

인과적 대응 이론의 몇몇 옹호자들에 따르면, 진리 개념은 (a) 수축론의 접근법으로 분명히 밝힐 수 없지만, (b) 인과적 대응 이론이 할 수 있는 중요한 **설명** 작업(explanatory work)을 이행한다. 예를 들어 필립 키처[2]는 「대응 진리의 설명적 역할에 관하여」(2002)에서 수축론이 아니라 인과적 대응 이론이 참 믿음들과 체계적으로 성공한 행위의 관계를 설명할 수 있다고 논증했다. 방법론적 수축론을 가정하면 이 논증은 대응 접근법을, 만약 그 접근법이 올바르다면, 선호할 강력한 이유일 것이다. 그렇지만 인과적 대응 이론들의 작업 방식을 면밀하게 검토한 결과는 수축론자들에게 벌써 이용 가능하지 않을 어떤 설명도 제공할 수 없다는 점을 시사한다.

인과적 대응 이론은 세 부분으로 구성된다. 첫째 부분은 지칭 인과론이다. 이 지칭 인과론에 따르면 명사나 용어들은 대상들 및 속성들과 매우 복잡하지만 확실한 인과 관계를 맺음으로써 대상들과 속성들을 지시한다. 둘째 부분은 진리를 지시(designation)의 용어들로 정의하는 타르스키의 방식이다. 정의는 다음과 같은 절에 의존한다.

(6) 만약 원자 문장의 단칭 명사로 지시되는 대상이 원자 문장에 나오는 일반 명사로 지시되는 속성을 가진다면, 그리고 오로지 그런 경우에만, 원자 문장은 참이다. (An atomic sentence is true if, and only if, the object designated by its singular term has the property designated by its general term.)

(7) 만약 'P'가 참이고 'Q'가 참이라면, 그리고 오로지 그런 경우에만, 'P 그리고 Q'라는 형식의 문장은 참이다. (A sentence of

2   필립 키쳐(Philip Stuart Kitcher, 1947~)는 영국 철학자다. 철학계 내부에서 생물학, 과학, 수학에 대한 철학으로, 철학계 밖에서 창조론과 사회생물학으로 유명하다. 생물학의 철학과 수리철학에 제기된 문제를 인식론, 형이상학, 윤리학의 철학적 중심 쟁점과 연결하려고 시도했다.

the form 'P and Q' is true if, and if only if, 'P' is true and 'Q' is true.)

(8) 만약 'P'가 참이 아니라면, 그리고 오로지 그런 경우에만, 'P-아니다'라는 형식의 문장은 참이다. (A sentence of the form 'Not-P' is true is if, and only if, 'P' is not true.)

(9) 만약 일반 명사가 표현하는 속성을 가진 어떤 것이 있다면, 그리고 오로지 그런 경우에만, 실존/존재 양화 문장은 참이다. 이처럼 계속된다. (An existentially quantified sentence is true if and only if, there is something that has the property its general term express. etc.)

인과적 대응 이론의 셋째 부분은 좀처럼 언급되지 않는다. 첫째와 둘째 부분은 중요한 설명 부담을 지는, 단지 논리적인 것만이 아니라 실체적 속성이라는 본질을 나타낸다는 추가 주장이다. 인과적 대응 이론은 팽창론이고, 수축론을 능가하는 인과적 대응 이론의 유리한 점은 수축론이 할 수 없는 설명 작업을 해낼 수 있다고 가정된다는 것이다.

지칭 인과론의 모든 형태가 진리 인과적 대응 이론과 양립할 수 있는 것은 아니다. 예를 들어 몇몇 지칭 인과론은 진리가 실체적 속성이라고 선제하고 지칭을 진리와 인과(causation)의 용어들로 설명한다. 진리를 지칭의 용어들로 설명하고, 지칭을 진리의 용어들로 설명하는 것은 순환적이어서 용인할 수 없을 터다.

인과적 대응 이론은 두 가지 특징을 지닌 지칭 인과론이 필요하다. 첫째, 지칭 인과론은 진리가 실체적 속성이라고 이미 선제해서는 안 된다. 둘째, 지칭 인과론은 한쪽에 명사/용어들부터 다른 쪽에 그것들이 지시하는 대상들 및 속성들까지 올바른 지도를 제공해야 한다. 타르스키식 진리 정의에 해당하는 (6)과 같은 절들은 방금 말한 지도에 의존하고, 지칭 인과론의 목적은 저런 지도를 제공하는 것이다.

우리가 이런 특징들을 지닌 지칭 인과론을 이용할 수 있다고 가정하고, 저런 지칭 이론을 진리 **수축** 이론과 결합할 때 어떤 일이 벌어지는지 살펴보자. 구체적으로 논의하기 위해 그것의 '진리 이론'이 단지 다음과 같은 도식의 비-역설 사례들의 집합체인 수축론의 형태를 살펴보자.

(10) 만약 s라면, 그리고 오로지 그런 경우에만, S는 참이다. (S is true if, and only if, s.)

여기서 대문자 'S'는 문장의 이름으로 대체되고, 소문자 's'는 문장으로 (또는 필요하다면 문장의 영어 번역 문장으로) 대체된다. 그러면 인과적 대응 이론이 의존하는 타르스키식 진리 정의를 수축론자가 **도출**할 수 있다는 결과에 이른다.

이제 어떻게 저런 결과에 이르는지 보자. 다음과 같은 T-쌍조건문으로 시작하자.

(11) 만약 '수소'가 금속성 원소라면, 그리고 오로지 그런 경우에만, '수소는 금속성 원소다'라는 문장은 참이다. ('Hydrogen is a metal' is true if, and only if, hydrogen is a metal.)

지칭 인과론은 다음과 같은 주장을 제공한다.

(12) 수소는 '수소'로 지시되는 대상이다. (Hydrogen is the object designated by 'hydrogen'.)

(13) 금속성 원소임은 지시되는 속성이다. (Being a metal is the property designated.)

(11)과 (12), (13)은 함께 다음 같은 (14)를 함축한다.

(14) 만약 '수소'로 지시되는 대상이 '__은 금속성 원소다'로 지시되는 속성을 가진다면, 그리고 오로지 그런 경우에만, '수소는 금속성 원소다'라는 문장은 참이다. ('Hydrogen is a metal' is true if, and only if, the object designated by 'hydrogen' has the property designated by '_ is a metal.')

이것은 완벽한 일반적 양식의 사례다. 'a는 F다'라는 형식의 어떤 문장이든 들어보라. 우리의 진리 수축 이론은 다음과 같은 T-쌍조건문을 제공한다.

(15) 만약 a는 F라면, 그리고 오로지 그런 경우에만, 'a는 F다'라
      는 문장 형식은 참이다. ('a is F' is true if, and only if, a is F)

지칭 인과론은 우리에게 a는 'a'가 지시하는 대상이고 F는 'F'가
지시하는 속성이라고 말하고, 그래서 다음과 같이 주장한다.

(16) 만약 'a'로 명명되는 대상이 'F'로 표현되는 속성을 가진다
      면, 그리고 오로지 그런 경우에만, a는 F다. (a is F if, and only
      if, the object named by 'a' has the property expressed by 'F'.)

그리고 (15)와 (16)은 결국 다음과 같은 (17)을 함축한다.

(17) 만약 'a'로 명명되는 대상이 'F'로 표현되는 속성을 가진다
      면, 그리고 오로지 그런 경우에만, 'a는 F다'라는 문장 형식은
      참이다. ('a is F' is true if, and only if, the object named by 'a'
      has the property expressed by 'F'.)

그러나 'a는 F다'라는 형식은 단칭 명사, 'a'와 일반 명사 'F'를 결
합한 모든 원자 문장이다. 따라서 우리는 다음과 같이 결론지을 수
있다.

(18) 만약 단칭 명사로 지시되는 대상이 일반 명사로 지시되는 속성을 가진다면, 그리고 오로지 그런 경우에만, 원자 문장은 참이다. (An atomic sentence is true if, and if only if, the object denoted by its singular term has the property expressed by its general term.)

그리고 이것은 인과적 대응론자의 진리 정의에 해당하는 (6)과 동일하다. 수축론자는 인과적 대응론자의 진리 정의에 해당하는 다른 절들을 마찬가지로 도출할 수 있다.

인과적 대응론자들에게 유용한 지칭 인과론은 수축론자도 용인할 수 있을 텐데, 왜냐하면 지칭 인과론은 진리가 실체적 속성이라고 선제하지 않을 것이기 때문이다. 제공되는 지칭 수축 이론들[3]이 있지만, 수축론의 아무것도 자체로 이름과 개체 사이, 또는 술어와 속성 사이 인과 관계가 지시를 구성한다는 점을 부정하라고 요구하지 않는다. 게다가 이와 같은 지칭 인과론을 용인한 수축론자는 인과적 대응론자가 용인한 타르스키식 진리 정의에 해당하는 절들도 마음대로 쓸 수 있다. 이것은 수축론자들이 그들의 수축론을 절충함 없이 인과적 대응 이론의 첫째와 둘째 부분들, 지칭 인과론과 타르스키식 진리 정의를 마음대로 쓸 수 있음을 보여준다.

---

3   예를 들어 호위치의 『진리-의미-현실』(2010)을 보라.

예컨대 참 믿음과 성공적 행위의 관계에 대한 설명 같은 일정한 설명들을 하기 위해 인과적 대응 이론의 저런 첫째와 둘째 부분들이 필요하다는 점이 드러났을 수 있다. 하지만 저런 설명들은 또한 인과적 대응 이론의 셋째 부분에 (진리가 일정한 본질을 가진 실체적 속성이라는 주장에) 의존하지 않는 한, 인과적 대응론자들과 수축론자들에게 똑같이 이용 가능할 것이다. 그런데 저 추가 주장, 수축론과 일관되지 않는 인과적 지칭 이론의 유일한 부분을 요구하는 설명들은 있는가?

그런 설명들이 없다고 생각할 좋은 이유가 있다. 인과적 대응론자의 팽창 주장은 진리가 실체적 속성이고 그 본질은 지칭 인과론과 타르스키식 진리 정의로 주어진다는 것이다. 그러나 만약 인과적 대응론자의 주장이 올바르다면, 우리가 진리로 설명할 수도 있는 무엇이든 지칭 인과론과 타르스키식 진리 정의로도 설명할 수 있을 듯하다. 지칭 인과론과 타르스키식 진리 정의가 진리의 본질을 기술한다는 주장에 대해 남겨진 어떤 추가 설명 작업도 없는 것 같다.

독신 남자임의 본질이 미혼이고 남성임이라는 생각을 비교해 보라. 어떤 사람의 독신 남자임(bachelorhood)으로 설명한 것은 전부 그 사람의 미혼이고 남성임으로 벌써 설명된다. 마찬가지로 물임의 본질(the essence of being water)은 H_2O로 구성되어 있음이므로, 어떤 것이 물임은 전부 H_2O 분자들로 구성되어 있다는 것으로 설명된다. 이것은 다음과 같은 점을 시사한다. 만약 지칭 인과론과 타르스키식 진리 정의가 진리의 본질을 기술한다면, 어떤 것의 참임으로 설명한 것은 전부 지칭 인과론과 타르스키식 진리 정의로 설명된다. 그래서 인과적 대응 이론의 셋째 부분은 독특한 어떤 설명 작업도 하지 않는 것처럼 보인다.

방법론적 수축론을 가정하면, (a) 진리 수축 개념으로 할 수 없지만 (b) 진리 인과적 대응 개념으로 할 수 있는 진리 개념의 중요한 작업이 있는 경우에만, 우리는 인과적 대응 이론을 마땅히 용인해야 한다. 진리 수축 개념은 인과적 대응 이론의 첫째와 둘째 부분을 요구하는 어떤 작업이든 할 수 있고, 셋째 부분을 요구하는 어떤 설명 작업도 없는 것 같다. 만약 저것이 모두 올바르다면, 진리 인과적 대응 이론은 수축 개념(deflationary conception)보다 더 큰 설명력을 갖지 않는다. 지금까지 수축 개념은 할 수 없지만 인과적 대응 개념이 할 수 있는 확인되지 않은 어떤 중요한 비-설명 작업이 없는 한, 우리는 수축 개념을 선호해야 할 것이다.

8.4 수축론과 다원론의 대결

다원론자들은 다른 속성들이 다른 담론들에서 진리일 수 있다고 믿는다. 크리스핀 라이트의 견해에 따르면 진리 술어는 때로는 한 속성을 표현하고, 때로는 다른 속성을 표현한다. 마이클 린치의 기능주의 다원론에 따르면 진리는 한 담론에서 일정한 역할을 하는 어떤 속성을 가짐이라는 속성이고, 다른 속성들이 다른 담론들에서 저 역할을 한다. 방법론적 수축론을 가정하면, 진리 개념이 다원론자의 진리가 수행할 수 있지만 진리 술어의 단지 논리적 기능만으로 제공하는 것 이상을 요구하는 어떤 기능을 갖는 경우에만, 우리는 위에서 말한 두 견해 가운데 하나를 용인해야 할 것이다.

다원론자들은 진리 개념에 수축론이 제공하는 것 이상을 요구하는 두 종류의 주요 작업이 있다고 지적한다. 첫째, 우리는 진리 술어를 보증된 단언 가능성의 규범[4]과 구별되는 '어떤 규범을 기록하기' 위해 사용한다. 이것은 라이트의 생각이다. 둘째, 우리는 진리 개념을 어떤 종류의 설명에, 특히 의미와 성공적 행위에 대한 설명에 적용하고, 그것은 진리가 수축론이 허용하는 것 이상의 풍부한 속성이라고 가정하도록 요구한다. 이것은 린치의 (그리고 수축론을 비판하는 많은 사람의) 생각이다. 수축론에 제기한 어느 철학자의 반론도 설득력이 없다.

수축론은 진리 술어가 보증된 단언 가능성과 구별되는 한 단언 규범을 나타낸다는 사실을 수용할 수 없다는 라이트의 주장으로 시작하자. 우리는 단언을 평가하고 단언을 올바르거나 올바르지 않다고 판단하는 완전히 다른 두 방식을 갖고 있다. 하나는 단언의 보증을 평가하는 방식이다. 저 경우 우리는 이용 가능한 정보가 단언한 것을 믿도록 충분히 정당화하느냐고 묻는다. 다른 하나는 단언의 진리를 평가하는 방식이다. 저 경우 우리는 사물이 우리가 말한 대로 있느냐고 묻는다. 단언들은 보증된다는 뜻에서 '올바른(correct)' 것이거나

---

4   이 책의 7장 7.3절을 보라.

참이라는 뜻에서 '올바른' 것일 수 있지만, 둘은 올바름의 다른 두 종류다. 참이 아니면서 보증된 단언들도 있고, 보증되지 않으면서 참인 단언들도 있다.

라이트에 따르면 수축론자들은 일관되게 진리 술어가 보증된 단언 가능성과 다른 종류에 속한 올바름을 나타낸다고 여길 수 없다. 7장에서 논의했듯, 라이트의 견해에 근거하면 T-쌍조건문은 우리가 참이라고 여긴 것과 정확히 같은 단언을 보증된 것으로 확언하기 때문이다. 예를 들어 '눈은 희다'라는 주장과 다음과 같은 T-쌍조건문을 살펴보자.

(19) 만약 눈이 희다면, 그리고 오로지 그런 경우에만, '눈은 희다'라는 문장은 참이다. ('Snow is white' is true if, and only if, snow is white.)

만약 한 사람이 눈은 희다는 단언을 보증할 충분히 좋은 이유를 가진다면, 당사자는 T-쌍조건문의 덕분에 '눈이 희다'라는 문장이 참이라는 주장을 보증할 충분히 좋은 이유를 가진다. 결국 눈은 희지만 '눈이 희다'라는 문장이 참이 아니라고 단언하는 것은 모순이겠다. 마찬가지로 만약 한 사람이 '눈이 희다'라는 문장이 참이라는 단언을 보증할 충분히 좋은 이유를 가진다면, 당사자는 눈이 희다는 주장을 보증할 충분히 좋은 이유를 가진다. 그러면 단언을 평가할 때, 만약 우리가 그것을 참이라고 기꺼이 평가한다면, 그리고 오로지 그런 경우에만, 우리는 주장을 보증된 방식으로 단언할 수 있다고 평가하기 마련인 듯하다. 우리는 보증된 방식으로 단언할 수 있다고 평가한 똑같은 주장을 참이라고 평가하기 마련이고, 수축론자는 우리에게 진리 술어의 논리가 따라야 할 것만을 줄 뿐이므로, 수축론은 일관되게 진리를 보증된 단언 가능성과 다른 종류에 속한 올바름으로 여길 수 없을 듯하다.

라이트의 추리에 잘못된 점을 보려면, 어떤 주장을 보증된 방식으로 단언할 수 있지만 거짓으로 여기는 것이 때때로 완벽하게 사리에 맞는다는 점에 주목하면서 시작할 수 있다. 보증된 단언 가능성은 단언하는 당사자에게 이용 가능한 정보에 의존한다. 어떤 주장에 대해 보증된 방식으로 단언할 수 있음은 일정한 정보를 가진 어떤 사람이 저 정보가 주어질 경우, 해낭 주장을 단언할 때 정당화된다는 것이다. 어느 사람이 어느 때에 보증된 방식으로 단언할 수 있는 것은 다른 어떤 사람이 다른 때에 보증된 방식으로 단언할 수 없을지도 모른다. 17세기 후반에 몇몇 화학자들은 다음과 같은 주장을 단언했을 것이다.

(20) 어떤 물질은 연소할 때 플로지스톤, 음성 질량을 가진 기체 물질을 방출한다. (When a substance burns, it emits phlogiston, a gaseous substance with negative mass.)

17세기 후반 몇몇 화학자들은 당시에 이용 가능한 정보가 주어진 경우, 그렇게 단언할 때 보증되었을 것이다. 그들은 연소하는 물질이 기체를 방출하는 것을 볼 수 있었고, 실험 증거는 물질이 연소하기 전보다 연소한 다음에 더 무겁다는 것을 보여주었다. 그렇더라도 우리는 지금 그들의 주장이 참이 아니었다는 것을 안다. 플로지스톤 같은 것은 없다.

방금 말한 17세기 화학자들의 주장은 (그때 그들에게) 보증되었지만 참이 아닌 단언의 한 예다. 그것은 라이트의 논증에 딸린 결정적 거짓 가정을 돋보이게 한다. 우리는 어떤 단언이 보증된다고 평가할 때, 그 단언이 지금 우리에게 보증되는지 평가하지 않고 그 단언을 했던 사람들에게 보증되는지 평가하고 있다. 보증에 대한 물음은 단언하는 당사자나 청중에게 이용 가능한 정보에 관한 문제다. 진리에 대한 물음은 다른 문제다. 어떤 단언을 보증된 것으로 평가함은 누구든지 단언을 참으로 평가함을 확언하지 않고, T-쌍조건문은 저런 결과를 포함하지 않는다. 만약 우리가 (20)에 대해 17세기 화학자들의 단언을 보증된 것으로 평가했다면, T-쌍조건문은 다음과 같은 (21)에 대해 17세기 어떤 화학자의 단언도 마찬가지로 보증된 것이라고 평가하도록 요구할지도 모른다.

(21) '연소하는 물질은 플로지스톤을 방출한다'라는 문장은 참이다. ('Burning substances emit phlogiston' is true.)

하지만 이것은 우리가 (20) 또는 (21)을 **믿는다**는 것을 확언하지 않는다. (20)과 (21)을 부정하면서 (21)이 17세기 화학자들에게는 보증된 방식으로 단언할 수 있는 것임을 주장하는 것은 완벽하게 일관적이다.

그렇다면 우리의 현재 정보가 주어질 경우, 우리가 참이라고 부를 준비가 되어 있는 정확히 같은 주장을 **지금 우리 자신에 대해** 보증된 것으로 본다고 우리는 확언하지만, 보증에 대한 물음과 진리에 대한 물음은 여전히 다른 문제다. 어떤 주장을 (지금, 우리에게) 보증된다고 보는 것은 지금 우리에게 이용 가능한 정보로 지지된다고 보는 것이다. 그것은 미래의 우리 자신을 포함해서 다른 정보를 가진 다른 이들이 주장을 단언할 때 보증되지 않을 가능성을 열어둔다. 어떤 주장을 참이라고 보는 것은 다른 문제다. 예를 들어 연소 작용이 플로지스톤을 뿜어내는 과정이 아니라 급속 산화가 일어나는 화학적 과정이라는 단언은, 17세기에 보증된 것이 아니었더라도, 17세기에도 참이었다.

어떤 이에게 보증된 방식으로 단언 가능한 것을 기초로 무엇을 단언할지 결정함과 참인 것을 기초로 무엇을 단언할지 결정함 사이에 어떤 차이도 없다고 크린스핀 라이트는 제언한다. 어느 쪽이든 당사자가 할 수 있는 일은 이용 가능한 정보가 단언을 보증하는지 고려하는 것이 전부다. 하지만 라이트가 충분히 평가하지 않은 차이가 있다. 만약 내가 진리를 참작하지 않으면서 보증된 것을 기초로 무엇을 단언할지 결정한다면, 나는 보증의 우세한 기준과 내가 현재 이용 가능한 정보라면 무엇이든 관심을 가질 것이다. 나 자신과 청중의 기준에 따라 이용 가능한 정보로 충분히 잘 지지되는 주장들을 나는 단언하겠다. 그러나 나는 문제의 기준에 대해 어떤 종류의 비판적 태도를 보일 필요가 없다. 나와 나의 청중이 일반적으로 신뢰할 수 없는 기준을 활용하고, 그것이 나중에 거짓으로 드러나는 주장들의 단언을 제재하거나, 나중에 참으로 드러나는 주장들의 단언을 제재하지 않을 가능성을 참작할 필요도 없다. 하지만 만약 내가 진리에 관심을 둔다면, 나는 내가 단언한 것이 나와 청중의 단언 가능성 기준을 만족하는지 신경 쓸 뿐만 아니라 저 기준 자체의 질도 신경 쓸 것이다. 나는 내가 적용하고 있는 기준이 얼마나 신뢰할 만한지 고려하고, 내가 가장 신뢰할 수 있는 기준을 적용하려고 하겠다.

보증에 관심을 두는 것과 진리에 관심을 두는 것의 차이를 보여줄 다른 예를 들어보자. 내가 어제 앨리스는 오늘 밤에 밥의 사교 모임에 있을 것이라고 말했지만, 방금 캐럴에게 앨리스가 아픈 친척을 방문하러 급히 해외여행을 떠났다는 말을 들었다고 가정하자. 새로운 정보에 비추어 나는 앨리스가 밥의 사교 모임에 있을 것이라는 내가 전날 했던 단언을, 그것이 참이 아니라는 근거로 철회할 수도 있다. 하지만 나의 지난 단언을 보증된 것으로 여기기를 중단할 이유는 없다. 나의 과거 단언은 그때 내게 이용 가능한 증거로 적절히 지지받았다. 나의 과거 단언은 올바르지 않지만, 단언의 올바르지 않음은 부적절한 증거적 지지의 문제가 아니었다. 만약 내가 진리가 아니라 보증에 관심을 둔다면, 나의 앞선 단언을 철회할 이유가 없을 것이다. 나의 단언은 보증된 것이었고, 내가 앞선 단언을 지금 다시 단언할 때 보증되지 못하더라도 새로운 정보의 출현은 나의 앞선 단언이 보증되어 있었다는 사실을 바꾸지 못한다.

이런 종류의 사례는 두 가지 근거 가운데 하나로 앞선 단언(previous assertions)을 철회할 수 있음을 보여준다. 하나는 단언이 참이 아니었다는 근거이고, 다른 하나는 단언이 보증되지 않았다는 근거다. 더욱이 그것은 수축론과 완벽하게 일관된다. 만약 우리가 단언이 지지받는다고 생각했던 것을 지지하지 않았던 그때 증거를 찾아낸다면, 우리는 그것이 보증되지 않았다는 근거로 앞선 단언을 철회할 수도 있다. 다른 한편 만약 우리가 단언했던 것이 그렇지 않음을 알아낸다면, 우리는 그것이 참이 아니라는 근거로 철회할 수도 있다. 수축론자들이 진리와 보증된 단언 가능성을 구별되는 단언 규범들로 다룰 여지는 많다. 만약 진리와 보증된 단언 가능성이 단언의 같은 규범이라면, 우리는 보증되지 않았다는 근거로 단언을 철회하기와 거짓이라는 근거로 단언을 철회하기 사이에 아무 차이도 없다고 기대해야 한다. 이와 같은 차이는 있고, 수축론자들은 저 차이의 특성을 나타낼 좋은 위치에 있다. 보증되지 않은 단언은 화자가 이용 가능한 정보로 부적절하게 지지받고, 거짓 단언은 사물이 있는 것과 다르다고 말한다.

이제 린치가 수축론에 제기한 반론으로 넘어가자. 만약 우리가 진리 술어의 인용 부호 제거 기능과 일반화 기능에 국한된다면, 문장들의 의미와 행위의 성공을 설명할 때 진리 술어가 역할을 제대로 할 수 없다고 린치는 강력히 주장한다. 그는 진리 술어의 두 가지 다른 설명적 사용을 마음에 두고 있다.

(22) 여러 문장들의 진리 조건들은 그것들의 의미들을 설명한
   다. (The truth conditions of many sentences explain their
   meanings.)

(23) 우리 믿음들의 진리는 우리 행위들의 성공을 자주 설명한
   다. (The truth of our beliefs often explains the success of our
   actions.)

(22)에서 진리는 의미를 설명할 때 어떤 '구성적' 역할을 한다고 가
정된다.[5] '눈은 희다'와 같은 문장의 진리 조건은 문장의 의미를 구성
하거나, 혹은 린치가 때때로 말하듯, 문장의 의미를 '필연적으로 결
정하는' 부분이다. (23)에서 발상은 참 믿음들이 성공적 행위를 설명
하는 까닭이 다른 사정이 같다고 치면 우리가 원하는 것을 얻는 방
법에 관한 진리를 믿을 때 우리가 원하는 것을 더 많이 얻을 개연성
이 높기 때문이라는 생각이다.[6]

진리 조건이 의미를 '구성'하거나 '필연적으로 결정'한다는 주장
을 이해하려고 시도할 두 가지 중요한 방도가 있다. 분명히 잘못된
첫째 방도는 진리 조건과 의미의 관계가 물과 H_2O의 관계와 비슷한

---

5   마이클 린치, 『하나이자 여럿으로서 진리』(2009), 121쪽.

6   마이클 린치, 『하나이자 여럿으로서 진리』, 121쪽.

어떤 것이라고 이해하는 방법이다. 물의 어떤 표본이든 H_2O 분자들의 집합체로 구성되어 있다. 어떤 물의 표본은 그렇게 구성되어 있음의 효능으로 물의 표본이 되고, H_2O 분자들의 구조와 분자들을 지배하는 화학 법칙들 때문에 물의 화학적 속성을 갖는다.

만약 진리 조건들이 방금 말한 뜻에서 의미들을 갖는다면, 우리는 문장이 진리 조건을 갖기 **때문에** 의미하는 것을 의미한다고 기대해야 한다. 하지만 일은 정확히 거꾸로 돌아간다. 우리가 진리 조건을 살핌으로써 의미에 관해 많이 학습할 수 있더라도, 문장은 진리 조건을 갖기 때문에 의미를 갖는 것이 아니다. 오히려 문장은 의미하는 것 때문에 문장의 진리 조건을 갖는다.

'Der Schnee ist weiss(데어 슈네 이스트 바이스)'라는 독일어 문장을 들어보자. 만약 눈이 희다면, 그리고 오로지 그런 경우에만, 그 독일어 문장은 참이다. 하지만 만약 눈이 희다면, 그리고 오로지 그런 경우에만, 그 독일어 문장은 참이기 때문에 'Der Schnee ist weiss'라는 문장이 눈은 흼을 의미한다고 생각하는 것은 잘못이다. 오히려 설명의 화살표는 정반대 방향을 가리킨다. 만약 눈이 희다면, 그리고 오로지 그런 경우에만, 'Der Schnee ist weiss'라는 문장은 왜 참인가? 왜냐하면 그 독일어 문장은 눈이 흼을 의미하기 때문이다. 의미는 진리 조건을 설명하고, 반대는 아니다.

진리 조건이 의미를 구성한다는 주장을 이해할 더 그럴듯한 둘째 방도는 앞에서 말한 주장이 다음과 같은 생각을 압축한다고 보는 것이다.

(24) 필연적으로, 만약 두 문장은 진리 조건이 같다면, 그리고 오로지 그런 경우에만, 두 문장은 의미가 같다. (Necessarily, two sentences are alike in meanings if, and only if, they alike in truth conditions.)

이 해석에 근거하면 의미는 진리 조건에 '수반한다(supervenes).' 그것은 진리 조건의 차이 없이 의미의 차이도 있을 수 없다고 말하는 셈이다.

하지만 (24)는 수축론자들이 진리 술어가 우리에게 만들어 줄 수 있다고 보는 바로 그런 종류의 일반화다. S_1과 S_2라는 두 문장에 대해, 진리 조건이 비슷하다는 것은 다음과 같은 주장이 유효하다는 것이다.

(25) 필연적으로, 만약 S_2가 참이라면, 그리고 오로지 그런 경우에만, S_1은 참이다. (Necessarily, S_1 is true if, and only if, S_2 is true.)

따라서 (24)는 우리에게 다음과 같이 말한다.

(26) 필연적으로, 두 문장 S_1과 S_2는 다음과 같다면, 그리고 오로지 그런 경우에만, 의미가 같다. 필연적으로 만약 S_2가 참이라면, 그리고 오로지 그런 경우에만 S_1은 참이다. (Necessarily,

two sentences, S₁ and S₂, are alike in meanings if, and only if: necessarily, S₁ is true if, and only if, S₂ is true.)

(26)에서 진리 술어는 일반화와 인용 부호 제거 장치로서 평소와 같은 역할을 하고 있다. 우리는 'S₁'과 'S₂'를 문장 이름의 자리 표시자(placeholders)로 볼 수 있고, 's₁'과 's₂'를 앞에서 말한 문장을 각각 우리의 언어로 번역한 문장의 자리 표시자로 여길 수 있다고 해보자. 따라서 (26)은 다음과 같은 도식의 모든 사례를 압축한다.

(27) 필연적으로, 두 문장 S₁과 S₂는 다음과 같다면, 그리고 오로지 그런 경우에만, 의미가 같다. 만약 s₂라면, 그리고 오로지 그런 경우에만 s₁이다. (Necessarily, two sentences, S₁ and S₂, are alike in meanings if, and only if: necessarily, s₁ if, and only if, s₂.)

저런 몇몇 사례는 (영어-영어, 또는 한국어-한국어 번역을 허용하면서) 다음과 같은 사례를 포함한다.

(28) 필연적으로, 'Der Schnee ist weiss'와 '눈은 희다'는 다음과 같다면, 그리고 오로지 그런 경우에만 의미가 같다. 필연적으로, 만약 눈이 희다면, 그리고 오로지 그런 경우에만, 눈은 희다. (Necessarily, 'Der Schnee ist weiss' and 'Snow is white' are

alike in meaning if, and only if: necessarily, snow is white if, and only if, snow is white.)

(29) 필연적으로, 'Der Schnee ist weiss'와 'La neige est blanche'는 다음과 같다면, 그리고 오로지 그런 경우에만, 의미가 같다. 필연적으로, 만약 눈이 희다면, 그리고 오로지 그런 경우에만 눈은 희다. (Necessarily, 'Der Schnee ist weiss' and 'La neige est blanche' are alike in meaning if, and only if: necessarily, snow is white if, and only if, snow is white.)

(30) 필연적으로, 'Das Grass ist grün'과 '풀은 푸르다'는 다음과 같다면, 그리고 오로지 그런 경우에만, 의미가 같다. 필연적으로, 만약 풀이 푸르다면, 그리고 오로지 그런 경우에만, 풀은 푸르다. (Necessarily, 'Das Grass ist grün' and 'Grass is green' are alike in meaning if, and only if: necessarily, grass is green if, and only if, grass is green.)

그래서 우리는 (24)로 해석된, 의미가 진리 조건으로 구성된다는 발상을 포착하기 위해 수축론이 제공하는 것을 넘어설 필요가 없다.

마이클 린치는 또한 수축론자들이 우리 믿음들의 진리가 우리의 실천적 성공을 설명하도록 돕지 못한다고 생각한다.[7] 진리는 다음과 같은 방식으로 성공을 설명하는 것으로 보인다. 만약 원하는 것을 얻

---

7   마이클 린치, 『하나이자 여럿으로서 진리』, 121쪽.

을 방법에 관한 진리를 내가 믿는다면 나는 원하는 것을 얻을 개연성이 높고, 만약 원하는 것을 얻을 방법에 관한 진리를 내가 믿지 않는다면 나는 원하는 것을 얻을 개연성이 낮다. 이것은 단지 다음과 같은 주장들의 총체 이상을 의미해야 한다고 린치는 생각한다.

(31) 만약 문 닫기가 원하는 무엇을 얻게 하리라고 내가 믿고, 문 닫기가 원하는 무엇을 얻게 할 것이라면 나는 원하는 것을 얻을 개연성이 높다. (I am more likely to get what I want if I believe that closing the door will get me what I want, and closing the door will get me what I want.)

(32) 만약 직업을 바꾸는 일이 원하는 무엇을 얻게 하리라고 내가 믿고, 직업을 바꾸는 일이 원하는 무엇을 얻게 할 것이라면 나는 원하는 것을 얻을 개연성이 높다. (I am more likely to get what I want if I believe that changing jobs will get me what I want, and changing jobs will get me what I want.)

(33) 만약 다른 맥주를 주문하기가 원하는 무엇을 얻게 하리라고 내가 믿고, 다른 맥주를 주문하기가 원하는 무엇을 얻게 할 것이라면 나는 원하는 것을 얻을 개연성이 높다. (I am more likely to get what I want if I believe that ordering another beer will get me what I want, and ordering another beer will get me what I want.)

그리고 이렇게 계속된다.

놓친 점은 내 믿음들의 진리에 근거한 성공의 '반사실적 의존성(counterfactual dependence)'이라고 마이클 린치는 다음과 같이 말한다.

> 내 믿음의 진리에 대한 용어들로 내 행위의 성공을 설명함으로써, 나는 다음과 같은 새로운 양상 정보를 암암리에 전달한다. 다른 참 믿음들이 세계가 달리 존재했더라도, 심지어 사실상 내가 **도저히 상상할 수도 없는** 다른 방식으로 존재했더라도, 성공을 이끌었으리라는 정보를 나는 전달한다.[8] (By explaining the success of my actions in terms of the truth of my belief, I implicitly convey new modal information: I convey the information that other true beliefs would also have brought about success had the world been different than it is – even if, in fact, it had been … different in ways I cannot even imagine.)

만약 원하는 것을 얻을 방법에 관한 참 믿음들을 내가 가진다면 나는 성공할 개연성이 높을 뿐만 아니라, 상황이 달랐을 경우 만약 원했던 무엇을 얻을 방법에 관해 참이었던 것을 내가 믿었더라면 성공했을 개연성이 높았을 것이다. 예컨대 (31)~(33) 같은 주장들의 집

---

8   마이클 린치, 『하나이자 여럿으로서 진리』, 126쪽. 강조는 원문에 있는 것임.

합체는, 상황이 달랐을 경우 참 믿음이 나에게 도움이 되었을 방법에 관해 아무것도 말하지 않는다.

마이클 린치의 이 움직임은 수축론에 불공정한 것이다. 린치는 다음과 같은 주장, (34)에 대한 수축론자의 이해를 고려한다.

(34) 만약 원하는 무엇을 얻을 방법에 관한 진리를 내가 믿는다면 나는 원하는 것을 얻을 개연성이 높다. (I am more likely to get what I want if I believe the truth about how to get what I want.)

그리고 린치는 우리가 다음과 같은 주장, (35)처럼 더 명시적으로 표현할 수 있다는 생각을 적절히 잡아내지 못해서 잘못을 저지른다.

(35) 만약 원하는 무엇을 얻을 방법에 관한 진리를 내가 믿는다면 나는 원하는 것을 얻을 개연성이 높고, 상황이 달라졌을 경우 만약 원했던 무엇을 얻을 방법에 관한 진리를 내가 믿는다면 나는 원했던 것을 얻을 개연성이 높았을 것이다. (I am more likely to get what I want if I believe the truth about how to get what I want, and, if things were different, I would be more likely to get what I wanted if I believe the truth about how to get what I wanted.)

(35)에 대한 수축론의 이해도 있다. 그것은 위에서 목록으로 작성한 주장뿐만 아니라 다음과 같은 주장들의 총체도 압축한다.

(36) 음악회에 가는 것이 원했던 무엇을 얻을 방법이었던 식으로 상황이 달라졌을 경우, 만약 음악회에 가는 것이 원했던 무엇을 얻을 방법이라고 믿었다면 나는 원했던 것을 얻을 개연성이 높았을 것이다. (If things were different such that going to the concert were how to get what I wanted, then I would be more likely to get what I wanted if I believed that going to the concert were how to get what I wanted.)

(37) 초콜릿 케이크를 열두 개 먹는 것이 원했던 무엇을 얻을 방법이었던 식으로 상황이 달라졌을 경우, 만약 초콜릿 케이크를 열두 개 먹는 것이 원했던 무엇을 얻을 방법이라고 믿었다면 나는 원했던 것을 얻을 개연성이 높았을 것이다. (If things were different such that eating twelve chocolate cakes were how to get what I wanted, then I would be more likely to get what I wanted if I believed that eating twelve chocolate cakes were how to get what I wanted.)

(38) 더 일찍 깨는 것이 원했던 무엇을 얻을 방법이었던 식으로 상황이 달라졌을 경우, 만약 더 일찍 깨는 것이 원했던 무엇을 얻을 방법이라고 믿었다면 나는 원했던 것을 얻을 개연성이 높았을 것이다. (If things were different such that waking

up earlier were how to get what I wanted, then I would be more likely to get what I wanted if I believed that waking up earlier were how to get what I wanted.)

이렇게 계속된다.

수축론은 마이클 린치가 참 믿음에 근거한 성공의 "반사실적 의존성"이라고 부른 것도 수용할 수 있다.

린치 견해의 옹호자는 우리가 참 믿음과 성공적 행위의 반사실적 연결이 있는 이유에 대한 어떤 설명을 원한다고 반응할지도 모른다. 한 가지 가능성은 진리가 진리 술어의 논리적 기능을 넘어서는 본성을 가진 속성이고, 진리의 본성이 반사실적 사례에도 만약 당사자의 믿음이 참이라면 성공할 개연성이 높을지를 결정한다는 것이다. 물과 소금의 본성을 비교해 보자. 주어진 소금 덩어리는 어떤 물과도 만나지 않을지도 모르지만, 물과 소금의 본성은 다음과 같다. 만약 소금을 충분히 길게 물에 푹 담근다면, 소금은 용해될 것이다. 일정한 반사실적 문장들이 왜 관련 속성들의 본성을 언급함으로써 참인지를 우리는 설명할 수 있다.

하지만 이 경우, 필요한 설명을 위해 우리는 **진리** 속성의 본성을 언급할 필요가 없다. 오히려 우리는 믿음의 본성을 언급할 수 있다. 만약 여러분이 어떤 주장을 믿는다면, 그것에 의해 여러분은 세계가 일정한 방식으로 있는 것처럼 행위하는 성향을 보인다는 점이 믿음의 본성에 속한 부분인 듯하다. 여러분은 행위의 성공이 믿음의 진리에 의존하는 방식으로 행위하는 성향이 있다.

여러분이 개가 다람쥐를 쫓는 것을 보고, 다람쥐가 쏜살같이 달려 시야에서 사라진다고 상상하자. 개는 다람쥐가 갔던 방향으로 달려갔고, 나무를 올려다보며 짖기 시작한다. 다람쥐가 나무에 있다고 개는 믿는다고 우리는 자연스럽게 말하는데, 마치 개는 다람쥐가 나무에 있다는 듯 행동하기 때문이다. 만약 다람쥐가 다른 곳이 아니라 나무에 있다면 개가 원하는 것을 얻을 개연성이 높은 방식으로 개는 행동하고 있다. 어떤 것을 믿을 때, 여러분은 행위의 성공이 여러분이 믿는 것의 진리에 의존하는 방식으로 행위하는 성향이 있다는 것이 믿음 개념의 일부인 듯하다.

어떤 주장을 믿음은 누구든지 그 주장이 참인지에 성공이 의존하는 방식으로 행위하는 성향이라는 것이 믿음의 본성에 속한 부분이라고 수축론자는 행복하게 허용했을 수 있다. 저 일반화는 다음과 같은 주장들의 총체를 표현한다.

(39) 다람쥐가 나무에 있다는 믿음은, 만약 다람쥐가 나무에 있다면 누구든지 성공할 개연성이 높은 방식으로 행위하는 성향이다. (Believing that a squirrel is in a tree dispose one to act in ways that are more likely to succeed if the squirrel is in the tree.)

(40) 물이 액체라는 믿음은, 만약 물이 액체라면 누구든지 성공할 개연성이 높은 방식으로 행위하는 성향이다. (Believing

that water is a liquid disposes one to act in ways that are more likely to succeed if water is a liquid.)

(41) 문 닫기가 누구든지 원하는 것을 얻을 방법이라고 믿음은, 만약 문 닫기가 누구든지 원하는 무엇을 얻을 방법이라면 성공할 개연성이 높은 방식으로 행위하는 성향이다. (Believing that closing the door is how to get what one wants disposes one to act in ways that are more likely to succeed if closing the door is how to get what one wants.)

그리고 이렇게 계속된다.

믿음의 본성이 가진 이런 측면을 알아보자마자, 우리는 참 믿음에 근거한 성공적 행위의 반사실적 의존성을 설명하기 위해 진리 술어의 일반화와 인용 부호 제거 기능 말고 다른 아무것도 필요치 않다. 따라서 린치의 반대 주장은 틀린 것으로 보인다.

방법론적 수축론을 가정할 경우, 우리는 다원론자의 진리 개념이 할 수 있지만 수축론자의 진리 개념은 하지 못하는 중요한 작업이 있는 경우에만, 진리에 대한 다원론자의 설명을 수축론자의 설명보다 선호해야 한다. 라이트와 린치가 다원론자의 진리 개념을 설명하려고 제시한 이유는 불충분해 보인다. 그러면 이제까지 보았듯 수축론의 설명이 유리하다.

7장에서 보았듯 다원론은 자체에 딸린 문제가 있다. 하지만 그것과 별도로 다원론이 지나치게 팽창적이라는 사실이 문제다. 어떤 특수한 이유로 우리가 그렇게 해야 한다는 점을 발견하지 못하는 한, 진리 술어의 논리적 기능과 별도로 진리의 본성에 관해 어떤 것도 가정하지 말기로 하자. 라이트와 린치 같은 다원론자들이 진리 팽창 개념을 생각할 필요가 있다고 제공한 이유들은 불충분하다. 우리는 또한 인과 대응 이론들이 수축론이 제공한 것을 넘어선 설명력을 가질 수 없다는 점도 보았다. 진리 팽창 견해를 지지할 새롭고 더 좋은 이유를 미결인 채로 두면, 수축론은 정말로 기반이 아주 튼튼한 것 같다.

8.5 결론

진리는 무엇인가?

이 책은 다양한 답변을 개관하면서, 답한 이론들이 동치 원리, 객관성을 얼마나 잘 다루는지에 특히 주목하고 유리한 점과 불리한 점을 강조했으며, 진리의 가치가 무엇인지도 설명했다. 하지만 만약 수축론이 올바른 견해라면, 진리는 무엇이냐는 물음에 오히려 놀라운 답변이 있다. 진리는 철학 이론으로 설명할 필요가 있는 어떤 본성을 가진 속성이 아니다. 진리 속성은 일반화와 인용 부호 제거를 위한 논리적 장치다. 주장이 참이라는 것은 단지 사물이 주장이 말한 대로 있다는 것이고, 저것이 거의 전부다.

나는 진리 수축 개념을 선호하고, 마지막 8장에서 수축론을 인과적 대응 이론의 접근법과 다원론자의 접근법보다 선호하면서 고려할 사항을 개략적으로 드러내고자 했다. 해야 할 작업은 아직 많이 남아 있다. 수축론자의 진리가 인과적 대응 진리의 설명 작업을 모두 할 수 있더라도, 후자 개념이 다른 어떤 비-설명적 과제에 더 적합할 수도 있다. 린치와 라이트가 수축론에 제기한 비판이 실패하더라도, 6장에서 논의한 반론을 포함해 진리 수축론자의 접근법에 다른 중요한 반론이 남아 있다. 이와 같은 반론에 답변하거나 반론을 피하는 수축론의 그럴듯한 한 형태를 공식으로 표현하는 작업은 여전히 수축론자들이 해야 할 철학 목록의 가장 중요한 항목으로 남는다. 게다가 만약 방법론적 수축론이 올바른 견해라면, 우리는 언제나 진리 수축 개념의 한계를 시험해야 한다. 우리는 수축론이 할 수 없는 중요한 작업이 있음을 발견할지도 모르고, 저 발견은 우리가 어떤 종류의 진리 팽창론이 필요한지를 알아보도록 도울 것이다.

"진리는 무엇인가?"라는 질문에 만족스러운 답변은 몇 가지 일을 해야 할 필요가 있고, 수축론의 답변도 마찬가지다. 만족스러운 답변은 첫째로 비-역설 쌍조건문들을 전달할 필요가 있다. 둘째로 받아들이기 어려운 갖가지 상대주의와 반실재론을 회의론이나 터무니없이 강한 갖가지 실재론에 빠져들지 않으면서 피할 필요가 있다. 셋째로 믿음들의 진리가 신경 쓸 가치가 있다는 사실을 설명할 필요가 있다. 저런 모든 일을 잘하는 답변 추구는 현대 철학의 흥미진진한 진행 계획이다.

참고문헌

References

저자의 이름은 모두 본문에서 한글로 표기했고,
책 제목은 본문과 더 읽을거리에서 모두 한글로 번역되어 있다.

Artistotle. 1941. *The Basic Works of Aristotle*. Ed. Richard Peter Mackeon. Random House.

Armstrong, D. M. 1997. *A World of States of Affairs*. Cambridge: Cambridge University Press.

___, *Truth and Truthmakers*. Cambridge: Cambridge University Press.

Austin, J. L., P. F. Strawson, and D. R. Cousin. 1950. Symposium: Truth. *Proceedings of Aristotelian Society, Supplementary Volumes* 24: 111-172.

Bcall, Jc. 2009. *Spandrels of Truth*. Oxford: Oxford University Press.

Blanshard, Brand. 1939. Coherence as the Nature of Truth. In *The Nature of Truth: Classic and Contemporary Perspectives*. Ed. Michael P. Lynch. Cambridge, MA: MIT Press, 2001.

Bradley, F. H. 1914. *Essays on Truth and Reality*. Cambridge: Cambridge University Press, 2011.

Brogaard, Berit and Joe Salerno. 2012. Fitch's Paradox of Knowability. In *The Stanford Encyclopedia of Philosophy*. Fall 2012. edn. Ed. Edward N. Zalta.

Burgess, Alexis and Joe Salerno. 2011. *Truth*. Princeton: Princeton University Press.

Cotnoir, Aaron J. 2009. Generic Truth and Mixed Conjunctions: Some Alternatives. *Analysis* 69 (3): 473-479.

David, Marian. 2013. The Correspondence Theory of Truth. In Zalta, Edward N. (ed.), *The Stanford Encyclopedia of Philosophy*. (Fall 2013 Edition)

De Houwer, Jan, Sarah Thomas, and Frank Baeyens. 2001. Association learning of likes and dislikes: A review of 25 years of research on human evaluative conditioning. *Psychological Bulletin* 127 (6): 853.

de Jong, Peter F., Willem Koomen, and Gideon J. Mellenbergh. 1988. Structure of Causes for success and failure: A multidimensional scaling analysis of preference judgements. *Journal of Personality and Social Psychology* 55 (5): 718-725.

Descartes, René. 1641. *Meditations, Objections and Replies*. Ed. Roger Ariew and Donald A. Cress. Indianapolis, IN: Hackett Publishing, 2006.

Dorsey, Dale. 2006. A Coherence Theory of Truth in Ethics. *Philosophical Studies: An International Journal for Philosophy in the Analytic Tradition* 127 (3): 493-523.

Dummett, Micheal. 1958. Truth. *Proceedings of the Aristotelian Society* 59: 141-162.

Edwards, Douglas. 2008. How to solve the Problem of Mixed Conjunctions. *Analysis* 68 (2): 143-149.

Engel, Pascal. 2002. *Truth*. Montreal: McGill-Queen's University Press.

___, 2005. Truth and the Aim of Belief. In *Law and Models in Science*. Ed. D. Gillies. London: King's College Publications.

Evans, J. D. G. 1974. Aristoteles on Relativism. *The Philosophical Quarterly* 24 (96): 193-203.

Field, Hartry. 1972. Tarski's Theory of Truth. *The Journal of Philosophy* 69 (13): 347-375.

___, 1994. Deflationist Views of Meaning and Content. *Mind* 103 (411): 249-285.

___, 2001. *Truth and the Absence of Fact*. Oxford: Oxford University Press.

Frege, Gottlob. 1956. The Thought: A Logical Inquiry. *Mind* 65 (259): 289-311.

Glanzberg, Michael. 2009. Truth. In *The Stanford Encyclopedia of Philosophy*. Spring 2009 edn. Ed. Edward N. Zalta.

Gott, J. Richard III, Mario Jurić, David Schlegel, Fiona Hoyle, Michael Vogely, Max Tegmark, Neta Bahcall, and Jon Brinkmann. 2005. A Map of Universe. *The Astrophysical Journal* 624 (2): 463-484.

Gupta, Anil. 1993. Minimalism. *Philosophical Perspectives* 7: 359-369.

___, 2010. A Critique of Deflationism. *Philosophical Topics* 21 (2): 57-81.

Harman, Gilbert. 1977. *The Nature of Morality*. Oxford, UK: Oxford University Press.

Hookway, Christopher. 2010. Pragmatism. In *The Stanford Encyclopedia of Philosophy*. Spring 2010 edn. Ed. Edward N. Zalta.

Horgan, T. and M. Potrc. 2000. Blobjectivism and Indirect Correspondence. *Facta Philosophica* 2 (2): 249-270.

___, 2001. Contextual Semantics and Metaphysical Realism: Truth as Indirect Correspondence. In *The Nature of Truth: Classic and Contemporary Perspectives*. Ed. Michael P. Lynch. Cambridge, Mass.: MIT Press.

Horwich, Paul. 1998. *Truth*. Oxford: Oxford University Press.

___, 2010. *Truth-Meaning-Reality*. Oxford: Oxford University Press.

Hume, David. 1739. *A Treatise of Human Nature*. Ed. David Fate Norton and Mary J. Norton. Oxford: Oxford University Press, 2000.

___, 1777. *Enquiries Concerning Human Understanding and Concerning the Principles of Morals*. Ed. L. A., Sir Selby-Bigge and P. H. Nidditch. Oxford: Clarendon Press, 1975.

James, William. 1907a. Pragmatism's Conception of Truth. In *Pragmatism and Other Writings*. New York, NY: Penguin, 2000.

___, 1907b. What Pragmatism Means. In *Pragmatism: Classic and Contemporary Readings*. Ed. H. S. Thayer. Indianapolis, IN: Hackett

Publishing, 1982.

Kant, Immanuel. 1781. *Critique of Pure Reason*. Ed. Paul Guyer and Allen Wood. Cambridge: Cambridge University Press, 1998.

___, 1783. *Prolegomena to Any Future Metaphysics That Will be Able to Come Forward As Science, With Kant's Letter to Marcus Herz, February 27, 1772*. Ed. James W. Ellington. Indianapolis, IN: Hackett Publishing, 2001.

Kitcher, P. 2002. On Explanatory Role of Correspondence Truth. *Philosophy and Phenomenological Research* 64 (2): 346-364.

Klein, Peter. 2011. Skepticism. In *The Stanford Encyclopedia of Philosophy*. Summer 2011. edn. Ed. Edward N. Zalta

Korsgaard, Christine M. 1983. Two Distinctions in Goodness. *The Philosophical Review* 92 (2): 169-195.

Künne, Wolfgang. 2003. *Conceptions of Truth*. New York: Oxford University Press.

Kvanvig, J. 2008. Pointless Truth. *Midwest Studies in Philosophy* 32 (1): 199-212.

Lynch, Micheal P. A Functionalist Theory of Truth. In *The Nature of Truth*. Ed. Micheal P Lynch. Cambridge, MA: MIT Press.

___, 2005a. Alethic Functionalism and our Folk Theory of Truth. *Synthese* 145 (1): 29-43.

___, 2005b. *True to Life: Why Truth Matters*. Cambridge, Mass.: MIT Press.

___, 2009a. The Values of Truth and the Truth of Values. In *Epistemic Value*. Ed. Adrian Haddock, Alan Miller, and Duncan Pritchard. Oxford, UK: Oxford University Press.

___, 2009b. *Truth as One and Many*. Oxford; New York Clarendon Press: Oxford University Press.

MacBride, Fraser. 2013. Truthmakers. In *The Stanford Encyclopedia of Philosophy*. Spring 2013 edn. Ed. Edward N. Zalta.

McGrath, M. 2005. Lynch on the Value of Truth. *Philosophical Books* 46 (4): 302-310.

Miller, Alexander. 2012. Realism. In *The Stanford Encyclopedia of Philosophy*. Spring 2012. edn. Ed. Edward N. Zalta.

Mulligan, Kevin and Fabrice Correia. 2013. Facts. In *The Stanford Encyclopedia of Philosophy*. edn. Ed. Spring 2013 edn. Ed. Edward N. Zalta.

Nozick, R. 1977. *Anarchy, State, and Utopia*. Basic Books.

Park, N., C. Peterson, and M. E. Seligman. 2004. Strengths of character and well-being. *Journal of Social and Clinical Psychology* 23 (5): 603-619.

Pears, David. 1951. Universals. *Philosophical Quarterly* 1 (3): 218.

Pedersen, Nikolaj Jang Lee Linding. 2006. What Can the Problem of Mixed Inferences Teach Us About Alethic Pluralism? *The Monist* 89 (1): 102-117.

___, 2012. Recent Work on Alethic Pluralism. *Analysis* 72 (3): 588-607.

Pedersen, Nikolaj Jang Lee Linding and Cory Wright. 2013. Pluralist Theories of Truth. In *The Stanford Encyclopedia of Philosophy*. edn. Ed. Spring 2013 edn. Ed. Edward N. Zalta.

Pierce, Charles Sanders. 1878. How to Make Our Ideas Clear. In *Pragmatism: The Classic Writings*. Ed. H. S. Thayer. Indianapolis, IN: Hackett Publishing, 1982.

Plato. 1997. *Complete Works*. 5th, illustrated edn. Ed. John Madison Cooper and D. S. Hutchinson. Indianapolis, IN: Hckett Publishing.

Priest, Graham. 2006. *Doubt Truth to Be a Liar*. Oxford: Oxford University Press.

Putnam, Hilary. 1981. *Reason, Truth, and History*. Cambridge: Cambridge University Press.

Quine, W. V. 1960. *Word and Object*. Cambridge, MA: Technology Press of the Massachusetts Institute of Technology.

___, 1970. *Philosophy of Logic*. Englewood Cliffs, NJ: Prentice-Hall.

___, 1981. *Theories and Things*. Cambridge, Mass.: Harvard University Press.

___, 1992. *Pursuit of Truth*. Cambridge, Mass.: Harvard University Press.

Ramsey, F. P. and G. E. Moore, 1927. Symposium: Facts and Propositions. *Proceedings of the Aristotelian Society, Supplementary Volumes* 7: 153-206.

Rodriguez-Perayra, Gonzalo. 2006. Truthmakers. *Philosophy Compass* 1 (2): 186-200.

Rorty, R. 1995. Is Truth a Goal of Enquiry? Davidson vs. Wright. *The Philosophical Quarterly* 45 (180): 281-300.

Russell, Bertrand. 1906. On the Nature of Truth. In *Theories of Truth*. Ed. Frederick F. Schmitt. Malden, Mass. : Blackwell, 2003.

___, 1912. Truth and Falsehood. In *The Nature of Truth: Classic and Contemporary Perspectives*. Ed. Michael Lynch. Cambridge, MA: MIT Press, 2001.

Sainsbury, R. M. 1996. Crispin Wright: Truth and Objectivity. *Philosophy and Phenomenological Research* 56 (4): 899-904.

Salerno, Joe. 2009. *New Essays on Knowability Paradox*. Oxford: Oxford University.

Searle, John R. 1995. *The Construction of Social Reality*. New York: Simon and Schuster.

Sapiro, Stewart. 2009. Michael Lynch: Truth aa One and Many. *Notre Dame Philosophical Reviews*.

Sher, Gila. 2005. Functionalist Pluralism. *Philosophical Books* 46 (4): 311-330.

Stich, Stephen P. 1990. *The Fragmentation of Reason: Preface to a Pragmatic Theory of Cognitive Evaluation*. Cambridge, Mass.: MIT Press.

Stoljar, Daniel and Nic Damnjanovic. 2012. The Deflationary Theory of Truth. In *The Stanford Encyclopedia of Philosophy*. Summer 2012. edn. Ed. Edward N. Zalta.

Swoyer, Chris. 2010. Relativism. In *The Stanford Encyclopedia of Philosophy*. Winter 2010. edn. Ed. Edward N. Zalta.

Tapopolet, C. 1997. Mixed Inferences: A Problem for Plurlalism about Truth Predicates. *Analysis* 57 (3): 209-210.

Tarski, A. 1944. The Semantic Conception of Truth and Foundations of Semantics. *Philosophy and Phenomenological Research* 4(3): 341-376.

Taylor, Shelly E. 1989. *Positive Illusions: Creative Self-deception and the Healthy Mind*. New York: Basic Books.

Taxtor, Mark. 2012. States of Affairs. In *The Stanford Encyclopedia of Philosophy*. Summer 2012. edn. Ed. Edward N. Zalta.

Warfield, Ted A. and Keith Derose. 1999. *Skepticism: A Contemporary Reader*. New York: Oxford University Press.

Williamson, Timothy. 1994. A Critical Study of Truth and Objectivity. *International Journal of Philosophical Studies* 30 (1): 130-144.

Wittgenstein, Ludwig. 1922. *Tractatus Logico-philosophicus*. Ed. C. K. Ogden. London: Routledge, 1990.

Wrenn, Chase. 2010. True Belief is not Instrumentally Valuable. In *New Waves in Truth*. Ed. C. D. Wright and N. Pedersen. Palgrave Macmillan.

____, 2011. Practical Success and the Nature of Truth. *Synthese* 181 (3): 451-470.

Wrenn, Chase B. 2005. Pragmatism, Truth, and Inquiry. *Contemporary Pragmatism* 2(1): 95-114.

Wright, Crispin. 1992. *Truth and Objectivity*. Cambridge, Mass.: Harvard University Press.

____, 2001. Minimalism, Deflationism, Pragmatism, Pluralism. In *The Nature of Truth*. Ed. Michael Lynch. Cambridge, Mass.: MIT Press.

Young, James O. 2013. The Coherence of Truth. In *The Stanford Encyclopedia of Philosophy*. Summer 2013. edn. Ed. Edward N. Zalta.

옮긴이의 말

여러분은 어떤 주장이 참인지 거짓인지, 누가 말한 것이 진리인지 허위인지 구별할 수 있는가? 아마도 대부분 그렇다고 답할 것이다. 하지만 진리는 무엇인가? 이 질문에 곧바로 답할 수 있는 사람은 별로 없으리라 생각한다. 도대체 왜 이런 질문을 하는 거지? 이렇게 되묻는 사람도 있을 듯하다.

이 책에서 다루는 진리는 우주나 현실 전체에 대한 것도 아니고, 만물의 절대 원리로서 거창한 진리도 아니다. 착각을 걷어낸 냉정한 진리 이론의 목표는 "2+2=4"와 "인간은 신경계 기반 생명체다"라는 주장들이 공통으로 갖지만, "지구는 납작한 팬케이크 모양이다"와 "가상 현실은 실제 세계다"라는 주장들은 갖지 못하는 일정한 속성을 설명하는 것이다.

그렇다고 쳐도 여전히 진리 탐구의 걸림돌을 제거해야 한다. 진리는 정말 많지 않고 거의 없으며 아예 없다고 생각하는 사람도 있고,

진리는 정말 많고 믿는 것이 곧 진리라고 생각하는 사람도 있다. 전자는 무엇이든 진리를 부정하는 극단적 회의론자이고, 후자는 누가 믿는 것이든지 전부 참이라고 쉽게 주장하는 경신론자다.

방금 말한 두 견해는 의심스럽다. 만약 두 견해가 옳다고 치면 진리 탐구는 처음부터 불가능하거나 전혀 필요 없어 보이기 때문이다. 뭔가 잘못되었다. 두 견해는 참임과 참으로 여김의 차이를 혼동해서 생겨난 듯하다. 참임과 참으로 여김의 차이는 실제로 존재하는 것과 존재하는 것으로 여김의 차이만큼 크다. 참임은 존재 차원에, 참으로 여김은 심리와 인식 차원에 속한다.

사람들은 아주 오랫동안 지구가 납작한 팬케이크보다 공처럼 둥근 모양과 더 비슷하다고 확신하지 않았다. 하지만 그렇게 확신하지 않던 시기에도 지구는 납작한 팬케이크보다 공처럼 둥근 모양과 더 비슷했다. 지구가 납작한 팬케이크보다 공처럼 둥근 모양과 더 비슷하다는 주장은 참이었고 참이며 앞으로 오랫동안, 우리의 태양계가 현재와 비슷하게 존속하는 한, 참일 것이다. 지구가 평평하다는 믿음이 지구를 실제로 평평하게 만들 수 없다는 것은 분명한 사실이다. 가상 현실 속 영상이 아무리 현실처럼 보여도 그것은 현실에 있는 실제 독립체가 아니다. 특정 실제 독립체는 저기 바깥에 그것의 영상과 독립된 것으로 존재한다.

이렇게 참임과 참으로 여김의 차이에서 끌어낼 수 있는 진리 탐구 방법을 위한 주요 논점은 두 가지다. 첫째, 참임과 참으로 여김의 차이는 사람들이 지금까지 진리라고 말한 표본들이 진정한 뜻에서 진리인지를 따져보도록 자극한다. 무엇이든 누가 참이라고 여긴 것은 잘못 생각한 결과였을 수도 있다. 우리는 진리가 무엇인지에 대한 그 럴듯한 설명을 신중히 살펴보고, 어떤 진리 이론을 설명하고자 하는 지를 명확하게 밝혀야 한다. 그런 다음 합당한 진리 이론을 찾으리라 는 희망을 품고 성급하게 단정하지 말고 열린 마음으로 냉정하게 탐 구해야 하겠다.

둘째, 참임과 참으로 여김의 차이는 진리 이론에 대해 평가할 중 요한 철학 도구의 쓸모를 보여준다. 적절한 진리 이론은 T-도식이라 고 불리는 양식, "만약 s라면, 그리고 오로지 그런 경우에만, S라는 문장은 참이다"라는 형식의 모든 사례를 함축해야 한다. 여기서 대 문자 S는 문장의 이름이고, 소문자 s는 적절한 진리 이론의 언어로 번역된 문장으로 교체된다. 교체한 실제 문장에 담긴 내용은 이 문장 의 의미를 아는 누구든지 세계나 현실을 살펴서 알아낼 수 있다. "만 약 눈이 희다면, 그리고 오로지 그런 경우에만, '눈이 희다'라는 문장 은 참이다"라는 T-도식의 사례는 한국어를 이해하는 모든 화자가 이 해한다. 요컨대 '참이다'라는 진리 술어의 역할은 특정인이 참으로 여기는 것과 엄연히 다르다.

이 책은 "진리는 무엇인가?"라는 질문에 답하는 전통적 진리 이론 과 현대 진리 이론의 핵심 논증들을 정리하고, 진리 이론을 세 가지 쟁점과 연결해 비판적으로 검토한다.

첫째 쟁점은 진리의 본성을 밝히는 문제다. 주장이 참이라는 것은 무엇을 의미하고, 참된 주장들을 참이게 만드는 공통된 무엇이든 있는가? 이 질문에 그렇다고 답하는 이론이 전통적 진리 이론이고, 인식 이론과 대응 이론으로 나뉜다. 인식 이론에 정합론과 실용론이 포함되고 대응 이론에 다양한 형태가 있다.

정합론에 따르면 주장의 참은 특정 믿음 체계와 일관되거나 정합함을 뜻한다. 정합론은 현실에 너무 적은 역할을 주기 때문에 대안 체계 문제에 직면한다. 실용론에 따르면 '참'의 의미는 주장이 참이 됨의 실용적이거나 실천적 결과로 남김없이 설명되고, 우리의 진리 시험 기준을 통과함이 진리에 있는 전부다. 실용론은 엄연히 객관적으로 존재하는 것들을 인정하지 않아서 극단적 상대주의, 곧 주관주의에 빠질 위험성이 있다.

대응 이론들은 진리를 현실에 대응하거나 사실들에 들어맞거나 세계에 일치함, 곧 관계적 속성으로 설명하고, 상식적 직관과도 잘 어울린다. 그러나 대응 이론가들은 사실이나 사태, 대응을 정확히 설명하기 힘들고 수학적 주장과 도덕적 주장, 거짓 주장의 진리를 제대로 설명하지 못해서 범위 문제에 직면하며, 회의론의 문제에 걸려들 수도 있다.

둘째 쟁점은 객관성 문제다. 사람들은 무엇이든 '객관적으로' 참이냐는 질문에 흥미를 느껴서 진리에 관해 궁금해한다. '객관적' 진리의 한 발상은 주장의 참이나 거짓이 누구의 믿음에 의존하지 않는다는 생각이다. 다른 발상은 주장의 참이 우리가 주장을 인식할 가능성에 의존하지 않는다는 생각이다. 참이지만 알 수 없는 주장이 존재할 수 있다는 것이다.

객관성 문제를 두고 실재론자와 상대주의자, 반실재론자가 벌이는 진리와 관련된 논쟁은 어쩌면 인류가 생존하는 한, 계속될 것이다. 실재론에 따르면 누구의 믿음이나 심지어 인식할 가능성에 의존하지 않는 참 주장들이 일부라도 있다. 상대주의에 따르면 어떤 주장이든 진리는 언제나 그것을 믿는 사람에게 의존한다는 뜻에서 의견의 문제다. 반실재론에 따르면 어떤 주장을 참이 되게 만드는 것의 한 부분은 우리가 그것을 알 수 있다는 사실이고, 그래서 인식 불가능한 주장은 참이거나 거짓일 수도 없다. 세 견해는 각각 세계가 존재하는 방식에 대해 서로 다른 그림을 제시한다.

셋째 쟁점은 진리의 가치에 대한 문제다. 믿음들은 어떻게 거짓보다 참이 되는 편이 더 좋거나 나은 것인가? 우리는 대부분 믿음이나 진술, 주장은 거짓보다 참이 되는 것이 더 좋거나 낫다고 배우고 가르친다. 그러나 여기서 말하는 좋음은 진리의 본성에 속한 부분인가? 진리는 옳음, 아름다움, 친절함과 비슷하게 규범적 속성인가, 아니면 붉음이나 둥긂과 비슷한 자연적 속성인가? 진리는 자연적 속성이 아닌 듯하고, 진리가 어떤 종류의 규범적 속성인지 명확하게 밝혀지지도 않았다.

하지만 우리는 여전히 진리에 신경 쓴다. 남들이 자신에게 정직하게 진실을 말하기를 원하고, 적어도 얼마간 거짓이 아니라 참을 믿는다고 자신과 타인을 설득하고자 시도한다. 진리가 규범성을 띠는지와 무관하게, 진리는 본래, 궁극적으로, 도구로서, 목적으로서 여전히 가치를 지닐 수 있거나, 혹은 진리에 신경 쓰는 태도는 좋은 인생의 일부일지도 모른다. 진리가 적어도 목적으로서 가치를 지닌다고 생각할 좋은 이유는 있다. 우리는 목적으로서 진리를 추구할 때 경험적으로 좋은 성과를 내고, 실제로 행복하고 좋은 삶을 살 수 있기 때문이다.

현재 진리를 다루는 인기 있는 접근법은 인과적 대응 이론, 다양한 형태의 수축론, 다원론이다. 세 가지 이론은 핵심 쟁점을 공유하고 반론을 주고받으며 진리 이론의 발전을 견인하고 있다. 인과적 대응 이론은 고전적 대응론의 두 난점, 사실과 사태를 설명하는 문제와 주장이 사실에 대응함이 무엇을 의미하는지 설명하는 문제를 해결하고자 한다. 수축론(중복 이론, 인용 부호 제거론, 최소주의)에 따르면 진리의 본질을 찾으려는 시도는 실패할 수밖에 없다. 왜냐하면 "눈이 희다는 것은 참이다"라는 주장은 그냥 "눈은 희다"라는 단언의 장황한 표현일 뿐이기 때문이다. 진리의 본성은 진리의 논리적 기능으로 대체해도 좋다는 것이다. 다원론은 인과적 대응 이론의 범위 문제를 피하는 동시에 수축론의 상식과 어울리지 않는 일부 주장도 피하려고 설계된 견해다.

체이스 렌은 자기만의 진리관을 명확하게 제시한다. 방법론적 수축론자로서 T-도식의 쓸모를 용인하면서 실재론을 옹호한다. 수축론이 올바른 견해라면, 진리는 철학 이론으로 설명할 필요가 있는 실체적 속성이 아니다. 따라서 논리적 역할 이상의 어떤 실체적 속성을 진리 술어에 부여하는 진리 팽창론이 옳다고 확정되기 전까지, 수축론을 용인하고 진리를 탐구해도 좋겠다. 물론 누구든지 진리의 실체적 속성을 지지하는 논증을 제시한다면, 우리는 제시된 논증을 기꺼이 검토해야 할 것이다.

"진리는 무엇인가?" 이 질문은 철학의 문을 여는 열쇠다. 이 열쇠를 손에 쥔 사람은 언제든 철학의 문을 열고 들어가 원하는 어떤 주제든 선택해 철학적 사유를 시작하고 자신의 소신을 밝히고 자유롭게 토론할 수 있을 것이다.

서상복

찾아보기